Das juristische Erbe des »Dritten Reiches«

Fritz Bauer Institut
Studien- und Dokumentationszentrum zur Geschichte und Wirkung des Holocaust

Wissenschaftliche Reihe des Fritz Bauer Instituts, Band 7

Joachim Perels, Prof. Dr., lehrt Politische Wissenschaften an der Universität Hannover. Er ist Mitbegründer und Redakteur der »Kritischen Justiz«.

Joachim Perels

Das juristische Erbe des »Dritten Reiches«

Beschädigungen der demokratischen Rechtsordnung

Campus Verlag
Frankfurt/New York

Die Publikation wurde gefördert vom Bundesministerium der Justiz.

Die Deutsche Bibliothek - CIP-Einheitsaufnahme

Perels, Joachim:
Das juristische Erbe des "Dritten Reiches" : Beschädigungen der demokratischen Rechtsordung / Joachim Perels. - Frankfurt/Main ; New York : Campus Verlag, 1999
Wissenschaftliche Reihe des Fritz Bauer-Instituts ; Bd. 7)
ISBN 3-593-36318-6

Umschlaggestaltung: conceptdesign, Offenbach
Umschlagsmotiv: Nürnberger Juristenprozeß: Verhandlung im Justizpalast, Anklagebank (Ullstein Bilderdienst)
Redaktion: Irmtrud Wojak
Satz: Ernst Karpf, Frankfurt am Main
Druck und Bindung: Druckhaus »Thomas Müntzer«, Bad Langensalza
Gedruckt auf säurefreiem und chlorfrei gebleichtem Papier
Printed in Germany

Dem Andenken an meinen Großonkel
Leopold Perels (1875-1954)
Professor für Rechtsgeschichte an der Universität Heidelberg,
1933 aus „rassischen" Gründen entlassen,
1940 nach Gurs/Frankreich deportiert,
nach der Befreiung nicht nach Deutschland zurückgekehrt.

Inhalt

Vorwort

Unsere demokratische Rechtskultur setzt voraus, daß Bürgerinnen und Bürger Vertrauen in die Justiz haben können: Vertrauen darauf, daß die Gerichte nach Gesetz und Recht entscheiden. Vertrauen auch darauf, daß die Justiz bereit ist, sich mit ihrer Vergangenheit auseinanderzusetzen, also auch mit den dunklen Seiten ihrer eigenen Geschichte. Das schlimmste Kapitel in der Geschichte der Justiz in Deutschland, die willfährige Beteiligung allzu vieler Juristen an den Untaten des nationalsozialistischen Regimes, ist lange verdrängt worden. Während meines Jurastudiums waren die damaligen Professoren kaum bereit, darüber zu berichten, daß und wie deutsche Richter und Professoren nach 1933 die Rechtsstaatlichkeit aushöhlten und schließlich das Recht pervertierten, wie Justiz und Verwaltung die juristischen Instrumente mißbrauchten. Wir mußten selbst anfangen, bohrende Fragen zu stellen und Geschichte aufzuarbeiten. Erst nach und nach gab es dann erste Versuche, sich mit der NS-Zeit auch in juristischer Hinsicht auseinanderzusetzen. Doch die Stimmen, die alles zudecken wollen, sind immer noch nicht verstummt.

Deshalb muß deutlich gesagt werden: Wir dürfen die Erinnerung an und die Konfrontation mit diesem Teil unserer Geschichte nicht aufgeben, auch und gerade nicht im Bereich von Recht und Justiz. Der Deutsche Bundestag hat, wenn auch sehr spät, deutliche Zeichen gesetzt: zum Beispiel im Jahre 1985, als er den Volksgerichtshof endlich als »Terrorinstrument zur Durchsetzung der nationalsozialistischen Willkürherrschaft« bezeichnet hat, oder im vergangenen Jahr – ich selbst habe mich sehr dafür eingesetzt – mit dem Gesetz zur Aufhebung von NS-Unrechtsurteilen in der Strafrechtspflege. In diesen Zusammenhang gehört auch die Wanderausstellung »Im Namen des Deutschen Volkes – Justiz und Nationalsozialismus«, die das Bundesministerium der Justiz im Jahre 1989 zusammengestellt hat und die seitdem mit großen Erfolg gezeigt worden ist.

Das Buch von Joachim Perels ist Wegmarke und Bereicherung in der juristischen Auseinandersetzung mit dem NS-Regime. Verdienst des Autors ist es, die Frage nach den Nachwirkungen der NS-Diktatur im demokratischen Rechtsstaat in ihrer Gesamtheit zu beleuchten. Dabei profitiert das Werk davon, daß Perels als Jurist und Politikwissenschaftler die rechtlichen Instrumentarien ebenso beherrscht wie die Analyse der jeweiligen historisch-gesellschaftlichen Konstellationen. Systematisch werden Schlüsselbegriffe für verschiedene Rechtsgebiete herausgearbeitet, an denen eine Kontinuität vordemokratischen Rechtsdenkens und einer entsprechenden gerichtlichen Praxis festzumachen ist.

Der Autor steht in der Tradition eines Rechtsdenkens, das von Franz Neumann, Otto Kirchheimer, Gustav Radbruch, Fritz Bauer und dem Vater des Autors, Friedrich Justus Perels, geprägt ist – ein Mann, der zum Kreis der Widerständler des 20. Juli 1944 gehörte und kurz vor Kriegsende von der SS ermordet wurde. Prägnante Zusammenfassung dieser gedanklichen Tradition ist der Begriff Gustav Radbruchs vom »gesetzlichen Unrecht«: »Wo Gerechtigkeit nicht einmal erstrebt wird, wo die Gleichheit, die den Kern der Gerechtigkeit ausmacht, bei der Setzung positiven Rechts bewußt verleugnet wurde, da ist das Gesetz nicht etwa nur »unrichtiges Recht«, vielmehr entbehrt es überhaupt der Rechtsnatur.« An diesem Maßstab gemessen, der die formelle Geltung von Entwürdigungs- und Vernichtungsnormen außer Kraft setzt und die Ahndung formaljuristisch verkleideter Staatsverbrechen gebietet, ist die Rechtsgeschichte der Bundesrepublik wahrlich keine Erfolgsgeschichte. Bekanntlich ist nicht einmal ein einziger Richter des Volksgerichtshofes zur Rechenschaft gezogen worden. Umso wichtiger ist es, die Erkenntnis, daß der demokratische Rechtsstaat sich nicht zuletzt an der Ahndung von Staatsverbrechen zeigt, festzuhalten und praktisch werden zu lassen. Hierfür ist dieses Buch ein wertvoller Wegweiser.

Prof. Dr. Herta Däubler-Gmelin
Bundesministerin der Justiz

Die Nachwirkungen der NS-Diktatur im demokratischen Rechtsstaat

Einleitung*

I.

Die rechtsstaatliche Demokratie der frühen Bundesrepublik ist mit dem juristischen Erbe des »Dritten Reiches« belastet. Nachdem die Interpretationseliten des Hitler-Regimes, die die Rechtswissenschaft in eine »technische Herrschaftslehre«[1] für eine schrankenlose Staatsgewalt mit unbegrenzter Diskriminierungs- und Tötungskompetenz pervertiert hatten, nach 1945 im Zuge der Rekonstituierung der bürgerlichen Gesellschaft ganz überwiegend in die Demokratie des Grundgesetzes inkorporiert worden waren, mußte die Frage in den Blick treten, ob der demokratische Rechtsstaat durch diese bemerkenswerte Kontinuität, die im Gegensatz zu den ursprünglichen Intentionen der Alliierten, vor allem der USA und starker Kräfte des politischen Widerstands stand, beeinträchtigt wurde.[2] Das Problem, ob die Prinzipien der neuen Verfassung, die Bindung der öffentlichen Gewalt an die Freiheitsrechte und die gesamte Rechtsordnung, von den einstigen juristischen Funktionseliten der NS-Diktatur akzeptiert wurden oder in bestimmten staatlichen und gesellschaftlichen Bereichen Elemente des einstigen anti-rechts-

---

* Für die Hilfe bei der Herstellung dieses Bandes danke ich Angelika Berlit. J. P.

1 Otto Kirchheimer, »Die Verfassungslehre des Preußen-Konflikts« (1932), in: ders., *Funktionen des Staates und der Verfassung*. Frankfurt am Main 1972, S. 42-61, hier: 45.

2 Alfons Söllner (Hg.), *Zur Archäologie der Demokratie in Deutschland. Analysen politischer Emigranten im amerikanischen Geheimdienst. Bd. 1: 1941-1945*. Frankfurt am Main 1982, S. 149 ff., 173 ff.; Ger van Roon, *Neuordnung im Widerstand. Der Kreisauer Kreis innerhalb der deutschen Widerstandsbewegung*. München 1967, Dokumentenanhang, S. 548, 553 ff.; »Manifest der demokratischen Sozialisten des ehemaligen Konzentrationslagers Buchenwald«, in: Wolfgang Abendroth, *Aufstieg und Krise der deutschen Sozialdemokratie*. Frankfurt am Main 1964, S. 123-127, hier: 123 f.

staatlichen Denkens in gewisser Weise fortexistierten, wird in seiner strukturbildenden Bedeutung für das System der Bundesrepublik nur unzureichend erkannt. Dies beruht nicht zuletzt darauf, daß die Kritik an den Folgewirkungen der Kontinuität von NS-Eliten – in der Literatur und in der Rechtsprechung – wesentlich in moralischen, nicht aber in rechtsstaatlichen Kategorien[3] artikuliert wird.

II.

Im *mainstream* der historischen und politikwissenschaftlichen Literatur erscheint – abgesehen von der Untersuchung Norbert Freis zum Umgang mit dem Nationalsozialismus in der frühen Bundesrepublik[4] – die Tatsache der Kontinuität der Funktionseliten der NS-Diktatur weitgehend als unproblematisch. Nachhaltig wirksam geworden ist die von Hermann Lübbe 1983 in einem Aufsatz zur Bedeutung des Nationalsozialismus im deutschen Nachkriegsbewußtsein«[5] entwickelte Interpretation. Sie bringt das herrschende Paradigma auf den Begriff. Lübbes Kernthese lautet, daß die sogenannte »gewisse Stille« in der Frühphase der Bundesrepublik gegenüber der NS-Vergangenheit das »sozialpsychologisch und politisch nötige Medium der Verwandlung unserer Nachkriegsbevölkerung in die Bürgerschaft der Bundesrepublik« war.[6] Diese These kulminiert in der resümierenden Bemerkung, daß die »Erblast nationalsozialistischer Vergangenheit, die diese Republik zu tragen hatte, (...) ihr (...) nicht hinderlich gewesen (ist)«.[7]

Lübbes Sicht hat ein schwaches empirisches Fundament. Die Fragen der Nachwirkungen der NS-Zeit in der Bundesrepublik behandelt er nicht eigentlich realgeschichtlich, sondern in Gestalt vorgängiger Deu-

3 Günter Frankenberg, Franz J. Müller, »Juristische Vergangenheitsbewältigung. Der Volksgerichtshof vorm BGH«, in: *Kritische Justiz*, H. 2 (1983), S. 145-163, bes. S. 150 f.

4 Norbert Frei, *Vergangenheitspolitik. Die Anfänge der Bundesrepublik und die NS-Vergangenheit.* München 1996; s. auch Ulrich Herbert, *Best. Biographische Studien über Radikalismus, Weltanschauung und Vernunft (1903-1989).* Bonn 1996, S. 444 ff.

5 Hermann Lübbe, »Der Nationalsozialismus im deutschen Nachkriegsbewußtsein«, in: *Historische Zeitschrift*, Bd. 236 (1983), S. 579-599; zur Kritik vgl. Helmut Dubiel, Günter Frankenberg, »Entsorgung der Vergangenheit«, in: *Die Zeit* (18.3.1983); Lutz Niethammer, »Zum Wandel der Kontinuitätsdiskussion«, in: Ludolf Herbst (Hg.), *Westdeutschland 1945-1955.* München 1986, S. 65-83, hier: 79, Anm. 45.

6 Lübbe, »Nationalsozialismus«, S. 585.

7 Ebd., S. 599.

tungen. Das Problem des Umgangs mit Funktionsträgern des NS-Regimes entschärft er, ohne eine einzige Schlüsselfigur im Staatsapparat (wie Hans Globke), an den Universitäten (wie Ulrich Scheuner) auch nur zu erwähnen, geschweige denn zu analysieren, mit der salopp-ungenauen Wendung von »braunen Biographieanteilen«, gegenüber denen ein »integrative(s) Verhalten« grundsätzlich geboten gewesen sei.[8]

Umgekehrt erklärt Lübbe die »Verdrängungs-These« für »falsch«.[9] Unbeachtet bleibt, um nur einen Aspekt zu nennen, daß Geschichtsdarstellungen von Vertretern der traditionellen Eliten in der Justiz, im Militär und in den Kirchen deren systemkonforme Rolle in der NS-Diktatur weitgehend aus der Wahrnehmung verbannten oder für unproblematisch erklärten.[10] Lübbe verfehlt am Ende die bestimmende historische Realität einer dominierenden Verdrängung der NS-Zeit in der frühen Bundesrepublik. Er spricht, obwohl er an anderer Stelle das »Beschweigen« der Vergangenheit benannt und positiv gefaßt hat,[11] davon, daß »an ein Vergessen in den ersten Jahren nach dem Ende des Dritten Reiches noch weniger als später zu denken war.«[12] Die Signatur der frühen fünfziger Jahre wurde aber überwiegend, wie gerade neuere Forschungen gezeigt haben, von einer Politik des Vergessens, vor allem der Staatsverbrechen und der Abwehr ihrer Ahndung bestimmt, die von der Bundesregierung, von der evangelischen und katholischen Kirche, von der Mehrheit der Bevölkerung und der öffentlichen Meinung getragen wurde.[13]

Lübbes Grundthese ist zur gleichsam lehrbuchhaften Wahrheit für Autoren ganz unterschiedlicher wissenschaftlicher und politischer Provenienz geworden. Die explizite und implizite Rezeption von Lübbes

---

8 Ebd., S. 594; zu Globke vgl. Nora Schirrmacher, Gabriele Schulze, *Die Rekonstruktion des Beamtenapparats der Bundesrepublik Deutschland und die Stellung des Staatssekretärs im Bundeskanzleramt Hans Globke*. Staatsexamensarbeit Universität Hannover 1983; zur Rolle Scheuners vgl. Ulrich Scheuner, »Die Gerichte und die Prüfung politischer Staatshandlungen« in: *Reichsverwaltungsblatt*, Nr. 21 (1936), S. 437-443; ders., »Der Gleichheitsgedanke in der völkischen Verfassungsordnung«, in: *Zeitschrift für die gesamte Staatswissenschaft*, Bd. 99 (1939), S. 245-278.

9 Lübbe, »Nationalsozialismus«, S. 588.

10 Joachim Perels, *Wider die ›Normalisierung‹ des Nationalsozialismus*. Hannover 1996, S. 13 ff.

11 Lübbe, »Nationalsozialismus«, S. 587, 594.

12 Ebd., S. 581.

13 Frei, *Vergangenheitspolitik*, S. 133 f.; vgl. auch Helmut Dubiel, *Niemand ist frei von der Geschichte. Die nationalsozialistische Herrschaft in den Debatten des Deutschen Bundestages*. München 1999, S. 42 ff., 55 ff.

Entproblematisierung der Inkorporation der Trägerschichten der NS-Diktatur in die Demokratie des Grundgesetzes ist bemerkenswert. Bei Kurt Sontheimer heißt es: »Es gibt gewisse Gründe dafür, die nur zaghaft beginnende Auseinandersetzung mit der nationalsozialistischen Vergangenheit als eine mögliche Brücke zur Integration des ganzen Volkes in die neue Demokratie zu betrachten.«[14] Klaus-Dieter Henke konstatiert: »(Die) Integration der personellen Hinterlassenschaft des Nationalsozialismus gelang. (...) Sie gelang, ohne den Übergang von der Diktatur in die Demokratie zu gefährden.«[15] Clemens Vollnhals schreibt: »Die großzügige Rehabilitierungspolitik (nach der Periode der Entnazifizierung, J. P.) erleichterte Millionen ehemaliger Nationalsozialisten, geläuterten wie eher verstockten, die Identifikation mit dem neuen Staatswesen. Die Bildung einer konsensfähigen Demokratie bedurfte der Integration und ließ sich nicht auf die Ausgrenzung großer Bevölkerungsteile aufbauen.«[16] Helmut Quaritsch bringt den Umgang mit der Nazi-Vergangenheit u. a. auf das Niveau einer zu bewältigenden Ehe-Auseinandersetzung: »Es rechnet schließlich zu den fundamentalen Jedermann-Erfahrungen, daß Schweigen über alten Streit und Anklagestoff die Voraussetzung friedlichen Miteinanders in Beruf und Ehe, Verein und Staatenwelt ist, (...) die ›Mitläufer‹ aber, auch die ehemaligen Nationalsozialisten, wurden – mit (...) Ausnahmen – geräuschlos in die Gesellschaft eingegliedert und politisch für sie gewonnen.«[17] Ulrich Herbert, der vom Skandal einer Verletzung politischer Moral im Blick auf die weitgehende Straflosigkeit von Schreibtischtätern spricht, kommt doch zu einer relativierenden Deutung, die die Auswirkungen der personellen Kontinuität auf die Rechtsordnung am Ende außer Acht läßt: »(Der) geduckte Opportunismus, der mit der allmählichen sozialen Reintegration der NS-Eliten verbunden (war), war Ausdruck und Voraussetzung für die politische Neutralisierung dieser Gruppe.«[18] Eber-

---

14 Kurt Sontheimer, *Die Adenauer-Ära*. München 1991, S. 185.

15 Klaus-Dietmar Henke, »Die Grenzen der politischen Säuberung in Deutschland nach 1945«, in: Herbst (Hg.), *Westdeutschland,* S. 127-135, hier: 132.

16 Clemens Vollnhals, »Entnazifizierung. Politische Säuberung unter alliierter Herrschaft«, in: Hans-Erich Volkmann (Hg.), *Ende des Dritten Reiches. Ende des Zweiten Weltkriegs*. München 1995, S. 388.

17 Helmut Quaritsch, »Theorie der Vergangenheitsbewältigung«, in: *Der Staat,* H. 4 (1992), S. 519-551, bes. 550 f.

18 Ulrich Herbert, »Rückkehr in die Bürgerlichkeit. NS-Eliten in der Bundesrepublik«, in: Bernd Weißbrod (Hg.), *Rechtsradikalismus in der politischen Kultur der Nachkriegszeit*. Hannover 1995, S. 157-173, hier: 173. Diese Deutung steht im Gegensatz

hard Jäckel schließlich erledigt in seiner resümierenden Geschichte Deutschlands die Frage der Fortexistenz von NS-Funktionsträgern in der zweiten Republik mit einem einzigen kurzen Satz: »Die ehemaligen Nationalsozialisten wurden aufgesogen.«[19]

Die herrschende Interpretation der Bedeutung des Erbes des »Dritten Reiches« in der Nachkriegsordnung, die im Blick auf die ›einfachen‹ NSDAP-Mitglieder durchaus ihr Recht hat, verstellt die Sicht auf die eigentliche Problematik. Die ehemaligen Nationalsozialisten erscheinen als bloße Bevölkerungsgruppe, ohne daß auch nur der Versuch gemacht wird, zwischen den Funktionseliten des Regimes im Reichssicherheitshauptamt, in der Ministerialbürokratie, in der Justiz, im Militär, in der Wirtschaft, in den Universitäten und der Masse der sogenannten Mitläufer zu unterscheiden. Das Postulat der Integration bezieht sich auf die Nationalsozialisten insgesamt. Es wird so ausgeweitet, daß zwischen einem Sachbearbeiter im Oberkommando der Wehrmacht und einem Kommandeur einer Einsatzgruppe, einem kritischen Verteidiger und einem Staatsanwalt am Sondergericht, einem halbdistanzierten Öffentlichrechtler und einem die Despotie legitimierenden Rechtslehrer nicht unterschieden werden kann. Die Differenz zwischen denjenigen, die, sofern sie nicht gegen Straftatbestände verstoßen haben, ein »Recht auf politischen Irrtum« (Kogon) in Anspruch nehmen können[20] und für die Demokratie durch einen Verzicht auf Ausgrenzung gewonnen werden sollen und denjenigen, die an der Vorbereitung und Ausübung krimineller Staatshandlungen ideologisch, administrativ und praktisch beteiligt waren – dies sind nach den Deutschland-Planungen der Vereinigten Staaten etwa 220.000 Funktionsträger gewesen[21] – bleibt ausgeblendet. Diese an exzessiven Diskriminierungs- und Terrorhandlungen beteiligten Gruppen treten als potentielle Gefahr des rechtsstaatlichen Gemeinwesens aus dem Blick. Statt dessen wird die in ihren Formen z. T. problematische Entnazifizierung, die ihren Ausdruck in der quantitativ-umfassenden allgemeinen Fragebogenaktion zwischen 1946 und 1948 fand,

zu Herberts eingehender Analyse der Nachkriegskarriere des Stellvertreters von Reinhard Heydrich, Werner Best, der bei der Blockierung der juristischen Aufarbeitung von Staatsverbrechen teilweise erfolgreich war. Herbert, *Best*, S. 448 ff., 454 ff., 457 ff.

19 Eberhard Jäckel, *Das deutsche Jahrhundert*. Stuttgart 1996, S. 265.

20 Eugen Kogon, »Das Recht auf politischen Irrtum«, in: *Frankfurter Hefte*, H. 7 (1947), S. 641-655.

21 Söllner, *Archäologie*, S. 156.

durch das Postulat einer generellen Integration der Ex-Nazis insgesamt negiert.

Es ist bezeichnend, daß bei Lübbe das für die Nachkriegsperiode bestimmende Problem der Ahndung von Staatsverbrechen nur am Rande vorkommt. Empirisch wenig genau spricht er davon, daß die Zustimmung zu den NS-Prozessen in der Bevölkerung zugenommen habe.[22] Daß sich im Umgang mit diesen außerordentlichen Verbrechen des »Dritten Reiches« wesentlich die Frage entscheidet, ob sich das für das neue Gemeinwesen konstitutive Prinzip der Bindung der öffentlichen Gewalt an die Rechtsordnung in der Sanktion des NS-Terrors tatsächlich durchsetzen kann, liegt jenseits des Problemhorizonts der herrschenden Sicht.

Wenn Lübbe das Beschweigen der NS-Vergangenheit zur demokratiefördernden Tugend erklärt, impliziert dies, daß die frühen und entschiedenen Ansätze zur Aufarbeitung des NS-Systems, die vor allem von Karl Jaspers, Gustav Radbruch und Eugen Kogon 1945/46 entwickelt wurden, im nachhinein desavouiert werden. Auf einer Versammlung der CDU hatte Eugen Kogon im November 1945 erklärt, daß die Wahrnehmung der Schuld und der politische Neubeginn zwei Seiten eines Vorgangs sind.[23] Dieser Gedanke, den Jaspers in seiner programmatischen Schrift über die Schuldfrage dann systematisch entfaltet,[24] kommt bei Lübbe nicht vor. Mit keinem Wort werden die Erkenntnisse erwähnt, die die bedeutendsten Analytiker des NS-Regimes – Franz Neumann, Hannah Arendt, Max Horkheimer und Eugen Kogon – über die Nachwirkungen des Naziregimes im Nachkriegsdeutschland aus eigener Anschauung gewonnen hatten. Weil für sie ein unauflöslicher Zusammenhang zwischen der Wahrnehmung des Schreckensregiments und

22 Lübbe, »Nationalsozialismus«, S. 581. Die Einschätzung von Lübbe verfehlt weitgehend die Wirklichkeit: »Die NS-Prozesse riefen in der deutschen Öffentlichkeit ein eher negatives Echo hervor. Im August 1958 plädierten 34%, wie Umfragen des Allensbacher Instituts ergaben, für einen ›Schlußstrich unter die Vergangenheit‹, während 54% für eine weitere Strafverfolgung eintraten. Im Oktober 1963 sprachen sich hingegen 54% und im Januar 1965 52% für einen ›Schlußstrich‹ aus, während 34 bzw. 38% meinten, aufgespürte NS-Verbrecher müßten bestraft werden.« Clemens Vollnhals, »Zwischen Verdrängung und Aufklärung. Die Auseinandersetzung mit dem Holocaust in der frühen Bundesrepublik«, in: Ursula Büttner (Hg.), *Die Deutschen und die Judenverfolgung im Dritten Reich*. Hamburg 1992, S. 357-386, hier: 374.

23 Eugen Kogon, »Frankfurter Rede, gehalten auf der ersten Kundgebung der CDU am 11. November 1945«, in: ders., *Die restaurative Republik. Zur Geschichte der Bundesrepublik Deutschland*. Weinheim 1996, S. 15-23.

24 Karl Jaspers, *Die Schuldfrage* (1946). München 1987.

der Schaffung eines in der praktischen Negation des »Dritten Reiches« sich konstituierenden Gemeinwesens bestand, hatten sie die Folgen der Wahrnehmungsabwehr des Systems des Grauens besonders scharf bezeichnet. Horkheimer schreibt z. B. in einem Brief von 1948: »Das Schlimmste an der gegenwärtig hier herrschenden Geistigkeit ist nicht etwa der Antisemitismus, der natürlich in Blüte steht, sondern der Mangel an Veränderung. Die früheren Denkweisen sind alle noch da – versteint, mumienhaft. Was die Menschen selbst betrifft, so sind sie – fast ohne Ausnahme – gleichsam unberührt von dem, was geschah.«[25] Hannah Arendt notierte 1950: »Beobachtet man die Deutschen, wie (...) sie es einem verübeln, wenn man sie an die Schreckenstaten erinnert, welche die ganze übrige Welt nicht loslassen, dann begreift man, daß die Geschäftigkeit zu ihrer Hauptwaffe bei der Abwehr der Wirklichkeit geworden ist. (...). (D)ie Angesprochenen sind lebende Gespenster, die man mit den Worten, mit Argumenten, mit dem Blick menschlicher Augen und der Trauer menschlicher Herzen nicht mehr rühren kann.«[26] In der unkritischen Verdoppelung der herrschenden gesellschaftlichen Tendenz zu Beginn der fünfziger Jahre, die Frage der Verantwortung für das NS-Regime weitgehend durch Vergessen zu erledigen,[27] fällt Lübbe hinter die scharfsichtigen Einsichten jener Gegner des Nationalsozialismus zurück.

III.

Zur Begründung der These von der gelungenen Integration der Nationalsozialisten wird auch auf das maßgebende Gewicht des Grundgesetzes als einer antinazistischen Rechtsordnung hingewiesen. Die Konstituierung einer liberal-demokratischen Verfassung habe ein Durchschlagen diktaturstaatlicher Dispositionen der einstigen NS-Eliten zureichend blockiert. Bei Kurt Sontheimer heißt es: »Trotz der nicht wegzuleugnenden personellen Kontinuitäten war der Grundkonsens der Bundesrepu-

25 Max Horkheimer, *Gesammelte Schriften. Briefwechsel 1941-1948*. Bd. 17. Frankfurt am Main 1996, S. 739; s. auch Franz Neumann, »Militärregierung und Wiederbelebung der Demokratie in Deutschland« (1948), in: ders., *Wirtschaft, Staat, Demokratie. Aufsätze 1930-1954*. Frankfurt am Main 1978, S. 309-326, hier: 324. Neumann konstatiert, daß »die Entnazifizierungsprozedur schon fast zu einem Instrument der Renazifizierung geworden (ist)«, ebd.; s. dazu John H. Herz, »The Fiasco of Denazification in Germany«, in: *Political Science Quarterly* 63 (1948), S. 569-594.

26 Hannah Arendt, »Besuch in Deutschland 1950«, in: dies., *Zur Zeit. Politische Essays*. Berlin 1986, S. 43-70, hier: 51.

27 Frei, *Vergangenheitspolitik*, S. 29 f., 54 ff., 100 ff., 297 ff.

blik schon in der Adenauer-Zeit anti-nationalsozialistisch und anti-totalitär.«[28] Und Clemens Vollnhals schreibt: »(Die) Wiedereingestellten, so fragwürdig ihre Vergangenheit und ihre persönliche Integrität im Einzelfall auch sein mochte, (...) ordneten sich loyal den Vorgaben des demokratischen Neubeginns unter.«[29] Rudolf Wassermann kommt zu einem ähnlichen Ergebnis: »Während die Richter und Staatsanwälte der Verfassung von Weimar meist mit Ablehnung oder mit Vorbehalt begegnen, bejaht heute die überwältigende Mehrheit das Grundgesetz vorbehaltlos.«[30] Die Identifikation mit der Diktatur sei verschwunden, stattdessen konstatiert Eberhard Jäckel ganz prinzipiell: »Die große Mehrheit der Bevölkerung steht aus Überzeugung auf dem Boden der Verfassung.«[31] Und Hermann Graml stellt fest: »Am schlagendsten bewiesen die Westdeutschen ihre Abkehr vom Nationalsozialismus (...) auf anderem Felde: Sie akzeptierten und gaben sich ein politisches System, das demokratisch-liberal, parlamentarisch und damit soweit wie irgend möglich vom Staat Hitlers entfernt war.«[32]

So zutreffend der Hinweis auf den mit der Schaffung des Grundgesetzes eingetretenen Kontinuitätsbruch ist, so ist dies mit einer stillschweigenden Voraussetzung verbunden. Es wird – nun fast explizit – unterstellt, daß die existierende Verfassung – insbesondere in Gestalt der Grundrechte und des Bundesverfassungsgerichts – für alle Bereiche des Staates und der Gesellschaft unterschiedslos Geltungskraft entwickelt. Zwischen dem Grundgesetz und der politischen Realität, die durch das Erbe des NS-Regimes wesentlich mitbestimmt ist, besteht aus dieser Perspektive keine Spannung, kein Widerspruch, kein Gegensatz. So lautet die Generalthese Sontheimers, daß »die ehemaligen Nationalsozialisten in entsprechenden Funktionen der neuen Bundesrepublik zu keinem gravierenden politischen Problem wurden«, weil sie sich »willig in die neue Ordnung einfügten«.[33]

Diese These einer Übereinstimmung von Verfassung und gesellschaftlicher Realität ist nur bedingt zutreffend. Die Einstellung der Be-

---

28 Sontheimer, *Adenauer-Ära*, S. 187.

29 Vollnhals, »Entnazifizierung«, S. 300, 387.

30 Rudolf Wassermann, *Kontinuität oder Wandel? Konsequenzen aus der NS-Herrschaft für die Entwicklung der Justiz nach 1945*. Hannover 1984, S. 36.

31 Jäckel, *Jahrhundert*, S. 281.

32 Hermann Graml, »Die verdrängte Auseinandersetzung mit dem Nationalsozialismus«, in: Martin Broszat (Hg.), *Zäsuren nach 1945*. München 1990, S. 169-183, hier: 180.

33 Sontheimer, *Adenauer-Ära*, S. 177.

völkerung zum NS-Regime tendierte in den fünfziger Jahren eher zu Optionen für eine »aufgeklärte« Diktatur. Die Abwehr der Verantwortung für NS-Verbrechen, eine weitgehende Ablehnung des politischen Widerstands gegen das NS-Regime, eine verbreitete Verherrlichung des Hitler-Regimes für die Zeit bis zum Beginn des Krieges, ein starker Antisemitismus und die Bejahung der Todesstrafe fügten sich zu einer oftmals mehrheitsfähigen Haltung der Bevölkerung zusammen,[34] die mit der rechtsstaatlich-demokratischen Struktur des Grundgesetzes kaum vereinbar war.

Der Umgang mit der NS-Diktatur hatte negative Rückwirkungen auf die demokratische Rechtsordnung. Allein die Tatsache, daß die Ludwigsburger Zentrale Stelle für die Aufklärung von NS-Verbrechen die normalen Polizeikanäle – wegen des Corpsgeistes potentiell Beschuldigter – nicht in Anspruch nehmen und einen eigenen Fahndungsapparat aufbauen mußte,[35] zeigt, daß von einer generell rechtsstaatlichen Einstellung der Beamtenschaft nicht gesprochen werden kann. Wenn die Rechtslehre und die Justiz in ihrer überwiegenden Mehrheit in den fünfziger Jahren das NS-Regime in einen tendenziell »normalen« Staat umdeuten,[36] ist dies ebenfalls ein Indiz für die geringe Bedeutung eines rechtsstaatlichen Bezugsrahmens im Blick auf die Aufarbeitung des »Dritten Reiches«. Wird der NS-Staat »normalisiert«, besteht nicht einmal mehr das Kontinuitätsproblem, der unendlich qualitative Unterschied von NS-Regime und dem Staat des Grundgesetzes verschwindet.

Die ersten Studien zum Auseinandertreten von Verfassung und politischer Realentwicklung, das vor allem durch das Gewicht der einstigen juristischen Interpretationseliten der NS-Diktatur bedingt ist, wurden in den Vereinigten Staaten von John H. Herz, Karl Loewenstein und Arnold Brecht entwickelt. Ihre Arbeiten werden von den Autoren, die das Problem der Kontinuität vordemokratischer Führungsschichten in der Demokratie gleichsam für inexistent erklärten, in den wissenschaftlichen Diskurs nicht einbezogen, sondern mit Schweigen übergangen. Arnold

34 Frei, *Vergangenheitspolitik*, S. 133 ff., insb. S. 136, Anm. 7; Perels, ›*Normalisierung*‹, S. 70 ff.; Vollnhals, »Verdrängung«, S. 368 f.; Axel Schildt, *Moderne Zeiten. Freizeit, Massenmedien und ›Zeitgeist‹ in der Bundesrepublik der fünfziger Jahre*. Hamburg 1995, S. 306 f., 317 ff.; Heinrich Hannover, *Klassenherrschaft und Politische Justiz*. Hamburg 1978, S. 139 ff.

35 Barbara Just-Dahlmann, Helmut Just, *Die Gehilfen. NS-Verbrechen und die Justiz nach 1945*. Königstein 1988, S. 43.

36 Michael Kirn, *Verfassungsumsturz oder Rechtskontinuität?*. Berlin 1972, S. 150 ff., 205 ff.

Brecht hatte eine Fragerichtung entwickelt, die noch heute für die Definition des Gesamtproblems fruchtbar ist. 1953 konstatierte er: »Der große Defekt des deutschen Beamtensystems liegt in dem Konflikt zwischen der autoritären Tradition und der bürokratischen Struktur auf der einen Seite und den wesentlichen Prinzipien einer demokratischen Gesellschaft auf der anderen. Genau die Charakteristika, die unter der Monarchie und unter dem totalitären Regime die Stärke des Beamtensystems waren – Klasseninstinkt, Exklusivität, eine ausgeprägt hierarchische Struktur – schränkten ihren Wert in der Demokratie ein.«[37] Und Karl Loewenstein fügte im Blick auf die Justiz und die Rechtslehre hinzu: »Dem Muster der Rekonstruktion des Justizapparats entsprechen die juristischen Fakultäten, in die ›entnazifizierte‹ Rechtsprofessoren mit wenigen Ausnahmen in ihre Positionen zurückgekehrt sind. Es gibt keine begründete Annahme, daß sie die demokratische Form der autoritären Form des Regierens vorziehen würden.«[38]

Die Kontinuität der traditionellen Eliten der NS-Diktatur führte weniger dazu, daß unmittelbar nationalsozialistische Vorstellungen wirksam blieben; dies galt nur für rechtsextreme Gruppierungen und Parteien. Das eigentliche Problem, das mit der Diagnose eher verfehlt wurde, daß mit der »Erfahrung des totalen Zusammenbruchs der autoritären Staats- und Gesellschaftsordnung des Nationalsozialismus (...) ein kollektives Evidenzerlebnis« verbunden war, »das alle vermeintlichen Stärken eines vordemokratischen Ordnungsmodells entlegitimierte«,[39] bestand in der Fortexistenz einer autoritären, den Staatsapparat überhöhenden Vorstellungswelt, in der die Geltung der Grundrechte – vom Recht auf Leben und körperliche Unversehrtheit bis zum Gleichheitssatz – zugunsten eines souveränen, herrschaftstechnischen Rechts zurückgedrängt wurde.

Das Problem eines Fortwirkens eines Bezugsrahmens, in dem die

---

37 Arnold Brecht, »Personell Management«, in: Edward H. Litchfield (Hg.), *Governing Postwar Germany*. Ithaca 1953, S. 263-293, hier: 292; vgl. John H. Herz, *Vom Überleben*. Düsseldorf 1984, S. 151 ff.

38 Karl Loewenstein, »Justice«, in: Litchfield, *Postwar Germany*, S. 234-255, hier: 255.

39 M. Rainer Lepsius, »Das Erbe des Nationalsozialismus und die politische Kultur der Nachfolgestaaten des ‚Großdeutschen Reiches'«, in: ders. (Hg.), *Demokratie in Deutschland*. Göttingen 1993, S. 239-248, bes. 234; an anderer Stelle wird diese positive Gesamtwertung der Entlegitimierung einer autoritären Ordnung durch die Beobachtung, daß die erste Nachkriegsphase »durch eine Tabuisierung der Verbrechen« gekennzeichnet war (ebd., S. 243) relativiert, ohne daß die Schwerkraft der zumal juristischen Hypothek des NS-Regimes in der Bundesrepublik ins Zentrum rückte.

Staatsgewalt durch rechtliche Schranken kaum gebunden ist, wird im Umgang mit dem Komplex der Verfolgung von NS-Kriminalität zwar thematisiert. Autoren, die von einer gelungenen Integration der ehemaligen Nationalsozialisten sprechen, gehen auf die fehlgeschlagene Ahndung der nationalsozialistischen Justizverbrechen kritisch ein. Die Defizite der Justiz werden – ohne die Berücksichtigung der rechtsstaatlichen Kritik an der Exkulpation der Judikatur – aber nur in moralischen Kategorien abgebildet.[40] Die entscheidende Frage nach den rechtlichen Maßstäben für die Bewertung der NS-Justiz, die unter der Geltung des Grundgesetzes nicht aus dem nationalsozialistischen Diskriminierungs- und Repressionssystem bezogen werden dürften, bleibt ungestellt. So gerät die bemerkenswerte Tatsache, daß in der Justiz das nationalsozialistische Recht, in vollständigem Gegensatz zu rechtsstaatlichen Normen und Verbürgungen unserer Verfassung, modifiziert vielfach weiter angewandt wurde, aus dem analytischen Blick.

Sofern die rechtliche Problematik der fehlenden strafrechtlichen Ahndung der Justizverbrechen doch reflektiert wird, erscheint diese Hypothek als gleichsam erratischer Block außerhalb der uneingeschränkt positiv interpretierten politischen und rechtlichen Entwicklung der Bundesrepublik. Die tatsächliche Geltung des rechtsstaatlichen Normensystems, das eine Privilegierung krimineller, für die rechtswidrige Tötung Tausender verantwortlicher Richter und Staatsanwälte ausschließt, ist ein Prüfstein, der über die Wirksamkeit der neuen demokratischen Rechtsordnung Auskunft gibt. Nachdem Sontheimer im Anschluß an Gotthard Jasper von der »Halbherzigkeit der Verfolgung nationalsozialistischer Verbrechen«[41] in den fünfziger Jahren gesprochen hatte, stellte er – als habe dies für die Gesamtbewertung der Konstituierung des demokratischen Rechtsstaats keinerlei Bedeutung – ganz allgemein fest: »Aus heutiger Sicht kann man sagen, daß dieses Experiment, eine Demokratie auf den Trümmern des Dritten Reiches zu errichten, im wesentlichen geglückt ist.«[42]

---

40 Vollnhals, »Verdrängung«, S. 375; Herbert, »Rückkehr«, S. 173; Frankenberg, »Juristische Vergangenheitsbewältigung«.

41 Gotthard Jasper, »Wiedergutmachung und Westintegration. Die halbherzige justitielle Aufarbeitung der NS-Vergangenheit in der frühen Bundesrepublik«, in: Herbst, *Westdeutschland*, S. 183-202.

42 Sontheimer, *Adenauer-Ära*, S. 178 ff., 185.

IV.

Die weitgehende Integration der juristischen Funktionseliten der NS-Diktatur hatte erhebliche Konsequenzen. In strategisch bedeutsamen Bereichen, die für die Rekonstruktion des alten Staatsapparates und für die Sicherung der überkommenen Gesellschaftsordnung, die das NS-System mit getragen hatte, relevant sind, wird der Geltungsradius des demokratischen Rechtsstaates teilweise oder ganz sistiert. Die verbreitete These, daß die neuen demokratisch legitimierten Führungsschichten die einstigen NS-Eliten mindestens neutralisierten,[43] läßt sich in dieser Allgemeinheit nicht aufrechterhalten. Dies zeigt schon ein kursorischer Blick auf Brennpunkte der Ahndung der Staatsverbrechen.

Exemplarische Bedeutung hat die Rolle eines führenden nationalsozialistischen Strategen der Massenvernichtung: Werner Best. Der einstige Justitiar der SS, Stellvertreter von Reinhard Heydrich, stieg in der frühen Bundesrepublik als Mitarbeiter des einflußreichen FDP-Abgeordneten Achenbach zum Fachjuristen in Fragen des Umgangs mit nationalsozialistischen Verbrechen auf. In der Nähe des Machtzentrums der ersten Regierung Adenauer angesiedelt, konnte Best durch Eingaben bei Vizekanzler Blücher und Justizminister Dehler in Sachen der Blockierung der Ahndung von Staatsverbrechen – im Blick auf die langjährige Verzögerung ihrer Verfolgung seit Beginn der fünfziger Jahre und im Blick auf die 1954 verkündete Amnestie für bestimmte »von Amts wegen« begangene Totschlagsdelikte – relativ erfolgreich operieren. Eine Schlüsselfigur des alten Regimes, die selbst – von der Vorbereitung der Röhm-Morde, der Verwaltung der Konzentrationslager über die Instruktion der Einsatzgruppen im Polenfeldzug bis zur Deportation der Juden aus Frankreich – an rechtsvernichtenden Handlungen des »Dritten Reiches« aktiv beteiligt war, beeinflußte unter der Geltung des Grundgesetzes die systematische Durchbrechung des rechtsstaatlichen Legalitätsprinzips bei NS-Morden.[44]

Auch die Spitzen der Justiz und die NS-Eliten bildeten nicht einfach einen antagonistischen Gegensatz. Der ärztliche Leiter der Mordaktion

---

43 Gerhard A. Ritter, *Über Deutschland. Die Bundesrepublik in der deutschen Geschichte*. München 1998, S. 31 f.; Vollnhals, »Verdrängung«, S. 382; Hans-Peter Schwarz, *Die Ära Adenauer 1949-1957*. Stuttgart 1981, S. 411.

44 Herbert, *Best*, S. 143, 147 ff., 234 ff., 237 ff., 306 ff., 309 ff., 444 ff.; vgl. auch Falko Kruse, »NS-Prozesse und Restauration«, in: *Kritische Justiz*, H. 2 (1978), S. 109-134, hier: 120 ff.; Peter Steinbach, *Nationalsozialistische Gewaltverbrechen. Die Diskussion in der deutschen Öffentlichkeit*. Berlin 1981, S. 44.

gegen psychisch Kranke, Professor Werner Heyde, der im Vernichtungsapparat eine vergleichbare konzeptionelle Rolle wie Best im Reichssicherheitshauptamt spielte, konnte bis 1959, gedeckt von führenden Repräsentanten der schleswig-holsteinischen Justiz, unter falschem Namen als Gerichtsgutachter tätig sein, obgleich gegen ihn seit 1950 ein Haftbefehl vorlag. Für den geistigen Kopf der NS-»Euthanasie«, der mindestens 70.000 Menschen zum Opfer fielen, wurde unter dem Schutz des Justizapparats der Sanktionsanspruch der Strafrechtsnormen für lange Jahre außer Kraft gesetzt.[45]

V.

Die Blockaden für die Ahndung von Staatsverbrechen sind das folgenreichste Erbe des »Dritten Reiches«, das die demokratische Rechtsordnung nachhaltig beschädigte. Damit wurden auch die Opfer, deren Integrität wenigstens rechtlich wiederhergestellt werden sollte, ein weiteres Mal ins Unrecht gesetzt.

Die Träger der NS-Justiz wurden seit 1950 durch die erneute Legitimierung technischen »Ausmerzungsrechts« mit ihren Entscheidungen aus dem »Dritten Reich« in der rechtsstaatlichen Demokratie bestätigt. Da bis auf zwei Urteile – vor Gründung der Bundesrepublik – kein Richter und kein Staatsanwalt, der die Terrormaschine der Justiz mit ihren exzessiven Todesurteilen in Gang gehalten hatte, für die Zerstörung liberal-rechtsstaatlicher Positionen zur Rechenschaft gezogen wurde, bedeutete dies, daß die Gültigkeit der nationalsozialistischen Rechtsordnung im Blick auf die NS-Justiz aufrechterhalten wurde. Dies stand in vollem Gegensatz zu Radbruchs Erkenntnis– und Sanktionsbegriff des »gesetzlichen Unrechts« von 1946, der vom Bundesgerichtshof nur noch punktuell festgehalten wurde.[46] Diese Suspendierung der demokratischen Rechtsordnung im Blick auf die Bewertung der nationalsozialistischen Justizverbrechen hatte zur Konsequenz, daß die justitielle Ausschaltung von Widerstandskämpfern, die rassenpolitische Verfolgung

---

45 Klaus-Detlev Godau-Schüttke, »Juristen und Mediziner in Schleswig-Holstein decken den NS-Euthanasie-Arzt Professor Dr. Werner Heyde und bleiben straflos«, in: Helge Grabitz, Klaus Bästlein, Johannes Tuchel (Hg.), *Die Normalität des Verbrechens. Bilanz und Perspektiven der Forschung zu den nationalsozialistischen Gewaltverbrechen*. Berlin 1994, S. 444-479; Klaus-Detlev Godau-Schüttke, *Die Heyde/Sawade Affäre*. Baden-Baden 1998.

46 Joachim Perels, »Die schrittweise Rechtfertigung der NS-Justiz«, in diesem Band.

der Juden, die Anwendung des »Blutschutzgesetzes«, die Handhabung der terroristischen Polenstrafrechtsverordnung von 1941 durch die Sondergerichte, der Einsatz des Militärstrafrechts gegen politische Oppositionelle grundsätzlich für rechtmäßig erklärt wurde.[47]

Auch der Militärapparat des NS-Regimes wurde exkulpiert. Obgleich die Ludwigsburger Zentrale Stelle eingehende Vorermittlungen zu Kriegsverbrechen der Wehrmacht anstellte und tausend Vorermittlungsverfahren eingeleitet wurden,[48] wurde nicht ein einziges Hauptverfahren eröffnet. Ein Beispiel aus dem Vernichtungskrieg gegen die Sowjetunion steht für viele: Die Mitwirkung an der Ermordung der Juden im Krieg gegen die UdSSR, die Ausführung eines verbrecherischen Befehls im Sinne des geltenden § 47 Militärstrafgesetzbuch, wurde als Handlung von untergeordneten Chargen – die der Wehrmacht unterstellte Feldpolizei hatte 10.000 Juden getötet – qualifiziert, die hierfür nicht zur Rechenschaft gezogen werden könnten. So erhielten von der Wehrmacht zu verantwortende, rechtswidrige Gewaltmaßnahmen gegen schuldlose Menschen – hierzu gehörten vor allem auch die Massaker in Griechenland und Italien – in Einstellungsbeschlüssen von Staatsanwaltschaften noch nachträglich das Prädikat der Straflosigkeit. Aus dem Blickwinkel der Justiz gab es in der Kriegsführung Nazi-Deutschlands nicht ein der Ahndung zugängliches Verbrechen.[49]

Für die Wirtschaft wurde eine vergleichbare Argumentation entwickelt. Die Industrie, die in vielen Betrieben Zwangsarbeiter beschäftigt hatte, wurde vom Bundesgerichtshof – trotz gegenteiliger Positionen bestimmter Untergerichte – von der juristischen Verantwortung für das

---

47 Perels, »Die schrittweise Rechtfertigung der NS-Justiz«, in diesem Band; Günter Spendel, *Rechtsbeugung durch Rechtsprechung*. Berlin 1984, S. 37 ff., 89 ff.; Adolf Arndt, »Agraphoi nomoi. Widerstand und Aufstand«, in: ders., *Gesammelte juristische Schriften*. München 1976, S. 87-97.; Ingo Müller, *Furchtbare Juristen*. München 1987, S. 240 ff.; Joachim Perels, »Der Nürnberger Juristenprozeß«, in diesem Band; ders., »Antisemitismus in der Justiz nach 1945?«, in: »Beseitigung des jüdischen Einflusses...« *Antisemitische Forschung, Eliten und Karrieren im Nationalsozialismus*, in: Fritz Bauer Institut (Hg.), Jahrbuch zur Geschichte und Wirkung des Holocaust 1998/99. Frankfurt am Main 1999, S. 241-252.

48 Alfred Streim, »Saubere Wehrmacht«, in: Hannes Heer, Klaus Naumann (Hg.), *Vernichtungskrieg. Verbrechen der Wehrmacht 1941-1944*. Hamburg 1995, S. 569-597, bes. 572 ff., 577 ff.

49 Ebd.; Eberhard Rondholz, »›Tausend unbekannte Lidices‹. Ungesühnte deutsche Kriegsverbrechen auf dem Balkan«, in: *Blätter für deutsche und internationale Politik*, H. 12 (1993), S. 1509-1519; Gerhard Schreiber, *Deutsche Kriegsverbrechen in Italien. Täter, Opfer, Strafverfolgung*. München 1996.

Auspressen der Arbeitssklaven freigestellt: Das Subjekt des Zwangsarbeitsverhältnisses sei nicht die Industrie, die doch die Zwangsarbeiter immer wieder angefordert hatte, sondern das Deutsche Reich, das aber erst im Falle eines Friedensvertrages als Anspruchsgegner in Frage komme.[50] Mit dieser Auflösung der tatsächlichen Verantwortlichkeit wurde die legitimatorische Sicht der Konzernjuristen übernommen. Die Opfer erhielten nicht nur keinen Entschädigungsanspruch, *de facto* wurde die diktaturstaatliche Verfügung über die Arbeitskräfte perpetuiert. Die Herrschaft der Industrie über die Zwangsarbeiter blieb rechtlich folgenlos.

Die Justiz hatte eine Schlüsselfunktion. Selbst einst aktiver Träger der Aufhebung rechtsstaatlicher Garantien zugunsten der schrankenlosen Staatsgewalt, besaß sie das Interpretationsmonopol im Blick auf die Frage der rechtlichen Bewertung der nationalsozialistischen Herrschaftsapparatur. Die überwiegende Mehrheit der Justiz bildete Grundmuster der prinzipiellen Akzeptanz des technischen Normengefüges der Diktatur einschließlich des Systems völkerrechtswidriger Befehle aus, die die demokratische Rechtsordnung leerlaufen ließen. So wurden bürgerliche Funktionseliten der NS-Diktatur, die Justiz, die Wehrmacht und die Industrie in vollständigem Gegensatz zu den Nürnberger Nachfolgeverfahren der Vereinigten Staaten[51] sanktionsfrei gestellt.

VI.

Für andere Komplexe von Staatsverbrechen – den Anstaltsmord, die Morde der Einsatzgruppen, die Morde in den Konzentrations- und Vernichtungslagern – bildete sich in den fünfziger und sechziger Jahren neben einer Minderheitsrichtung der Justiz, die die Verantwortlichen – wie in Fällen »alltäglicher« Einzelkriminalität als nationalsozialistische

50 Benjamin B. Ferencz, *Lohn des Grauens. Die verweigerte Entschädigung für jüdische Zwangsarbeiter.* Frankfurt am Main 1981, S. 43 ff., 59, 165; Wolfgang Benz, »Der Wollheim-Prozeß«, in: Ludolf Herbst, Constantin Goschler (Hg.), *Wiedergutmachung in der Bundesrepublik Deutschland.* München 1989, S. 303-326; Ulrich Herbert, *Fremdarbeiter. Politik und Praxis des ›Ausländereinsatzes‹ in der Kriegswirtschaft des Dritten Reiches.* Berlin 1985; Josef Borkin, *Die unheilige Allianz der IG Farben. Eine Interessengemeinschaft im Dritten Reich.* Frankfurt am Main 1979, S. 105 ff.

51 Lore M. Peschel-Gutzeit (Hg.), *Das Nürnberger Juristenurteil von 1947.* Baden-Baden 1996; *Fall 12. Das Urteil gegen das Oberkommando der Wehrmacht.* Berlin (-Ost) 1961; *Fall 7. Das Urteil im Geiselmordprozeß.* Berlin 1965; *Das Urteil im IG Farben-Prozeß.* Offenbach 1948.

Gewaltverbrecher in vollem Maß zur Rechenschaft zog – eine Hauptströmung in der Justiz aus, die bestimmte Täter ganz oder teilweise exkulpierte. Damit wurde die Terrorpraxis der rechtsstaatlichen Ahndung zum Teil entzogen. An der Verwendung von zwei zentralen Rechtsfiguren in NS-Prozessen können die Blockierungen von rechtsstaatlichen Schutzgarantien für NS-Opfer exemplarisch verfolgt werden: an der Unterscheidung von Täterschaft und Beihilfe und an der Frage des Unrechtsbewußtseins.

Die in den NS-Prozessen überwiegend verwendete Rechtsfigur der Beihilfe führte zwar nicht dazu, daß das Mordgeschehen sanktionsfrei wurde. Wenn aber aktive und selbständige Tötungshandlungen überzeugter nationalsozialistischer Funktionsträger – bei der Leitung von Konzentrationslagern, bei der Organisation und Durchsetzung von Massenmordaktionen gegenüber russischen Juden, bei der Planung und bei der Ausführung der Vernichtung psychisch Kranker – unter dem Signum der Beihilfe in einem wesentlich von Himmler, Hitler und Heydrich gesteuerten System eingruppiert werden, bedeutet dies, daß die täterschaftlichen Verantwortungen für die größten Staatsverbrechen der deutschen Geschichte aus dem Blick rücken. In Einsatzgruppenverfahren, aber auch zu einem erheblichen Teil in KZ-Verfahren und in »Euthanasie«-Verfahren wird, auch wenn eine umfassende Entscheidungsgewalt existierte, die Vernichtungspraxis gegenüber schutzlosen Individuen nur begrenzt unter die Kategorie der Täterschaft subsumiert. Das durch die Überdehnung der Gehilfenkonstruktion hervorgerufene Mißverhältnis von massenhaften Morden und der Form der Strafe – »ein Toter = 10 Minuten Gefängnis« lautete die resignierte Feststellung von Barbara Just-Dahlmann, Oberstaatsanwältin der Ludwigsburger Zentralen Stelle – führte zu einer Mißachtung der Würde der einzelnen Opfer. Die Zerstörung ihres Rechts auf Leben wird durch die unzureichende juristische Wertung halb nachvollzogen. Der Täterbegriff bildet sich zu einer Residualkategorie für die Haftung weniger Staatsverbrecher zurück: Von 6.445 in NS-Prozessen wegen millionenfacher Morde Verurteilten werden lediglich 178 Beschuldigte zur Höchststrafe verurteilt.[52]

---

52 Vgl. die differenzierte Gesamtuntersuchung: Kerstin Freudiger, *Die juristische Aufarbeitung von NS-Verbrechen. Versuch einer Bilanz*. Phil. Diss. Universität Hannover 1999 (Typoskript). Stefan Wittke, »Teilexkulpation von KZ-Tätern?«, in: Redaktion Kritische Justiz (Hg.), *Die juristische Aufarbeitung des Unrechts-Staats*. Baden-Baden 1998, S. 547-594, hier: 547 m. w. Nachw.; Just-Dahlmann, *Die Gehilfen*, S. 45.

Für bestimmte Ärzte, die an der NS-Euthanasie beteiligt waren, wurde – vorbereitet durch Hans Welzel, der einst die von liberal-rechtsstaatlichen Schranken gelöste Strafrechtsverfolgung des NS-Regimes theoretisch legitimiert hatte – die These entwickelt, daß sie sich in einem unvermeidbaren Verbotsirrtum befunden haben können: so daß sie subjektiv von der Rechtmäßigkeit der Tötung unschuldiger, psychisch kranker Menschen ausgehen konnten.[53] Diese Konstruktion, die die sogenannte Rechtsblindheit zum Exkulpationsgrund umdeutete, wurde zum Instrument, um rechtswidrige Tötungshandlungen durch den Rekurs auf real-psychische Verfassungen von NS-Ärzten unter bestimmten Voraussetzungen das Prädikat der Schuldlosigkeit zuzumessen. Das Ergebnis, das noch von Gustav Radbruch und der unmittelbaren Nachkriegsjudikatur dadurch ausgeschlossen wurde, daß die »Rechtsblindheit« beim Verstoß gegen evidente Rechtspositionen wie dem Recht auf Leben gerade strafbegründend wirkte,[54] ist ebenso fragwürdig wie paradox. Gerade denjenigen, die mit den rechtsverneinenden Zielvorgaben des Regimes vorbehaltlos übereingestimmt und aus diesem Grunde die Tötungshandlungen ausgeführt haben, wird in bestimmten Fällen das äußerlich fehlende Unrechtsbewußtsein positiv zugerechnet. Je identifizierter ein »Euthanasie«-Täter mit den Prinzipien der beliebigen Außerkraftsetzung des Lebens ist, um so eher kann er schuldlos gestellt werden, während ein halbdistanzierter, zweifelnder Täter, der Restelemente von Unrechtsbewußtsein besitzt, um so eher verurteilt werden kann. Das bedeutet, daß der überzeugte Nazi-Täter – und das gilt insbesondere auch für Nazi-Richter – privilegiert wird und daß so das System der Rechtszerstörung gegen dessen Entlegitimierung immunisiert wird.[55]

---

53 Susanne Benzler, »Justiz und Anstaltsmord nach 1945«, in: Redaktion Kritische Justiz (Hg.), *Die Aufarbeitung des Unrechts-Staats*, S. 383-411, hier: 403 ff.; zur Exkulpation der Spitzenrepräsentanten der NS-Justiz s. Helmut Kramer, »OLG-Präsidenten und Generalstaatsanwälte als Gehilfen der NS-›Euthanasie‹. Selbstentlastung der Justiz für die Teilnahme am Anstaltsmord«, in: Redaktion Kritische Justiz (Hg.), *Aufarbeitung des Unrechts-Staats*, S. 413-439; ders., »Gerichtstag halten über uns selbst. Das Verfahren Fritz Bauers zur Beteiligung der Justiz am Anstaltsmord«, in: Hanno Loewy, Bettina Winter (Hg.), *NS-»Euthanasie« vor Gericht. Fritz Bauer und die Grenzen juristischer Bewältigung*. Frankfurt am Main 1996, S. 81-131.

54 Gustav Radbruch, »Urteilsanmerkung«, in: *Süddeutsche Juristenzeitung* (1947), S. 634.

55 Freudiger, *NS-Verbrechen*, S. 263 ff., 273 ff.; vgl. auch Herbert Jäger, *Verbrechen unter totalitärer Herrschaft. Studien zur nationalsozialistischen Gewaltkriminalität* (1967). Frankfurt am Main 1982, S. 183 ff.; Fritz Bauer, »Das ›gesetzliche Unrecht‹ des Nationalsozialismus und die deutsche Strafrechtspflege (1968)«, in: ders., *Die Humanität der Rechtsordnung. Ausgewählte Schriften*. Hg. v. Joachim Perels und

VII.

Die Begrenzung des Geltungsgrades rechtsstaatlicher Positionen ist nicht nur rückwärts gerichtet. Sie setzt sich auf anderen, für die Reproduktion der bürgerlichen Gesellschaft relevanten Ebenen fort: der juristischen Bewertung der ultralinken KPD und der rekonstruierten privaten Wirtschaftsordnung.

Die politische Strafjustiz gegen Kommunisten ist gewissermaßen das seitenverkehrte Spiegelbild der NS-Prozesse. Die weitgehende Bindung der Strafbarkeit des Handelns von Kommunisten an deren Organisationszusammenhang und die damit verbundenen inneren Dispositionen unterscheidet sich vom Umgang mit NS-Tätern. Die Norm- und Anwendungsstruktur des politischen Strafrechts von 1951 ist wesentlich dadurch bestimmt, daß nicht das äußerlich legale Handeln, sondern die innere Haltung der Angehörigen der KPD gegenüber der Bundesrepublik als Bezugspunkt für die Strafbarkeit fungiert. Während gegenüber Kommunisten, die keine Tötungsdelikte begingen und oftmals vom NS-Regime verfolgt wurden, an der subjektiven Tatseite negativ angeknüpft wird, um unter dem Vorzeichen einer verfassungsfeindlichen Gesinnung eine Strafbarkeit zu begründen, wird bei NS-Gewalttätern oftmals an die subjektive Tatseite positiv angeknüpft, um im Wege der Feststellung eines Verbotsirrtums beim Anstaltsmord oder im Blick auf die Berücksichtigung einer vorgeblichen Willensrichtung bei der Ausdehnung der Beihilfekonstruktion zugunsten von Einsatzgruppenkommandeuren eine Strafbarkeit auszuschließen oder einzuschränken.[56]

Für Mitglieder der KPD wird ein konstitutives Element des Rechtsstaats, der Gleichheitssatz, der gebietet, daß gleiche Handlungen, selbst wenn sie unterschiedlichen Motiven entspringen, gleich behandelt werden müssen, weil das forum internum der Individuen staatlichem Zugriff prinzipiell entzogen ist, oftmals außer Kraft gesetzt. Kommunisten, von denen 6.758 von 1951 bis 1968 verurteilt wurden,[57] erhalten einen Ge-

---

Irmtrud Wojak. Frankfurt am Main 1998, S. 53-59; für die Privilegierung der Identifikation von NS-Richtern mit der Diktatur s. LG Berlin v. 6.12.1968 (Rehse-Urteil), in: Jörg Friedrich, *Freispruch für die Nazi-Justiz*. Reinbek 1983, S. 463 ff.

56 Alexander v. Brünneck, *Politische Justiz gegen Kommunisten in der Bundesrepublik Deutschland 1949-1968*. Frankfurt am Main 1978, S. 74 f.; Diether Posser, *Politische Strafjustiz aus der Sicht des Verteidigers*. Karlsruhe 1961, S. 8, 41; ders., *Anwalt im Kalten Krieg. Ein Stück deutscher Geschichte in politischen Prozessen (1951-1968)*. München 1961, S. 297 ff.; Joachim Perels, »Diether Posser – Anwalt des Rechtsstaats in restaurativen Zeiten«, in: *Kritische Justiz*, H. 2 (1995), S. 233-238, bes. 235 f.

sinnungsmalus, der nur zum Teil im Verstoß gegen konkrete Rechtsgüter begründet ist. Was für einen Nicht-Kommunisten in den Bereich legalen Handelns gehört – wie das Tragen einer roten Nelke am 1. Mai –, ist für einen Kommunisten, wegen der Anknüpfung an seine Gesinnung, tendenziell strafbar.[58] Diese Judikatur hängt mit der weitgehenden Fortexistenz einer im NS-System scharf ausgeprägten anti-liberalen Strafrechtsdogmatik zusammen,[59] durch die der Geltungsanspruch des demokratischen Rechtsstaates eingeschränkt werden konnte.

Mit der weitgehenden Suspendierung der Ermächtigungsnormen zur Veränderung der privatwirtschaftlichen Ordnung, die einst das NS-System trug, schließt sich der Kreis. Die verfassungsrechtlichen Normen, die die Wirtschaftsordnung zur Disposition demokratischer Entscheidungsverfahren stellen, werden, angestoßen durch Staatsrechtslehrer, die die gegen die Arbeiterbewegung konstituierte NS-Herrschaft legitimatorisch abgestützt hatten,[60] durch Umdeutungen blockiert. Obgleich das Grundgesetz, anders als klassisch-bürgerliche Verfassungen, die private Wirtschaftsordnung nicht festgeschrieben hat und den Weg in eine Gesellschaft mit demokratisch verwaltetem Eigentum an den großen Produktionsmitteln offenläßt (Art. 15 GG), hat die Judikatur des Bundesgerichtshofs jene konkreten verfassungsrechtlichen Festlegungen, die die Bestimmungsmacht über die Eigentumsordnung nicht bedingungslos den Privateigentümern überlassen, sondern prinzipiell in die Hände des demokratisch legitimierten Gesetzgebers legen, ihrer Normierungskraft weitgehend entkleidet.[61] Die im Grundgesetz vorgesehene Bestimmungsmöglichkeit über den Inhalt des Eigentums (Art. 14 I 2 GG) wird dadurch ausgehöhlt, daß der Inhalt des Eigentums politi-

57 v. Brünneck, *Politische Justiz*, S. 278.

58 Ebd., S. 175 ff., 179.

59 Vgl. Klaus Marxen, *Der Kampf gegen das liberale Strafrecht*. Berlin 1975; Hans Welzel, *Naturalismus und Wertphilosophie im Strafrecht*. Mannheim 1935; ders., »Persönlichkeit und Schuld«, in: *Zeitschrift für die gesamte Strafrechtswissenschaft*, H. 60 (1941), S. 428-463, hier: 461, Anm. 61a; ders., »Das Gesinnungsmoment im Recht«, in: *Festschrift für Julius v. Gierke*. Berlin 1950, S. 291-300, hier: 297.

60 Ernst Forsthoff, *Der totale Staat*. Hamburg 1933; Ulrich Scheuner, »Die nationale Revolution«, in: *Archiv des öffentlichen Rechts*, N.F., 24 (1934), S. 166-220, 261-344; Ernst Rudolf Huber, *Verfassungsrecht des Großdeutschen Reiches*. Hamburg 1937/1939.

61 Alexander v. Brünneck, »Die Ausweitung der Eigentumsgarantie durch Richterrecht«, in: Joachim Perels (Hg.), *Grundrechte als Fundament der Demokratie*. Frankfurt am Main 1979, S. 215-248, hier: 221 ff.; Alexander v. Brünneck, *Die Eigentumsgarantie des Grundgesetzes*. Baden-Baden 1984, S. 169 ff., 205 ff., 293 ff.

scher Disposition durch seine vorgängige Festlegung auf die private Wirtschaftsordnung entzogen wird. Entsprechend wird die für eine Veränderung oder Umgestaltung wichtige Norm, die gegen massive Widerstände der Unternehmerschaft in das Grundgesetz gelangte,[62] daß bei Enteignungen keine Äquivalenzentschädigung vorgesehen ist, sondern eine Abwägung zwischen den Interessen der Allgemeinheit und des Eigentümers stattfinden muß (Art. 14 Abs. 3 GG), durch eine Interpretation im Sinne des Systems privatwirtschaftlicher Gewinnmaximierung umgedeutet. Danach ist stets eine Entschädigung nach dem Verkehrswert zu leisten.[63] Schon aus Kostengründen sind dann Umgestaltungen der Wirtschaftsordnung unmöglich. So werden Garantien des demokratischen Rechtsstaates für eine Transformation jener privaten Ökonomie, die in staatlicher Verschränkung das Fundament des NS-Staates bildete, zugunsten der Prinzipien der kapitalistischen Wirtschaft gekappt. Das privatwirtschaftliche Erbe des »Dritten Reiches«, das auch in den Landesverfassungen in unterschiedlicher Weise zur Disposition gestellt - wurde, erhält vom Bundesgerichtshof – im Gegensatz zum Bundesverfassungsgericht –[64] eine vom Grundgesetz gerade ausgeschlossene Schwerkraft der Unveränderbarkeit.

VIII.

Zu der Tendenz der Justiz, die Geltungskraft des demokratischen Rechtsstaats zu begrenzen, existierten Gegenpositionen. In der Justiz und in der Lehre bildeten sich juristische Alternativen aus, durch die die Kongruenz von rechtsstaatlich-demokratischem Normensystem und der Anwendungsapparatur der Justiz gewährleistet werden sollte. Die Alternativen, die hier nur kursorisch verfolgt werden, zeigen, daß die juristischen Instrumentarien für die umfassende interpretative Durchsetzung des demokratischen Rechtsstaats gegenüber jenen Funktionseliten in der Justiz, im Militär und in der Industrie, die von der rechtlichen Haftung für die Sicherung der NS-Herrschaft freigestellt wurden, durchaus existierten.

Für die Ahndung nationalsozialistischer Justizverbrechen hatte Günter Spendel eine Argumentation entwickelt, die eine legitimatorische

62 Ebd., S. 219.
63 Ebd., S. 233, 235 ff.
64 BVerfGE 24, S. 421; BVerfGE 46, S. 285.

Verdoppelung der NS-Gerichtsbarkeit ausschloß. Selbst wenn man das Richterprivileg auch für NS-Richter – anders als der Oberste Gerichtshof der Britischen Zone, der ihnen keine Unabhängigkeit zubilligte und sie als ›normale Straftäter‹ qualifizierte –[65], gelten lassen wollte, bestand die Möglichkeit, den Vorsatz der Rechtsbeugung als Eventualvorsatz zu interpretieren. Da für andere Tatbestände ein derartiger Vorsatz in Geltung ist, widerstreitet es dem Gleichheitsgrundsatz, ihn für den Tatbestand der Rechtsbeugung auszuschließen und ein richterliches Standesprivileg zu etablieren. Mit der Kategorie des dolus eventualis, die das Inkaufnehmen (statt das bewußte Fördern) diktatorischer Akte der Justiz impliziert, wäre ein rechtsstaatlicher Zugriff auf Repressionsakte der NS-Gerichte – etwa gegen politische Oppositionelle – eher möglich gewesen.[66] Dieser Argumentationstopos, den demokratischen Rechtsstaat gerade auch in Form der Ahndung von Justizverbrechen zu konstituieren, blieb aber praktisch wirkungslos.

Für die Verfolgung von Kriegsverbrechen der Wehrmacht waren in den Nürnberger Nachfolgeprozessen der Vereinigten Staaten völkerrechtliche Prinzipien – vor allem im Anschluß an die Haager Landkriegsordnung von 1907 – entwickelt worden, die die Ahndung der systematischen Durchbrechung geltender Rechtspositionen von Nicht-Kombattanten möglich machten. Die juristische Weichenstellung für das Erkennen von Kriegsverbrechen ist äußerst einfach: Gefordert ist die straf- und völkerrechtlich begründete Distanz zu dem in Normen und Befehlen gekleideten Weisungssystem der Wehrmacht, das weitgehend einer maßnahmenstaatlichen Logik der Vernichtung der Rechtspositionen von Kriegsgegnern und Zivilisten unterlag[67] und daher als Bezugsgrundlage für die Beurteilung von Tötungsaktionen ausscheiden mußte.

Die Durchsetzung der völkerrechtlichen Prinzipien sei nur an einem Fall verdeutlicht: Während die Staatsanwaltschaft Bochum 1972 das Massaker, das von der deutschen Wehrmacht im Dezember 1943 in dem griechischen Ort Kalavrita angerichtet wurde, in eine völkerrechtlich le-

---

65 OGHSt 1, S. 272 f.

66 Spendel, *Rechtsbeugung*, S. 49 f.

67 Manfred Messerschmidt, »Vorwärtsverteidigung. Die ›Denkschrift der Generäle‹ für den Nürnberger Gerichtshof«, in: Heer, Naumann (Hg.), *Vernichtungskrieg*, S. 531-550, hier: 540 ff.; Joachim Perels, »Zur Bedeutung der Nürnberger Nachfolgeprozesse«, in: *Beiträge zur Geschichte der nationalsozialistischen Verfolgung in Norddeutschland*, 3 (1997), S. 30-36, bes. S. 32 f.; zum näheren Gehalt des Begriffs des Maßnahmenstaats s. Ernst Fraenkel, *Der Doppelstaat* (1941). Frankfurt am Main 1974.

gale Repressalie umdeutete und das Verfahren einstellte,[68] weist das amerikanische Militärgericht 1948 nach, daß das Vorgehen der deutschen Armee ein rechtsfreies Mordunternehmen war: »Am 6. Dezember 1943 begann das Unternehmen ›Kalavrita‹. Als Sühne für die Tötung von 78 deutschen Soldaten führte die 117. Division (...) diesen Angriff durch. Mehr als 25 Ortschaften wurden zerstört, und es wird zugegeben, daß 696 Menschen als Sühnemaßnahme erschossen wurden. Es liegt die Aussage eines Augenzeugen vor, daß ungefähr 1.300 Griechen zur Vergeltung getötet wurden. (...) Es scheint kaum notwendig, auszuführen, daß viele dieser Sühnetötungen übertrieben waren, daß viele ungesetzlich waren, weil kein Zusammenhang bestand zwischen den erschossenen Einwohnern und dem begangenen Vergehen. (...) Das Unternehmen Kalavrita kann nur als glatter Mord und als Zerstörung von Eigentum bezeichnet werden.«[69] Wird also der Begriff der Repressalie völkerrechtlich korrekt interpretiert, treten die Kriegsverbrechen der deutschen Wehrmacht juristisch klar ins Licht.

Auch der Verwandlung der Rolle der Industrie in ein fremdgesteuertes Objekt der NS-Führung, die mit Zwangsarbeitern gewissermaßen unwillentlich versorgt worden sei, stand eine untergerichtliche Rechtsprechung entgegen, die der historischen Realität entsprach. 1951 negierte das Landgericht Frankfurt/M ausdrücklich einen Haftungsausschluß der IG Farben für ihre Verwendung von Zwangsarbeitern in Auschwitz: »Die fundamentalen Prinzipien von Gleichheit, Gerechtigkeit und Menschlichkeit müssen allen zivilisierten Menschen bekannt gewesen sein, und die IG Farben kann sich ihrer Verantwortung ebenso wenig entziehen, wie ein Individuum. (...) Ihre angeblich völlige Unkenntnis bestätigt lediglich ihr mangelndes Interesse am Leben der jüdischen Gefangenen, für die sie zu sorgen verpflichtet war, zumindest während der Zeit, die sie in ihrer Obhut waren. Sie waren verpflichtet, zu tun, was sie konnten, um Leben und Gesundheit des Klägers zu schützen.«[70] Der unbestechliche Blick auf eine der Machtsäulen des NS-Regimes machte es möglich, die weitgehende Subjektrolle der Industrie in der NS-Diktatur zu erkennen[71] und die damit verbundene Haftung für die Auspressung unbezahlter, rechtswidriger Zwangsarbeit festzusetzen. Auch

68 Rondholz, »›Unbekannte Lidice‹«, S. 1512.

69 *Urteil im Geiselmordprozeß*, S. 162 f.

70 Ferencz, *Lohn des Grauens*, S. 63.

71 Vgl. schon Franz Neumann, *Behemoth. Struktur und Praxis des Nationalsozialismus* (1942/44). Köln 1977, S. 615 ff., 659 ff.

hier lagen die Ausgleichsansprüche begründenden Instrumentarien für die Durchsetzung rechtsstaatlicher Prinzipien zugunsten der Arbeitssklaven der NS-Herrschaft durchaus bereit.

IX.

Das vielfache Weiterwirken eines zeitgemäß modifizierten, rechtstechnisch-autoritären Bezugsrahmens nahm die Gestalt einer Interpretationsmacht an, die die Herrschaftspositionen der traditionellen Eliten sicherte, deren Fortexistenz bei einer vollen Geltung der demokratischen Rechtsordnung kaum möglich gewesen wäre. Die Begrenzung der Geltung rechtsstaatlich-demokratischer Normen und die – kaum eingeschränkte – Wiederherstellung des einstigen Staatsapparats und der bürgerlichen Gesellschaft sind zwei Seiten eines Vorgangs. Daß die Justiz, die Wehrmacht und die Industrie durch keine Sanktion für ihre Gewalthandlungen im »Dritten Reich« in der Bundesrepublik zur Rechenschaft gezogen wurden,[72] hängt damit zusammen, daß für die Rekonstruktion der bürgerlichen Gesellschaft diese Machtsäulen besonders relevant waren. Sie wären beim Aufbau der privaten Wirtschaft, der Wiederaufrüstung und der Rekonstruktion der Justiz in erhebliche Legitimationsschwierigkeiten geraten, wenn ihre aktiven Handlungen zur Sicherung und Durchsetzung der NS-Diktatur nicht legitimiert, sondern straf- oder zivilrechtlichen Sanktionen unterworfen worden wären.

Wenn man an die Vielzahl der Ermordeten denkt, deren Täter bekannt waren, aber straffrei ausgingen – allein von der Justiz sind mindestens 35.000 Menschen in den Tod geschickt worden –[73] springt ins Auge, wie nachhaltig die demokratische Rechtsordnung beschädigt wurde. Die weitgehende Ersetzung der Begriffswelt des neuen demokratischen Rechtsstaats durch tradierte, juristische Mechanismen zur (Teil-)Exkulpation von Staatsverbrechen resultiert weitgehend aus der Inkorporation der traditionellen Eliten und ihrem Interesse, ihre einstige Rolle im Hitler-Regime durch den Rückgriff auf ein scheinbar unpolitisches, in Wahrheit aber grundrechtsfeindliches, die Würde der Menschen negierendes Normensystem, zu immunisieren. Das Wechselverhältnis zwischen der personellen Kontinuität in der Rechtslehre, in der

72 Zur Gesamtanalyse des justitiellen Umgangs mit der NS-Justiz und der Wehrmacht s. Freudiger, *NS-Verbrechen*.

73 Ebd., S. 230.

Justiz und in den rechtswissenschaftlichen Fakultäten und den Blockierungen im Blick auf die Ahndung von Staatsverbrechen hat Günter Spendel, mit strafrechtlichen Untersuchungen zur Aufarbeitung des NS-Systems besonders ausgewiesen, aus eigener Anschauung so bezeichnet: »Wenn heute noch oder wieder Richter und Wissenschaftler im Amt sind, die vor 1945 unter dem Nazi-Regime in irgendeiner Form mitgemacht haben, darf man sich nicht wundern, daß psychologisch keine Bereitschaft besteht, die NS-Verbrecher zur Verantwortung zu ziehen.«[74]

Das Resümee ist unabweisbar: Die Achtung des verfassungsrechtlich verbürgten Rechts auf Leben, die ihr Komplement in adäquaten Sanktionen gegen dessen Vernichtung durch Staatsverbrechen findet, ist in der Justiz eher ausgehöhlt als durchgesetzt worden. Unter dem Imperativ der Fortexistenz der bürgerlichen Gesellschaft, die das NS-System in weitem Maße mit getragen hatte, war es folgerichtig, daß die Strafbarkeit von Staatsverbrechen, die Legalität einer Transformation der privatwirtschaftlichen Ordnung, die Betätigungsfreiheit für eine ultralinke Partei systematisch eingeschränkt wurden – wahrlich keine Erfolgsgeschichte des demokratischen Rechtsstaats.

X.

Die Bilanz des juristischen Erbes des »Dritten Reiches« hat noch eine andere Seite. Nach der Einrichtung der Ludwigsburger Zentralen Stelle im Jahre 1958 werden die Massenmorde – anders als in der Frühphase der Bundesrepublik – zum Gegenstand öffentlicher Verfahren. Ihre Struktur wurde oftmals von Staatsanwälten und Nebenklägern bestimmt, die insbesondere die jeweilige Täterrolle empirisch und juristisch genauer aufhellten als dies in den Urteilen selber oftmals geschah.[75] Diese Verfahren konnten zur Erkenntnis der Rolle der kriminellen Funktionsgruppen des NS-Systems beitragen. Durch das Prozeßgeschehen traten die überzeugten und willfährigen Mörder des Regimes genauer in den Blick als in mancher Gesamtanalyse. So rückte das eigentliche Mahnzeichen der NS-Prozesse ins Zentrum: das »Nein« zu

74 Just-Dahlmann, *Gehilfen*, S. 169.

75 Vgl. Falko Kruse, »Das Majdanek-Urteil«, in: Redaktion Kritische Justiz (Hg.), *Die juristische Aufarbeitung des Unrechts-Staats*, S. 595-619, hier: 604 ff.; Bernd Naumann, *Auschwitz. Bericht über die Strafsache gegen Mulka u. a. vor dem Schwurgericht Frankfurt*. S. 249 ff.

einer schrankenlosen Staatsgewalt, welche die zentrale zivilisatorische Errungenschaft, das Tötungsverbot, nach Belieben beseitigte.[76]

Diese Erkenntnis traf auf eine gespaltene Öffentlichkeit, die sowohl mit Abwehrmechanismen als auch mit der Humanität der Selbstreflexion reagierte. Die Verteidiger in NS-Prozessen repräsentierten oftmals die »nicht-öffentliche Meinung« (Franz Böhm), die provokativ zugunsten der Täter eingesetzt wurde, die – so hieß es – selber Opfer Hitlers seien.[77] Umgekehrt waren die in der *Frankfurter Allgemeinen Zeitung* von 1963 bis 1965 regelmäßig veröffentlichten Berichte über den Auschwitz-Prozeß von Bernd Naumann ein großes Exempel für eine öffentliche Erinnerung an das tägliche Grauen im Vernichtungslager. Naumanns exakte Beschreibung des Prozeßgeschehens brachte die über die juristische Dimension hinausgehende historische Wahrheit der inneren Mechanik der Mordapparatur von Auschwitz und der für sie Verantwortlichen äußerst konkret ins Licht.[78]

Inzwischen hat sich auch die juristische Bewertung der Staatsverbrechen des »Dritten Reiches« im Bereich der NS-Justiz, verändert. Deren gescheiterte Aufarbeitung durch die Nachkriegsjudikatur wird in der Justiz thematisiert. Vom 5. Senat des Bundesgerichtshofs wird die unterbliebene Ahndung der NS-Justiz nun selbstkritisch in den Blick gerückt: »Die nationalsozialistische Gewaltherrschaft hatte eine ›Perversion der Rechtsordnung‹ bewirkt, wie sie schlimmer kaum vorstellbar war (Spendel, Rechtsbeugung durch Rechtsprechung, 1984 S. 3), und die damalige Rechtsprechung ist angesichts exzessiver Verhängung von Todesstrafen nicht zu Unrecht oft als ›Blutjustiz‹ bezeichnet worden. Obwohl die Korrumpierung von Justizangehörigen durch die Machthaber des NS-Regimes offenkundig war, haben sich bei der strafrechtlichen Verfolgung des NS-Unrechts auf diesem Gebiet erhebliche Schwierigkeiten ergeben. (...) Die vom Volksgerichtshof gefällten Todesurteile sind ungesühnt geblieben, keiner der am Volksgerichtshof tätigen Berufsrichter und Staatsanwälte wurde wegen Rechtsbeugung verurteilt; ebensowenig

76 Vgl. Fritz Bauer, »Zu den Naziverbrechern-Prozessen«, in: ders., *Die Humanität der Rechtsordnung*, S. 101-117, hier: 113 f.

77 Gerhard Werle, Thomas Wandres, *Auschwitz vor Gericht. Völkermord und bundesdeutsche Strafjustiz*. München 1995, S. 85. Diese apologetische, von Hans Laternser verfochtene These findet sich in Ernst Noltes Artikel, der den Historikerstreit auslöste, wieder: Ernst Nolte, »Vergangenheit, die nicht vergehen will«, in: *Historiker-Streit. Die Dokumentation der Kontroverse um die Einzigartigkeit der nationalsozialistischen Judenvernichtung*. München 1987, S. 39-47, hier: 42.

78 Naumann, *Auschwitz*.

Richter der Sondergerichte und der Kriegsgerichte. Einen wesentlichen Anteil an dieser Entwicklung hatte nicht zuletzt die Rechtsprechung des Bundesgerichtshofs (...) diese Rechtsprechung ist auf erhebliche Kritik gestoßen, die der Senat als berechtigt erachtet.«[79]

An die Stelle des rechsstechnischen Bezugsrahmens der NS-Diktatur, der lange Jahre in der Bundesrepublik wirksam blieb, trat – in stärkerem Maße – die demokratische Rechtsordnung, auch wenn ein anderer Senat des Bundesgerichtshofs noch 1995 von der unzutreffenden Voraussetzung ausgeht, daß die Militärjustiz der NS-Diktatur Terrorhandlungen gegen die Zivilbevölkerung verfolgt hätte.[80] Dieser Prozeß der Selbstkorrektur der Justiz, der gleichermaßen durch die neuere, schon von Emigranten in Gang gesetzte Forschung über die juristische Herrschaftslogik des NS-Regimes und durch das abnehmende Gewicht der in der Bundesrepublik weiterwirkenden Funktionseliten des »Dritten Reiches« bedingt ist, drückt sich mit besonderer Klarheit in einer analytisch anspruchsvollen Entscheidung des Bundessozialgerichts von 1991 aus. Das Gericht rezipierte eine der fortgeschrittensten, lange Zeit der Vergessenheit überantworteten Analysen des NS-Rechtssystems: Ernst Fraenkels *Doppelstaat*[81]. Es erkennt, daß die – als Teil der diktatorischen Exekutivgewalt fungierende – Militärgerichtsbarkeit wesentlich keinen rechtsstaatlichen Charakter besaß. Das Gericht charakterisiert die Militärjustiz mit dem Schlüsselbegriff Fraenkels als Teil des »Maßnahmenstaats«, der individuelle und kommunikative Rechtspositionen zu politischen Machtzwecken beliebig beseitigen kann: »Im Bereich der Wehrmacht hat es (...) keine unabhängige Justiz gegeben. Die Justiz war Vollzugsorgan des Maßnahmenstaats (...). Zum ›Maßnahmenstaat‹ gehörte auch die Todesurteilspraxis der Wehrmachtsgerichte«.[82]

Nicht nur die Wehrmachtsgerichtsbarkeit, auch die SS-Standgerichtsbarkeit und das staatswirtschaftlich organisierte System der Zwangsarbeit werden in exemplarischen Entscheidungen auf der Basis rechtsstaatlicher Maßstäbe entlegitimiert: Deserteure, Kriegsdienstverweigerer, Widerstandskämpfer, Zwangsarbeiter besitzen nun unverrückbare

79 BGH, in: *Neue Justiz*, H. 2 (1996), S. 156.

80 BGH, in: *Neue Juristische Wochenschrift*, H. 23 (1995), S. 1297; vgl. Schreiber, *Deutsche Kriegsverbrechen*, S. 148 f.; Eberhard Rondholz, »Rote Roben, braune Schatten«, in: *Blätter für deutsche und internationale Politik*, H. 4 (1995), S. 401-404.

81 Fraenkel, *Doppelstaat*.

82 BSG, in: *Neue Juristische Wochenschrift*, H. 14 (1992), S. 935.

Rechspositionen, die ihnen von der Nachkriegsjustiz abgesprochen wurden.[83]

Die Negation der weiteren Verwendung der nationalsozialistischen Rechtsordnung wurde durch das Gesetz zur Aufhebung nationalsozialistischer Urteile in der Strafrechtspflege vom 25. August 1998 auf eine neue, allgemeinverbindliche Grundlage gestellt. Mit diesem Gesetz, durch das »strafrechtliche Entscheidungen, die unter dem Verstoß gegen elementare Gedanken der Gerechtigkeit nach dem 30. Januar 1933 zur Durchsetzung und Aufrechterhaltung des nationalsozialistischen Regimes aus politischen, militärischen, rassischen, religiösen und weltanschaulichen Gründen ergangen sind, aufgehoben (werden)«[84], bezog der Bundestag – nach einem halben Jahrhundert – wieder jene rechtsstaatlichen Positionen des im Kontrollratsgesetz Nr. 10 vom 20. Dezember 1945 normierten Tatbestands des Verbrechens gegen die Menschlichkeit und des – von der konservativen Bundestagsmehrheit abgelehnten – Gesetzentwurfs der SPD-Fraktion zur juristischen Rehabilitierung der Widerstandskämpfer von 1950.[85] Das Aufhebungsgesetz ist ein rechtsgeschichtlicher Einschnitt. Das ganze Arsenal der nationalsozialistischen, von der Justiz der Bundesrepublik vielfach weiter angewandten Repressionsregeln wird als Grundlage der Unrechtsurteile in deren Aufhebung einbezogen. In der Abkehr von der positiven Bezugnahme auf das NS-Recht in der Judikatur der frühen Bundesrepublik besteht die wichtigste Funktion des Gesetzes zur Aufhebung der Unrechtsurteile. Der rechtsstaatlich zivilisierte Blick auf die NS-Justiz markiert einen politischen Lernprozeß, der 1985 mit der Qualifizierung des Volksgerichtshofs als »Terror-Instrument« durch den deutschen Bundestag begonnen hatte.[86]

---

83 Karl-Heinz Lehmann, »Freispruch eines Deserteurs im Wiederaufnahmeverfahren«, in: *Kritische Justiz*, H. 2 (1998), S. 254-259; Manfred Messerschmidt, »Aufhebung des Todesurteils gegen Franz Jägerstätter«, in: *Kritische Justiz*, H. 1 (1998), S. 99-105; Joachim Perels, »Späte Entlegitimierung der NS-Justiz«, in diesem Band; Herbert Küpper, »Die neuere Rechtsprechung in Sachen NS-Zwangsarbeit«, in: *Kritische Justiz*, H. 2 (1998), S. 246-254.

84 BGBl. I (1998), S. 2501.

85 Verbrechen gegen die Menschlichkeit, die eine despotische Staatsgewalt durch Normsetzung und Normanwendung verübt, sind nach dem Kontrollratsgesetz Nr. 10 (Art. II Ziff. 1c) »Gewalttaten und Vergehen (...), Verfolgung aus politischen, rassischen und religiösen Gründen, ohne Rücksicht darauf, ob sie das nationale Recht des Landes, in welchem sie begangen worden sind, verletzen«. Frei, *Vergangenheitspolitik*, S. 123.

86 Beschlußempfehlung des Rechtsausschusses des Bundestags, BT-Drucks. 10/2368, S. 2.

Die Veränderung des Umgangs mit der Struktur der NS-Justiz kommt eine Generation zu spät. Viele Angehörige der Opfer der Justiz, die ein zweites Mal ins Unrecht gesetzt wurden, sind nicht mehr am Leben. Die Diktatur-Justiz und das Fortwirken ihrer Kategorien im demokratischen Rechtsstaat ist Geschichte. Sie kann, auch in der Form der Aufhebung der NS-Urteile, nur noch aufgehellt werden.

Pläne der US-Administration für ein anderes Deutschland

Die Arbeiten der Neumann-Gruppe

Wer heute an Pläne der intellektuellen Kritiker des NS-Regimes für Nachkriegsdeutschland erinnert, findet in der Öffentlichkeit kaum einen Resonanzboden. Die Perspektive einer rechtsstaatlich-demokratischen Überwindung jener bürgerlichen Gesellschaftsordnung, die das System planmäßiger Willkür hervorbrachte und – ungeachtet bestimmter Differenzen zwischen den traditionellen Eliten und der nationalsozialistischen Führung – geistig und administrativ bis zum Ende stützte, ist in Deutschland Programm geblieben.

Inzwischen wird sogar die Analyse des NS-Systems, aus deren Negation sich die Idee eines neuen demokratischen Deutschland begründete, in Richtung einer Halb-Legitimation der Nazi-Herrschaft verändert: Hoheitsträger der NSDAP erfahren im Blick auf ihren Kampf gegen die Rote Armee eine positive Wertung;[1] allgemein wird gar davon gesprochen, »daß es im Nationalsozialismus positive Elemente und Tendenzen gegeben hat.«[2] In einer geistigen Parallelbewegung verwirft K. Adam im Feuilleton der FAZ das auf die Handlungen der Täter gerichtete Instrumentarium kritischer Wertung und Aufarbeitung der NS-Herrschaft. Adam behauptet: »Schuld (...) und Trauer sind keine wissenschaftlichen Kategorien«.[3] Die Unsinnigkeit dieser These liegt auf der Hand. Ohne die Reflexion des Problems der strafrechtlichen Schuld von NS-Gewaltverbrechern hätte keiner der Prozesse gegen die Mörder des »Dritten Reiches« geführt werden können. Und die »Unfähigkeit zu trauern« (Mitscherlich) schließt sozialpsychologisch, wissenschaftlich adäquat, jene Abwehrmechanismen auf, die die Aufarbeitung der NS-Zeit behinderten.

Die Verdrängung kritischer Kategorien für die Wahrnehmung der

---

1 Andreas Hillgruber, *Zweierlei Untergang*. Berlin 1986, S. 37.
2 Ernst Nolte, »Interview«, in: *Der Spiegel* Nr. 40 (1994), S. 97.
3 *Frankfurter Allgemeine Zeitung* (18.1.1995), S. 25.

NS-Diktatur und ihrer Folgeprobleme nach 1945 hat zur Konsequenz, daß auch die großen Konzeptionen zur Überwindung der Naziherrschaft, da sie einem mindestens teilweise entproblematisierten System gelten, in den Schatten geraten. Um so dringender ist es, sich an diese Konzeptionen zu erinnern – als der positiven Kehrseite der Analyse der NS-Despotie.

Die Gruppe um Franz Neumann, zu der mit Otto Kirchheimer, Herbert Marcuse und John H. Herz überragende Köpfe der sozialwissenschaftlichen Emigration gehörten, entwickelte im Auftrag der Regierung der Vereinigten Staaten seit 1943 ein differenziertes, in der Detailgenauigkeit anderen Entwürfen überlegenes Programm für die Konstituierung einer Ordnung, in der die Herrschaftsstrukturen des Nationalsozialismus vollständig zerschlagen sind. (Alfons Söllner hat das Verdienst, diese Arbeiten wieder zugänglich gemacht zu haben.)

Die im »Office of Strategic Services, Research and Analysis Branch« arbeitende Gruppe war durch grundlegende, in der Emigration publizierte Studien zum NS-System besonders ausgewiesen. John H. Herz hatte 1938 die imperialen Mechanismen der nationalsozialistischen Völkerrechtslehre bloßgelegt.[4] Herbert Marcuse hatte neben anderen Studien schon 1934 in einem wegweisenden Aufsatz gezeigt, daß der Anti-Liberalismus der NS-Ideologie mit einer Affirmation des ökonomischen Liberalismus verkoppelt ist, der den Kapitalismus konsolidiert.[5] Otto Kirchheimer hatte in erhellenden Untersuchungen zur Struktur des nationalsozialistischen Normgefüges nachgewiesen, daß die Rechtsordnung jeglichen Schutz für die Individuen beseitigte und einer bloß technischen Herrschaftsrationalität folgte.[6] Franz L. Neumann hatte mit seinem 1942 erschienenen Buch *Behemoth* die umfassendste, in den USA stark rezipierte Gesamtanalyse des nationalsozialistischen Systems vorgelegt. Das NS-Regime wurde in Neumanns Blickrichtung von vier Herrschaftssäulen – Partei, Bürokratie, Wirtschaft und Militär – bestimmt, von denen eine unmittelbare Repressionsgewalt über die Bevölkerung ausging. Das NS-System war für Neumann mit einem Wort aus dem Alten Testament ein »Behemoth«, ein Un-Staat, ein System vollendeter Gesetzlosigkeit und Willkür. Im Schlußkapitel dieses Buches ent-

---

4 John H. Herz, *Die Völkerrechtslehre des Nationalsozialismus.* Zürich 1938.

5 Herbert Marcuse, »Der Kampf gegen den Liberalismus in der totalitären Staatsauffassung«, in: *Zeitschrift für Sozialforschung*, Jg. 3 (1934), S. 161-194.

6 Otto Kirchheimer, »Die Rechtsordnung des Nationalsozialismus« (1941), in: *Kritische Justiz*, H. 4 (1971), S. 356-383.

wickelt Neumann die Perspektive der Überwindung der NS-Herrschaft, in der *in nuce* bereits die Transformationsstrategie der deutschen Emigrantengruppe angelegt ist. 1942 schrieb Neumann: »Um die Aggression [des Nationalsozialismus] zu beseitigen, muß außer der Entmachtung von Partei, Wehrmacht und hoher Bürokratie die Macht der Monopolwirtschaft endgültig gebrochen und die ökonomische Struktur Deutschlands grundlegend verändert werden. (...) Die Risse und Brüche im nationalsozialistischen System und selbst die militärische Niederlage Deutschlands führen nicht zum automatischen Zusammenbruch des Regimes. Der Sturz dieses Regimes kann einzig durch das bewußte politische Handeln der diese Risse und Brüche ausnützenden unterdrückten Massen geschehen.«[7]

Auf der Basis dieser Perspektive entwickelte die Gruppe um Franz L. Neumann das umfassendste Anti-Restaurationsprogramm der Emigration. Die Zerschlagung des NS-Systems diente der Konstituierung einer rechtsstaatlich organisierten Demokratie, deren Funktionieren an die Beseitigung der gesellschaftlichen Grundlagen des Nationalsozialismus gebunden wird: »Diese [neue] Gesellschaft muß notwendigerweise Bestandteile sowohl der angloamerikanischen als auch der sowjetischen Gesellschaftsstruktur und -praxis aufweisen. Nach dieser Konzeption wäre das künftige Deutschland eine Demokratie mit konkurrierenden politischen Parteien, bürgerlichen Freiheiten und Schutz für Kleineigentümer; gleichzeitig trüge es sozialistische Züge, z. B. Verstaatlichung von Schlüsselindustrien, Banken, Versicherungsinstitutionen und die Aufteilung von Großgrundbesitz.«[8]

Das »politische Hauptproblem« der »Entfernung der Nazis aus dem öffentlichen und gesellschaftlichen Leben«[9] sollte in der Weise gelöst werden, daß nicht gegen eine unbestimmte Vielzahl von Menschen – wie dann in den Entnazifierungsverfahren seit April 1946, die über 12 Millionen erfaßten –, vorgegangen werden sollte. Intendiert wurde vielmehr ein qualitativer Schlag gegen die engere Herrschaftselite des NS-Systems. Der Eingriff sollte sich gezielt gegen etwa 220.000 Leitungsfiguren aus dem Partei-, Staats-, Wirtschafts- und Militärapparat richten.

---

7 Franz Neumann, *Behemoth. Struktur und Praxis des Nationalsozialismus* (1942). Köln 1977, S. 550.

8 Alfons Söllner (Hg.), *Zur Archäologie der Demokratie. Analysen politischer Emigranten im amerikanischen Geheimdienst. 1943-1945*. Bd. 1. Frankfurt am Main 1982, S. 216.

9 Ebd., S. 226 (Hervorhebung J. P.).

Das hieß, daß vor allem folgende Personengruppen erfaßt und inhaftiert werden sollten: 300 Beamte des Reichspropagandaministeriums, 30 Leiter der obersten Reichsbehörden, 300 Angehörige des Volksgerichtshofes, alle 30 Generalstaatsanwälte, alle 200 Oberstaatsanwälte, alle 150 Wehrwirtschaftsführer, alle 10.000 Beamte und Angestellte der Gestapo und des Sicherheitsdienstes, 3000 Chefs der deutschen militärischen und zivilen Verwaltung, 30.000 Funktionäre der Nazipartei in den besetzten Ländern und Gebieten.[10]

In den Blick wurden auch diejenigen genommen, die nicht kraft amtlicher Stellung als Stützen des Regimes fungierten. Sie waren verdächtig, wenn sie Gegner des Nazi-Regimes denunzierten, wenn sie sich an der Aufhetzung zu Gewaltakten gegen politische und religiöse Gegner der NS-Diktatur, gegen Arbeiter, Juden und Kriegsgefangene beteiligten, wenn sie »über berufliche Verpflichtungen hinaus« als Lehrer, Schriftsteller, Verleger, Ärzte, Juristen die Verbreitung der Naziideologie förderten.[11] Diese Personen sollten einer Einzelfallprüfung unterworfen werden, die u. a. zur Inhaftierung oder zur Amtsenthebung führen konnte.[12]

Neben das Ziel der politisch begründeten Ausschaltung der Führungsschichten des NS-Systems trat – mit einer vergleichbaren Funktion – das Programm einer strafrechtlichen Ahndung der staatlichen Großverbrechen. Damit war die Konzeption des Nürnberger Prozesses und der Nachfolgeprozesse gegen justizielle, administrative, ökonomische, medizinische, von der SS gebildete Führungsgruppen des Naziregimes in Grundzügen entwickelt. Zentral war, daß – lange vor dem Kontrollratsgesetz Nr. 10 von 1945 und vor Radbruchs Aufsätzen über das,»gesetzliche Unrecht« im Nationalsozialismus[13] – die Erkenntnis entwickelt wurde, daß die Grundlage für die Verfolgung von NS-Verbrechen nicht das technische Repressionsrecht des »Dritten Reiches« sein konnte: Die »Nazigesetze waren nicht rechtsgültig«, denn sonst »kann kein Mord in einem Konzentrationslager als Verbrechen gelten«.[14] Die zivilisierten Rechtsregeln, die die Nazis beseitigt hatten, müssen auf sie angewandt werden: »Das ›Gesetz‹, nach dem die Naziführer gehandelt haben, war in Wahrheit die Abwesenheit jeder rechtlichen Schranke. Ihre Handlun-

10 Ebd., S. 154-156.
11 Ebd., S. 156.
12 Ebd., S. 158.
13 Gustav Radbruch, *Der Mensch im Recht.* Göttingen 1961, S. 105 ff., 111 ff.
14 Söllner, *Archäologie,* S. 185.

gen standen im Gegensatz zu dem, was die überwiegende Mehrheit der Völker und Nationen für die Grundregeln von Recht und Moral halten. Diese Grundregeln auf die Naziführer anzuwenden, bedeutet nicht Rechtlosigkeit, sondern das Einklagen von Gerechtigkeit«.[15]

Wäre dieser Gedanke in der Justiz der Bundesrepublik wirksam geworden, hätten »Richter« an SS-Standgerichten oder am Volksgerichtshof, die die Grundregeln zivilisierten Rechts mit Füßen traten, nicht mit der Begründung, sie hätten lediglich das damalige Recht angewandt, freigesprochen werden können.[16]

Die Bereiche strafrechtlicher Ahndung von nationalsozialistischen Staatsverbrechen wurden genau abgesteckt: von der Verletzung völkerrechtlicher Regeln wie Mißhandlung von Kriegsgefangenen, Geiselerschießungen, der Kriegsführung gegenüber der Sowjetunion, der Deportation ziviler Arbeitskräfte, der Vernichtung der Juden, der Ausrottung der polnischen Intelligenz bis zu den Verbrechen im Inland. Damit waren bereits Strukturen des Kontrollratsgesetzes Nr. 10 vom Dezember 1945 vorgeformt, das die Grundlage für die alliierten und zum Teil auch deutschen Prozesse gegen die Gewaltverbrecher des Nationalsozialismus war.

Das positive Korrelat zur Ausschaltung der nationalsozialistischen Führungsschichten bildete der Aufbau eines neuen Staats- und Verwaltungsapparates, durch den der »Korpsgeist der deutschen Beamtenschaft« gebrochen würde; denn »der Geist der Verbrüderung zwischen Richtern und Bürokraten (...) war eine der mächtigsten Barrieren gegen die Idee der Demokratie in der Justiz- und Verwaltungsbürokratie.«[17]

Als Grundsatz für die Neuorganisation des Staatsapparats galt – im Gegensatz zur späteren Inkorporation der Funktionseliten des »Dritten Reiches« ins System der Bundesrepublik –, daß »einer weitreichenden Entnazifizierung [der] Vorzug« »vor einer geordneten Verwaltung« gegeben wird.[18] Das Modell einer demokratischen Verwaltung sah folgendermaßen aus: »Es gibt in Deutschland Tausende von Laien, die frei sind vom Makel der Kollaboration mit den Nazis und die in der Lage sind, Positionen in der Verwaltung zu besetzen. Solche intensiv in der Verwaltung (auf Lokal-, Bezirks- und Staatsebene) tätigen Nicht-Fachleute,

---

15 Ebd., S. 172.
16 Vgl. Joachim Perels, »Die schrittweise Rechtfertigung der NS-Justiz«, in diesem Band.
17 Söllner, *Archäologie,* S. 233.
18 Ebd., S. 231.

Tausende von Laienrichtern bei Arbeitsgerichten, Zehntausende von ehemaligen Betriebsratsmitgliedern, allesamt von den Nazis entlassen, verfügen über ein Ensemble von Kenntnissen in Verwaltungsangelegenheiten.«[19] Kurz: »Ein Verwaltungsapparat mit einem Minimum an ausgebildeten Beamten, die um eine weit größere Zahl von Laien ergänzt werden, [ist] durchaus funktionsfähig.«[20]

Die Gegenkräfte, die sich einem radikalen Umbau der deutschen Gesellschaft und ihres Staatsapparates entgegenstellen, wurden schon 1944, lange vor der weitgehenden Rückkehr der traditionellen Eliten in ihre Machtpositionen, hellsichtig antizipiert: »Gerade wegen ihres bekannten antidemokratischen Programms werden die Parteien der Rechten wahrscheinlich nicht an ihrem alten Namen und an ihren alten Parolen festhalten, sondern als nationale demokratische Parteien auftreten, und ihr Programm wird sich auf das konzentrieren, was in ihrer Vorstellungswelt als Kampf gegen die Bolschewisierung Deutschlands erscheint, als ein Kampf für Deutschlands kulturelle Tradition, für das freie Unternehmertum, für die Austreibung des Politischen aus der Verwaltung, für die Unabhängigkeit der Justiz und für einen auf christliche Prinzipien gegründeten Staat. Ihr wirkliches Vorhaben ist jedoch, die privilegierte Position der alten herrschenden Gruppen zu erhalten, und deshalb werden sie sich jedem Projekt widersetzen, das ihre Macht über Deutschlands politischen, militärischen und ökonomischen Apparat gefährden könnte.«[21]

Eine Regierung der Rechten wurde so charakterisiert: »Sie würde eine gründliche Bereinigung des Verwaltungsapparats verhindern, jede gesellschaftliche und ökonomische Veränderung, die ihre Privilegien antastet, sabotieren und die Rekonstruktion der Demokratie ersticken.«[22]

Aus dieser Diagnose resultiert eine eindeutige Wegweisung für die künftige Militärregierung: »Alle diese Erwägungen machen es für die Militärregierung unabdingbar, eine rechte Regierung abzulehnen, die aus Generälen, Bankiers, Industriellen, Großgrundbesitzern und Beamten bestünde oder diese repräsentierte.«[23]

Die Konzeption der Neumann-Gruppe blieb am Ende ein nicht realisiertes Programm, auch wenn Elemente ihrer Strategie in der ersten Pha-

19 Ebd., S. 231.
20 Ebd., S. 233.
21 Ebd., S. 199.
22 Ebd., S. 219.
23 Ebd., S. 219.

se alliierter Besatzungspolitik vom Sommer 1945 bis zum Frühjahr 1946 bei der Ausschaltung der Justiz- und Verwaltungselite wirksam wurden. Um nur zwei Beispiele zu nennen: Der Kommentator der Nürnberger Rassegesetze, Hans Globke, später Adenauers rechte Hand als Staatssekretär im Bundeskanzleramt, wurde als Beamter des Reichsinnenministeriums in einen von Briten und Amerikanern gemeinsam verwalteten »automatischen Arrest« genommen .[24] Das 302 Richter umfassende Justizkorps des OLG-Bezirks Bamberg wurde bis auf wenige verbliebene Richter von der amerikanischen Militärregierung faktisch aufgelöst.[25]

Die besonders nach 1947 im Zuge des Kalten Krieges sich ausbildende Kehrtwende der Besatzungspolitik von der Entnazifizierung zur »Renazifizierung« (Neumann) ist selbst noch Gegenstand der Analysen der politischen Emigranten: In der amerikanischen Zone wurden nach den Feststellungen der Forschergruppe ganze 0,1 Prozent (genau 906 Personen) der einem Entnazifizierungsverfahren Unterworfenen als Hauptschuldige eingestuft. Entfernt aus dem öffentlichen Dienst wurden lediglich etwa 0,5 Prozent der höheren Beamten.[26]

Die Konsequenzen liegen auf der Hand: Wenn die Entnazifizierung in dieser Form beendet wird, »so ist dies für Deutschland und für die alliierte Besatzung eine Katastrophe. Es würde heißen, daß die bereits jetzt verwurzelten Ex-Nazis auch später einen entscheidenden Einfluß auf das Leben in Deutschland haben werden. (...) Die[se] Situation gefährdet ... die Demokratisierung Deutschlands und die politische Moral allgemein.«[27] Dies gilt für alle gesellschaftlichen Bereiche, besonders auch für die Universitäten, die »immer noch Bollwerke der Reaktion und der antidemokratischen Gesinnung [sind]«.[28]

Die Konzeption der Neumann-Gruppe für ein anderes Deutschland ist durch die weitgehende Wiederherstellung der Kontinuität der traditionellen Eliten nicht einfach obsolet geworden. Ihre aus der zeitgenössi-

---

24 Norbert Schirrmacher, G. Schultze, *Die Rekonstruktion des Beamtenapparats der Bundesrepublik Deutschland und die Stellung des Staatssekretärs im Bundeskanzleramt Hans Globke*. Universität Hannover (Staatsexamensarbeit) 1983, S. 156.

25 Joachim Reinhold Wenzlau, *Der Wiederaufbau der Justiz in Nordwestdeutschland*. Königstein 1979, S. 104, Anm. 1.

26 Alfons Söllner, *Zur Archäologie der Demokratie in Deutschland. Analysen von politischen Emigranten im amerikanischen Außenministerium. 1946-1949*. Bd. 2. Frankfurt am Main 1986, S. 218 f.

27 Ebd., S. 244.

28 Ebd., S. 207.

schen wissenschaftlichen Auseinandersetzung mit dem NS-Behemoth resultierende Perspektive, rechtsstaatlich-demokratische Strukturen gesellschaftlich zu verankern, ist für eine kritische Analyse des juristischen Erbes des »Dritten Reiches« bis heute relevant.

Der Nürnberger Juristenprozeß im Kontext der Nachkriegsgeschichte*

I. Ein Fremdkörper in der Rechtsgeschichte der frühen Bundesrepublik

Je länger der Nürnberger Juristenprozeß der Vereinigten Staaten gegen führende Repräsentanten des nationalsozialistischen Justizapparates – er dauerte vom 14. Februar bis zum 4. Dezember 1947 – zurückliegt, um so intensiver wird die Beschäftigung mit ihm. (Die frühe Veröffentlichung des Urteils in der DDR im Jahr 1969 wurde bei uns aus vielerlei Gründen kaum wahrgenommen.) 1985 ist, herausgegeben von Heribert Ostendorf und Heino ter Veen, die erste, noch nicht vollständige Dokumentation des Nürnberger Juristenurteils in der Bundesrepublik erschienen; 1996 wurde das gesamte Urteil – mit einer höchst informativen Einleitung von Klaus Bästlein – bei uns zum ersten Mal publiziert. Hans Wrobel, Ingo Müller und Hubert Rottleuthner haben zum Juristenurteil Studien geliefert, welche die in die Formel der Siegerjustiz gekleideten Bewertungen weitgehend widerlegen.[1]

Die jahrzehntelange Ausgrenzung des Urteils eines amerikanischen

---

* Vortrag, gehalten am 4. Dezember 1997 in der Johann-Wolfgang-Goethe-Universität Frankfurt/Main auf Einladung des Fritz Bauer Instituts und des Max-Planck-Instituts für Europäische Rechtsgeschichte, Frankfurt/Main.

1 Alfons Steiniger, Kazimierz Leszcynsky (Hg.), *Fall 3. Das Urteil im Juristenprozeß*. Berlin(-Ost) 1969; Heribert Ostendorf, Heino ter Veen, *Das »Nürnberger Juristenurteil«*. Frankfurt am Main 1985; Klaus Bästlein, »Der Nürnberger Juristenprozeß und seine Rezeption in Deutschland«, in: Lore Maria Peschel-Gutzeit (Hg.), *Das Nürnberger Juristenurteil von 1947*. Baden-Baden 1996, S. 9 ff.; Hans Wrobel, *Verurteilt zur Demokratie. Justiz und Justizpolitik in Deutschland 1945-1949*. Heidelberg 1989, S. 169 ff.; Ingo Müller, *Furchtbare Juristen*. München 1987, S. 270 ff.; Hubert Rottleuthner, »Das Nürnberger Juristenurteil und seine Rezeption in Deutschland Ost und West«, in: *Neue Justiz*, H. 12 (1997), S. 617-624.; vgl. auch Bundesminister der Justiz (Hg.), *Im Namen des Deutschen Volkes. Justiz und Nationalsozialismus*. Köln 1989, S. 331 ff.

Gerichtshofs auf deutschem Boden, das die Rolle der Justiz im NS-System paradigmatisch bestimmte und rechtsstaatlichen Verfahrensprinzipien folgte, bei den Angeklagten belastende, aber auch entlastende Momente herausarbeitete und in einigen Fällen zu Freisprüchen gelangte,[2] hängt damit zusammen, daß dieses Verfahren, ungeachtet unterschiedlicher Rechtstraditionen anglo-amerikanischer und kontinentaleuropäischer Provenienz, die mit Beginn der 50er Jahre einsetzende Neulegitimierung des nationalsozialistischen Justizapparates und seiner technischen Rechtsgrundlagen in Frage gestellt hätte.

Im Rehse-Urteil des Berliner Landgerichts von 1968, das den Beisitzer Freislers, gestützt auf den Bundesgerichtshof und das NS-Normensystem, freisprach, wird die Verdrängung der Erkenntnisse des Juristenurteils besonders deutlich. Der in Nürnberg wegen juristisch drapierter Terrorhandlungen, unter anderem manifestiert in nahezu tausend sog. Nacht- und Nebelverfahren, verurteilte Oberreichsanwalt Erwin Lautz wird im Urteil des Berliner Landgerichts als Entlastungszeuge mehrfach positiv herausgestellt.[3] Die Bezugnahme auf den ehemaligen Oberreichsanwalt Lautz – er war im übrigen auch Ankläger der Männer des 20. Juli – ist ein unverzichtbares Begründungselement für den Freispruch des Beisitzers von Freisler.

II. Schulderkenntnis als Neubeginn

Der Nürnberger Juristenprozeß ist Teil des insbesondere von den USA nach der Kapitulation Nazi-Deutschlands in Gang gesetzten Versuchs, die Kontinuität zwischen der politischen Spitze des NS-Regimes und seinen Trägerschichten nicht nur durch die administrative Ausschaltung dieser Funktionseliten und der Aufhebung der nationalsozialistischen Diskriminierungs- und Repressionsnormen herbeizuführen,[4] sondern auch durch die Ahndung der von ihnen begangenen Staatsverbrechen den Bruch mit der Terrorordnung deutlich zu markieren. Die von den

---

2 Vgl. Peschel-Gutzeit, *Nürnberger Juristenurteil*; Bästlein, »Nürnberger Juristenprozeß«.

3 LG Berlin v. 6. 11. 1968, abgedruckt in: Jörg Friedrich, *Freispruch für die Nazi-Justiz*. Reinbek 1983, S. 482, 485.

4 Vgl. Michael Stolleis, »Rechtsordnung und Justizpolitik 1945-1949«, in: Norbert Horn (Hg.), *Europäisches Rechtsdenken in Geschichte und Gegenwart*. Festschrift für Helmut Coing zum 70. Geburtstag, Bd. 1. München 1982, S. 383-407; Telford Taylor, *Die Nürnberger Prozesse*. Zürich 1950, S. 50 ff.

Alliierten intendierte Konstituierung eines neuen demokratischen Staates ist unlöslich daran gebunden, daß die systematische Beseitigung rechtsstaatlicher Schutzpositionen zahlloser Individuen – Juden, Polen, Deutsche und vieler anderer – nicht etwa einem zudeckenden Vergessen überantwortet, sondern durch Strafprozesse aufgearbeitet wird, um mindestens zukünftig die unverbrüchliche Bindung des Staates an eine freiheitliche Rechtsordnung zum Ausdruck zu bringen.

Diese Grundposition gegenüber den Staatsverbrechen des »Dritten Reiches«, die wesentlich im Office of Strategic Services von der Gruppe um Franz Neumann für die Regierung Roosevelt entwickelt wurde, findet 1945/46 in der sich gerade formierenden deutschen Öffentlichkeit – das zeigen Meinungsumfragen zur Bewertung des ersten Nürnberger Prozesses, aber auch Beiträge in den *Frankfurter Heften*, im *Aufbau*, im *Ruf* – zunächst einen gewissen Rückhalt.[5] Im Zentrum steht die Schuldfrage – so lautet der Titel einer von Karl Jaspers 1946 publizierten Vorlesung. Er behandelt die Frage in ihren politischen, moralischen und juristischen Aspekten. Bei aller Unterschiedlichkeit der Ausgangspositionen ist für geistig führende Gruppen die selbstreflexive Aufarbeitung der unermeßlichen Schuld die *conditio sine qua non* eines strukturellen demokratischen Bruchs mit dem NS-Regime. Karl Jaspers, der das Verfahren gegen die Nürnberger Haupt-Kriegsverbrecher voll unterstützte, faßte diesen Gedanken so: »Die Schuldfrage ist mehr noch als eine Frage seitens der anderen an uns eine Frage von uns an uns selbst. (...) Reinigung ist die Bedingung auch unserer politischen Freiheit. (...) Wo das wirkliche Schuldbewußtsein untilgbarer Stachel ist, wird das Selbstbewußtsein in eine neue Gestalt gezwungen. (...) Die Reinigung macht uns frei.«[6]

Martin Niemöller, von dem der Schlüsselsatz der Stuttgarter Schulderklärung der Evangelischen Kirche vom Oktober 1945 stammt – »durch

---

5 Alfons Söllner (Hg.), *Zur Archäologie der Demokratie in Deutschland. Analysen politischer Emigranten im amerikanischen Geheimdienst. Bd. 1: 1941-1945*. Frankfurt am Main 1982, S. 163 ff., 184 ff.; Ulrich Herbert, *Best. Biographische Studien über Radikalismus, Weltanschauung und Vernunft*. Bonn 1996, S. 438 m. w. Nachw.; »Nürnberg und die Geschichte«, in: *Frankfurter Hefte,* H. 1 (1946), S. 3-5; Eugen Kogon, »Ärzte als Knechte des Todes«, in: *Frankfurter Hefte,* H. 2 (1947), S. 123-124; Alfred Andersch, »Notwendige Aussage zum Nürnberger Prozeß« (1946), abgedruckt in: *Vaterland, Muttersprache. Deutsche Schriftsteller und ihr Staat seit 1945*. Zusammengestellt von Klaus Wagenbach u. a., Berlin 1979, S. 33; Erik Reger, »Das Weltgericht in Nürnberg« (1946), ebd., S. 34 f.

6 Karl Jaspers, *Die Schuldfrage. Zur politischen Haftung Deutschlands* (1946). München 1987, S. 16, 82 f.

uns ist unendliches Leid über viele Völker und Länder gebracht worden« –, verwandelt die philosophische Deduktion in einem Beitrag von 1946 in eine prophetisch anklagende Anrede, um die Notwendigkeit der Schulderkenntnis zu begründen. Bei Niemöller heißt es: »Unter uns sind Dinge geschehen, von denen wir in unseren schlimmsten Träumen nicht geträumt haben; ich brauche sie nicht aufzuzählen. Keine Feder kann das beschreiben, was unsere Augen schauen mußten und was durch unsere Herzen gegangen ist. Ein Berg von Schuld ist vor unseren Augen aufgetürmt worden (...). Fünf bis sechs Millionen Juden wurden ausgerottet (...) und der Berg von Schuld wuchs bis in den Himmel. Es folgte alles, was uns nun als Kriegsverbrechen vorgehalten wird: die Ausrottung ganzer Ortschaften in der Tschechei, die planmäßige Dezimierung der Bevölkerung in Polen, wo nicht nur Männer, wo Greise, Frauen, Kinder und Säuglinge massenweise erschossen wurden. Die Geiselerschießungen in Holland und Belgien, in Norwegen und Frankreich, das Sterben der Tausende in Griechenland und auf dem Balkan. (...) Doch wen geht diese Schuld nun eigentlich etwas an? Wir sagen: Ich war bei der Bekennenden Kirche, wir haben es immer kommen sehen als etwas Furchtbares, das nicht zu verantworten war, und die anderen sagen: Wir waren nie bei der Partei und haben mit solchen Dingen nie etwas zu tun gehabt, aber die Menschen aus der Partei sagen wiederum: Unsere Schuld ist das nicht. Wir waren ja nur kleine Leute und sind nur gezwungenermaßen beigetreten, weil wir für unser Leben, für unsere Familie, für unsere Stellung und unser Geschäft fürchteten: Die SS ist es gewesen und die Gestapo. Doch die lehnten ab, sich diese Schuld aufbürden zu lassen: Wir haben nur Befehle ausgeführt und wollen von dieser Schuld nichts wissen – so bleibt zuletzt alles hängen an Adolf Hitler und Heinrich Himmler. Aber die sind nicht mehr da – und der Berg von Schuld bleibt und niemand rührt ihn an.«[7]

Niemöllers Feststellung der Verbindung übergroßer Schuld und der Abwesenheit von Schulderkenntnis korrespondiert mit der von Hannah Arendt in einem Aufsatz in der von Dolf Sternberger redigierten Zeitschrift *Die Wandlung* von 1946 entwickeltenErkenntnis, daß die Linie, die die Verbrecher von normalen Menschen, Schuldige und Schuldlose trennt, im Nationalsozialismus verwischt worden ist. Hannah Arendt

7 Martin Niemöller, »Zur gegenwärtigen Lage der Christenheit« (1946), in: ders., *Reden 1945-1954*. Darmstadt 1958, S. 43-54, hier: 46 f.; »Stuttgarter Schulderklärung«, ebd., S. 322.

schreibt: »(Der Massenmensch) hat die Zweiteilung von Privat und Öffentlich, von Beruf und Familie so weit getrieben, daß er noch nicht einmal in seiner eigenen identischen Person eine Verbindung zwischen beiden entdecken kann. Wenn sein Beruf ihn zwingt, Menschen zu morden, so hält er sich nicht für einen Mörder, gerade weil er es nicht aus Neigung, sondern beruflich getan hat.«[8]

Angesichts der Ubiquität krimineller Akte der öffentlichen Gewalt hat die Aufarbeitung juristischer Schuld der für Staatsverbrechen Verantwortlichen besonderes Gewicht. In einem Kommentar im Radio Frankfurt/Main vom 2. Oktober 1946 bringt Hans Mayer, einst Schüler von Hans Kelsen, Autor der Zeitschrift des Republikanischen Richterbundes *Die Justiz*, die mit dem Nürnberger Verfahren gegen die Haupt-Kriegsverbrecher verknüpfte Intention auf den Begriff: »Die Richter von Nürnberg bedeuten eine Etappe in der Weltrechtsentwicklung, denn sie zeigen den internationalen Rechtsbrechern, den jetzigen und als Warnung allen künftigen, daß die Willkür der Staatsmänner und internationalen Abenteurer der Politik ihre Schranken findet im Völkerrecht und in den Gesetzen der Menschlichkeit. Hier liegt die zukunftsweisende Bedeutung des Nürnberger Prozesses.«[9]

III. Intention der USA: Strafrechtliche Verantwortung von Repräsentanten der Herrschaftseliten

Der Nürnberger Juristenprozeß, einer jener zwölf Nürnberger Nachfolgeprozesse gegen das Oberkommando der Wehrmacht, gegen Wirtschaftsführer, gegen Leiter von Einsatzgruppen, gegen Repräsentanten des Auswärtigen Amtes, gegen Ärzte, basierte im Prinzip auf der gleichen Rechtsgrundlage wie das Pilotverfahren gegen die Haupt-Kriegsverbrecher.[10] Die Rechtsgrundlage des Verfahrens beruhte auf Vereinbarungen, die die Alliierten vor allem im Londoner Abkommen vom 8. August 1945 getroffen hatten. Die Funktion dieser Vereinbarun-

---

8 Hannah Arendt, »Organisierte Schuld« (1946), in: dies., *Sechs Essays*. Heidelberg 1948, S. 43-47, hier S. 45.

9 Hans Mayer, »Nach dem Urteil im Nürnberger Prozeß«, in: ders., *Ein Deutscher auf Widerruf*. Frankfurt am Main 1982, S. 342-352, hier: 349.

10 Taylor, »Nürnberger Prozesse«; s. auch zum Folgenden Joachim Perels, »Verpaßte Chancen. Zur Bedeutung der Nürnberger Nachfolgeprozesse«, in: *Die frühen Nachkriegsprozesse. Beiträge zur Geschichte der nationalsozialistischen Verfolgung in Norddeutschland*, H. 3, Bremen 1997, S. 30-37.

gen, durch die »die Gesetze, die Hitler-Erlasse und das drakonische, korrupte und verderbte nationalsozialistische Rechtssystem«[11] in einem rechtsstaatlichen Verfahren überprüft werden sollten, läßt sich anhand der Deutschland-Planung der amerikanischen Regierung, wie sie von der schon erwähnten Gruppe um Franz L. Neumann konzipiert wurde, genauer bestimmen. In einer Expertise zum Verhältnis von »Führerprinzip und strafrechtlicher Verantwortung«, die die staatsrechtliche Literatur der Ideologen des Regimes von Ernst Rudolf Huber über Werner Best bis Theodor Maunz eingehend rezipierte, wurde der zentrale Gegenstand für die Prozesse gegen die aktiven Träger des NS-Regimes darin gesehen, daß für den politischen Sektor des »Dritten Reiches« »ganz offen das Prinzip der im Grunde ›gesetzlosen‹ Aktion der öffentlichen Behörden anerkannt war.« Damit standen die vielfältigen Repressionshandlungen der NS-Führung und der sie stützenden funktionellen Eliten »im Gegensatz zu dem, was die überwiegende Mehrheit der Völker und Nationen für die Grundregeln von Recht und Moral halten. Diese Grundregeln auf die Nazi-Führer anzuwenden, bedeutet (...) das Einklagen von Gerechtigkeit.«[12]

Zur Konstituierung der Prozesse gegen Repräsentanten der juristischen Führungsschichten des »Dritten Reiches« bedurfte es zweier Schritte. Das deutsche (Nazi-)Reich mußte als Staat untergegangen sein, so daß die Regierungs-, Gesetzgebungs- und Rechtsprechungsgewalt uneingeschränkt in den Händen der Alliierten, insbesondere der Vereinigten Staaten, lag. Diese Voraussetzung wurde nach der Kapitulation vom 8. Mai 1945 durch die Erklärung der Alliierten über die Übernahme der obersten Autorität in Deutschland vom 5. Juni 1945, durch die alle Elemente deutscher Staatlichkeit auf die Alliierten übergingen, erfüllt.[13] Auf dieser – von der herrschenden Staatsrechtslehre der Bundesrepublik (trotz der Gegenpositionen von Wolfgang Abendroth, Hans Nawiasky und Willibalt Apelt) vollständig verdrängten – Basis der staats- und völkerrechtlichen Diskontinuität zwischen dem Deutschen Reich und einem erst wieder zu gründenden neuen Staat konnte am 20. Dezember 1945 das Kontrollratsgesetz Nr. 10 ergehen, das die wesentlichen Tatbestände für die Ahndung von NS-Verbrechen – Verbrechen gegen den

---

11 Ostendorf, ter Veen, »Nürnberger Juristenurteil«, S. 139.

12 Söllner, *Archäologie*, S. 168, 172.

13 Hans Kelsen, »The Legal Status of Germany According to The Declaration of Berlin«, in: *American Journal of Law*, Bd. 38 (1945), S. 689-694.

Frieden, Kriegsverbrechen, Verbrechen gegen die Menschlichkeit und Organisationsverbrechen – festlegte.[14]

Auch der analytische Ansatz des Verfahrens gegen die Haupt-Kriegsverbrecher, der vor allem von den amerikanischen, französischen und englischen Anklägern – von Jackson, Shawcross und de Menthon und seinem Stellvertreter – entwickelt wurde, prägte den Juristenprozeß. Die Ankläger wiesen nach, daß die Herrschaftseliten des Regimes – vom Militär über die Bürokratie bis zur SS – in einem weitgehenden Kooperationsverhältnis zueinander standen. Die angeklagten Einzelpersonen wie etwa Innenminister Frick oder der Chef des Reichssicherheitshauptamtes, Kaltenbrunner, fungierten als aktive Träger eines terroristischen Gesamtsystems. Bei du Bost, dem stellvertretenden französischen Hauptankläger, heißt es: »Die totalitäre Politik, der totale Krieg, die Vorbereitung und die Führung des gegen die anderen Völker gerichteten Vernichtungsplans zur Eroberung des Lebensraums setzen eine Koordinierung, eine enge Verbindung zwischen allen an der Macht befindlichen Einrichtungen voraus: Polizei und Wehrmacht – Auswärtige Angelegenheiten und Polizei und Wehrmacht, Justiz und Polizei – Wirtschaft und Justiz – Universitäten und Propaganda und Polizei.«[15]

Der amerikanische Hauptankläger Jackson machte auf das schließlich für alle Nürnberger Verfahren charakteristische, außerordentliche Maß an Schuldabwehr gerade derjenigen aufmerksam, die, mit umfassender Befehlsgewalt ausgestattet, selbständig handelnd die Mordmaschine in Gang hielten. Jackson konstatierte: »Die Angeklagten waren einmütig, wenn es darauf ankam, die Schuld auf andere abzuwälzen, manchmal auf den einen, manchmal auf den anderen. Aber die Namen, die sie immer wieder heraussuchten, sind Himmler, Hitler, Heydrich, Goebbels und Bormann, alle diese sind tot und unauffindbar. (...) Man kommt in Versuchung, die wunderbare Fügung eines Schicksals zu bestaunen, das nur die Schuldigen sterben und nur die Unschuldigen am Leben ließ.« Jack-

---

14 Zur Kontinuitätsthese s. Rolf Stödter, *Deutschlands Rechtslage*. Hamburg 1948; Wilhelm Grewe, *Ein Besatzungsstatut für Deutschland*. Stuttgart 1948; zur Diskontinuitätsthese s. Kelsen, »Legal Status«; Wolfgang Abendroth, »Die Haftung des Reichs«, in: *Neue Justiz*, H. 4/5 (1947), S. 73-81; Hans Nawiasky, *Die Grundgedanken des Grundgesetzes für die Bundesrepublik Deutschland*. Stuttgart 1950, S. 7 ff.; vgl. auch die Diskussionsbeiträge von Abendroth, Nawiasky und Apelt, in: *Veröffentlichungen der Deutschen Staatsrechtslehrer*, H. 13 (1955), S. 59 ff.

15 *Der Prozeß gegen die Hauptkriegsverbrecher vor dem Internationalen Militärgerichtshof*. Bd. XIX. Nürnberg 1948, S. 610.

son fährt fort: »Wenn Sie von diesen Männern sagen wollten, daß sie nicht schuldig seien, so wäre es ebenso wahr zu sagen, daß (...) niemand erschlagen und kein Verbrechen begangen worden sei.«[16]

IV. Gegensätzliche Positionen zur Aufarbeitung von Staatsverbrechen

Die historische Lage, in der der Juristenprozeß stattfand, war von der des Haupt-Kriegsverbrecherprozesses verschieden. Der erste Prozeß gegen führende Staatsverbrecher des NS-Regimes erfuhr in der Öffentlichkeit, übereinstimmend mit Forderungen des Prager Manifests von 1934, des Kreisauer Kreises vom Sommer 1943, des Buchenwald-Manifestes vom 13. April 1945 nach Ahndung von Staatsverbrechen durch Gerichte, eine gewisse positive Reaktion – nicht zuletzt auch deshalb, weil in dieser Periode justitielle und beamtete Stützpfeiler des Regimes institutionell weitgehend ausgeschaltet waren; allein 53.000 Beamte wurden entlassen.[17]

Inzwischen hatte sich das Bezugsfeld für die Ahndung von Staatsverbrechen geändert: Sowohl auf deutscher Seite als auch zum Teil auf amerikanischer Seite entsteht eine Ambivalenz, in der sich legitimierende und entlegitimierende Positionen einer juristischen Aufarbeitung der Justizverbrechen etwa die Waage halten.

In der Rechtsprechung, vor allem in der des Obersten Gerichtshofs der Britischen Zone, des Kammergerichts Berlin und des Oberlandesgerichts Frankfurt/M existierte eine durchgehende Linie, die NS-Normen und ihre Anwendung unter dem übereinstimmenden Gesichtspunkt der Negierung rechtsstaatlicher Kernprinzipien (von rechtlicher Gleichheit und der Achtung der Integrität der Individuen) systematisch zu überprüfen und die Verantwortlichen gerade auch für jene Handlungen, die durch das juristische Repressionsgefüge des Regimes legitimiert waren, zur Rechenschaft zu ziehen, um die konstitutive Bedeutung der Bindung

16 Ebd. S. 476, 480.

17 Wolfgang Abendroth, *Aufstieg und Krise der deutschen Sozialdemokratie*. Frankfurt am Main 1964, Anhang, S. 117, 124; Ger van Roon, *Neuordnung im Widerstand. Der Kreisauer Kreis innerhalb der deutschen Widerstandsbewegung*. Dokumentenanhang, München 1967, S. 553 ff.; Lutz Niethammer, »Zum Verhältnis von Reform und Rekonstruktion in der US-Zone am Beispiel der Neuordnung des öffentlichen Dienstes«, in: Wolf Dieter Narr (Hg.), *Die Bundesrepublik Deutschland*. Königstein 1979, S. 47-59, hier: 52.

des Staates an egalitäre Schutznormen deutlich zu machen. In dieser Linie lag es, daß das Oberlandesgericht Frankfurt – in einer Entscheidung zum Anstaltsmord von 1947 – von naturrechtlich evidenten Sätzen wie des Rechts auf Leben sprach (die durch staatliche Verfügung faktisch, aber nicht rechtlich außer Kraft gesetzt werden können)[18]. Zur gleichen Zeit verwarf der Oberste Gerichtshof der Britischen Zone die Fiktion, daß die Justiz des NS-Regimes unabhängig gewesen sei. Er betrachtete die Nazi-Justiz – wie schon Kirchheimer in seiner großen, in den USA erschienenen Untersuchung über die nationalsozialistische Rechtsordnung von 1941 – als Teil des Exekutivapparates.[19] Das hatte zur Folge, daß für diese Träger der NS-Justiz das Richterprivileg des § 336 StGB keine Anwendung findet. Richter und Staatsanwälte sind, sofern sie Straftaten begehen, vielmehr als einfache Kriminelle zu behandeln.

Die Position einer systematischen Entlegitimierung des NS-Diskriminierungs- und Ausmerzungsrechts, die auch von Adolf Arndt und Richard Lange und später systematisch von Otto Kirchheimer vertreten wurde,[20] verdeutlichte Radbruch 1947 auf eindringliche Weise an zwei Humanitätsverbrechen: »Sollte wirklich das deutsche Volk einschließlich der Täter so von allen guten Geistern verlassen gewesen sein, daß ihm etwa bei den Anstaltsmorden gar nie der Gedanke gekommen wäre, daß es sich hier trotz des gesetzesgleichen Führerbefehls um gesetzliches Unrecht handelte? Sollten Denunzianten sich wirklich keinerlei Unrechts bewußt gewesen sein, wenn sie ihre Opfer einer entarteten Justizmaschine auslieferten, die eine Inschrift an der Abort-Wand oder das Abhören eines feindlichen Senders mit dem Tode ahndete, sei es auch auf Grund bestehender Unrechtsgesetze?«[21]

Dem Gedanken einer Außerkraftsetzung des nationalsozialistischen

---

18 OLG Frankfurt am Main, in: *Süddeutsche Juristenzeitung* (1947), Sp. 627.

19 OGHSt 1, S. 272 f.; Otto Kirchheimer, »Die Rechtsordnung des Nationalsozialismus« (1941), in: Redaktion Kritische Justiz (Hg.), *Der Unrechts-Staat*. 2. Aufl., Baden-Baden 1983, S. 9-23, insbes. S. 23.

20 Adolf Arndt, »Anm. zu OLG Kiel«, in: *Süddeutsche Juristenzeitung* (1947), Sp. 330 ff.; Richard Lange, »Die Rechtsprechung des Obersten Gerichtshofes für die Britische Zone zum Verbrechen gegen die Menschlichkeit«, in: *Süddeutsche Juristenzeitung* (1948), Sp. 655 ff.; Otto Kirchheimer, *Politische Justiz* (1961). Neuwied 1965, S. 480 ff.

21 Gustav Radbruch, »Zur Diskussion über die Verbrechen gegen die Menschlichkeit«, in: *Süddeutsche Juristenzeitung* (1947) (März-Sondernummer), Sp. 135; vgl. auch ders., »Gesetzliches Unrecht und übergesetzliches Recht« (1946), in: ders., *Der Mensch im Recht*. 2. Aufl., Göttingen 1961, S. 111-124.

Repressionsrechts stand in der Justiz und in der sich rekonsolidierenden Rechtslehre schon bald eine Position gegenüber, die das Nazi-Recht vorbehaltlos für gültig und die Justizhandlungen der Diktatur juristisch für uneingeschränkt verbindlich erklärte. So sprach, um nur das bekannteste Beispiel einer Kette derartiger Entscheidungen zu nennen, das Landgericht Offenburg 1946 den Mörder des Reichsfinanzministers Matthias Erzberger, Tillessen, unter Rückgriff auf die vorgeblich gültige Amnestie-Verordnung vom 21. März 1933, die politische Morde einem Strafausspruch ausdrücklich entzog, frei; übereinstimmend mit seiner Fixierung auf das Sonderrecht des Regimes erkannte das Gericht Tillessen auch noch positive Motive, eine nur »übereifrige Vaterlandsliebe« zu. Zwar wurde die Entscheidung von der französischen Besatzungsmacht aufgehoben, aber erhebliche Teile der Richterschaft waren gegen diese Urteilskorrektur eingestellt.[22]

Auf verschiedenen Ebenen formierte die Lehre – übereinstimmend mit den Verteidigern des Haupt-Kriegsverbrecherprozesses und der Nürnberger Nachfolge-Prozesse[23] – die gegen das Kontrollratsgesetz Nr. 10 und den Begriff des gesetzlichen Unrechts gerichtete Position einer fraglosen Gültigkeit der gesamten Rechtsordnung des Nationalsozialismus. Das hatte zur Folge, daß alle Staatshandlungen des Regimes, die auf einer Norm oder auf einem Befehl des Herrschaftsapparates beruhten, sanktionsfrei gestellt werden mußten. Hermann Jarreiß, Völkerrechtler und führender Verteidiger im Nürnberger Prozeß, der seine Rolle als »rein wissenschaftliche Aufgabe« und dabei allein »der Wahrheit verpflichtet« deklarierte, hat diese Position umfassend in seinem Plädoyer vom 4. Juli 1946 in Nürnberg entwickelt. Zwar machte Jarreiß die Einschränkung, daß Hitlers Befehlsgewalt keine »Vollmacht zu Unmenschlichkeiten« einschloß, um aber sogleich die Konsequenz dieser Erkenntnis mit der Bemerkung zurückzunehmen, daß die Grenze zur Unmenschlichkeit verschwommen sei. Grundsätzlich erklärte Jarreiß: »Haben, wie die Dinge nun einmal waren, die Angeklagten, ehemalige Minister, militärische Führer, Lenker der Wirtschaft, Leiter höherer Be-

22 Martin Broszat, »Siegerjustiz oder strafrechtliche ›Selbstreinigung‹«, in: *Vierteljahreshefte für Zeitgeschichte,* H. 4 (1981), S. 477-544, bes. S. 498 f., 500, Anm. 46; ähnlich wie das LG Offenburg: OLG Kiel, in: *Süddeutsche Juristenzeitung* (1947), Sp. 323 ff.

23 *Der Prozeß gegen die Hauptkriegsverbrecher vor dem Internationalen Militärgerichtshof.* Bd. I, Eingabe der Gesamtverteidigung vom 19.11.1945. Nürnberg 1947, S. 186 ff.; Plädoyer des Verteidigers Kubuschok für den Angeklagten Schlegelberger, in: Ostendorf, ter Veen, *»Nürnberger Juristenurteil«*, S. 237.

hörden zur Zeit der Tat ein Verhalten als pflichtwidrig empfunden oder auch nur empfinden können, das nun durch nachträgliches Gesetz unter Strafe gestellt wird? Die Antwort auf diese Frage kann nicht anders gegeben werden als mit einem Einblick in das Wesen der deutschen Rechtsordnung im Augenblick der Tat. (...) Seit Hitler Staatsoberhaupt geworden war, hat die Praxis rasch dahin geführt, daß Hitler als unbestrittener und unbestreitbarer Inhaber jeder Zuständigkeit vor der Hierarchie wie vor dem ganzen Volk stand. Das Ergebnis der Entwicklung war jedenfalls: Hitler wurde der oberste Setzer der Normen wie auch der Einzelbefehle. (...) Wer sich als Funktionär der Hierarchie auf den Befehl des Führers beruft, will nicht für eine rechtswidrige Handlung einen Strafausschließungsgrund angeben, sondern er bestreitet die Behauptung, sein Verhalten sei rechtswidrig, denn der Befehl sei unangreifbar, den er befolgt habe. (...) Müssen nicht diejenigen Menschen, die nach dieser Ordnung gern oder ungern in der Hierarchie ihre Pflicht erfüllten, die Verurteilung wegen einer Handlung oder Unterlassung, die der Führer befohlen hatte, als ein ihnen angetanes Unrecht empfinden? (...) Ein Befehl des Führers war für den Angesprochenen verbindlich und zwar rechtsverbindlich, auch wenn die Weisung dem Völkerrecht oder anderen überkommenen Wertungen zuwiderlief.«[24] Diese, gegen den Gedanken eines »gesetzlichen Unrechts« (Radbruch) gerichtete Auffassung fand in der Rechtslehre, wenn auch ohne formellen Bezug auf Jarreiß, starken Rückhalt – von Eberhard Schmidt bis Reinhart Maurach und Helmut Coing.[25]

V. Das Justizsystem als Teil des Maßnahmenstaats

Der Juristenprozeß und sein Urteil spielten sich auf dem Hintergrund einer gespaltenen juristischen und politischen deutschen Öffentlichkeit ab – ein Vorzeichen für die späteren Schwierigkeiten der Integration dieses Prozesses in die rechtsstaatliche Konstituierung der Bundesrepublik und ihrer Justiz.

24 *Der Prozeß gegen die Hauptkriegsverbrecher vor dem Internationalen Militärgerichtshof.* Bd. XVII. Nürnberg 1948, S. 522 f., 530, 533.

25 Broszat, »Siegerjustiz«, S. 522; Reinhart Maurach, *Schuld und Verantwortung im Strafrecht.* Wolfenbüttel 1948, S. 63, Anm. 27; Helmut Coing, »Zur Frage der strafrechtlichen Haftung für die Anwendung naturrechtswidriger Gesetze«, in: *Süddeutsche Juristenzeitung* (1947), Sp. 61-64.

Das Ergebnis des Prozesses gegen Spitzen des Justizministeriums – gegen Staatssekretäre, gegen leitende Ministerialbeamte, gegen Staatsanwälte und Richter – läßt sich insgesamt als Ahndung der maßnahmenstaatlichen Praktiken der Justizverwaltung und der Gerichtsbarkeit begreifen. Die von Ernst Fraenkel in seinem in den USA veröffentlichten Buch *Dual State*[26] entwickelte Erklärungskategorie des Maßnahmenstaats – auf dieses grundlegende Werk wird vom juristischen Berater der amerikanischen Militärregierung, Karl Loewenstein, in einer zeitgenössischen Veröffentlichung von 1948 ausdrücklich hingewiesen –[27] bedeutet bekanntlich, daß die individuellen Schutzpositionen zugunsten politischer und ideologischer Machtziele in Form beliebiger Maßnahmen – wie außergesetzlicher Tötungen im KZ – beseitigt werden. Der Maßnahmenstaat hat im Bereich des Justizsystems zwei Funktionen. Er bedient sich je nach Lage technisch-juristischer Instrumentarien oder geht über vorhandene Normen hinweg. Die Normsetzung und die Normanwendung des NS-Systems folgen einer Einzelrechte negierenden Diskriminierungs- und Ausmerzungslogik. Dem gleichen Ziel dienen exekutivisch verfügte *Ad-hoc*-Durchbrechungen noch bestehender Rechtsgarantien.

Die Angeklagten erscheinen als aktive Träger maßnahmenstaatlicher Herrschaftstechnik. Staatssekretär Schlegelberger, der, vor 1933 als konservativer Fachjurist in dieses Amt gelangt, den inneren Rechtszersetzungsprozeß wie andere Vertreter des sog. Bildungsbürgertums wie Carl Schmitt oder der Präsident des Reichsgerichts, Erwin Bumke, aktiv vorantrieb,[28] war gewissermaßen eine Charaktermaske des Maßnahmenstaates. Das zeigen die von ihm zu verantwortenden Normsetzungen. Der Nacht- und Nebel-Erlaß vom 4. Februar 1942 entstand, wie das Juristenurteil eingehend herausarbeitet, im Zusammenwirken von Justizministerium, Gestapo und Wehrmacht.[29] Führend beteiligt war Schlegelberger als amtierender Justizminister, dem Hermann Weinkauff, der

26 Ernst Fraenkel, *Der Doppelstaat* (1941). Frankfurt am Main 1974.

27 Karl Loewenstein, »Law and the Legislative Process in Occupied Germany« 1, in: *Yale Law Journal*, Vol. 57, Nr. 5 (March) 1948, S. 724-760, hier: 733, Anm. 40.

28 Vgl. Eli Nathans, *Franz Schlegelberger*. Baden-Baden 1990; Dieter Kolbe, *Reichsgerichtspräsident Dr. Erwin Bumke*. Karlsruhe 1975; s. dazu die Rezension von Richard Schmid, in: Redaktion Kritische Justiz (Hg.), *Der Unrechts-Staat*, S. 134 ff.; Carl Schmitt, *Positionen und Begriffe im Kampf mit Weimar-Genf-Versailles* (1940). Berlin 1994; Franz Neumann, *Behemoth. Struktur und Praxis des Nationalsozialismus* (1942/1944). Köln 1977, S. 517 ff.

29 Ostendorf, ter Veen, »Nürnberger Juristenurteil«, S. 176 ff., 188 ff.

erste Präsident des Bundesgerichtshofs, später attestierte, er habe »noch viel furchtbarere Zustände für das Recht verhindern«[30] wollen.

Nach der Regelung des Nacht- und Nebel-Erlasses konnten Menschen wegen Unbotmäßigkeiten gegenüber der deutschen Besatzung im Geheimen nach Deutschland verschleppt, dort von einem Sondergericht abgeurteilt oder, besonders, wenn sie unschuldig waren, der Gestapo ausgeliefert und in ein Konzentrationslager verbracht werden. Die vollständige Vernichtung der Individuen ergab sich daraus, daß bei ihrem Tod keinerlei Mitteilung ergehen durfte. Selbst in Hinrichtungsbüchern wurden diese Gefangenen nicht mit Namen, sondern nur mit Zahlen angegeben. Die Erinnerung an sie wurde ausgelöscht.

Die Verordnung über die Strafrechtspflege gegen Polen und Juden vom 4. Dezember 1941, wiederum von Schlegelberger entworfen und auch noch rückwirkend in Kraft gesetzt,[31] ist eine Terrornormierung. In einem Memorandum des Reichsjustizministeriums vom 22. April 1941 wird ein drakonisches Sonderstrafrecht für Polen und Juden, das sehr weite Tatbestände formuliert und überall die Todesstrafe zuläßt, gefordert.[32] Die Verordnung enthält keine tatbestandlichen Begrenzungen: »Polen und Juden werden auch bestraft, (...) wenn sie eine Tat begehen, die gemäß dem Grundgedanken eines deutschen Strafgesetzes nach den in den eingegliederten Ostgebieten bestehenden Staatsnotwendigkeiten Strafe verdient.« (Abschn. II)[33]

Der schrankenlosen Entfesselung der Staatsgewalt bei der Normsetzung entsprach, daß Schlegelberger gerichtliche Entscheidungen durch eine von rechtlichen Begrenzungen freie Intervention außer Kraft setzte: Der wegen Eier-Hamsterns zu zweieinhalb Jahren Gefängnis verurteilte Jude Markus Luftgas wurde, nachdem Hitler sich eingeschaltet hatte, auf Weisung Schlegelbergers – dies sind seine Worte – der Geheimen Staatspolizei »zur Exekution überstellt.«[34]

Curt Rothenberger, der einst bei einem national eingestellten, »halbjüdischen« Professor, Kurt Perels, in Hamburg promoviert hatte,[35]

---

30 Hermann Weinkauff, *Die deutsche Justiz und der Nationalsozialismus.* Bd. 1. Stuttgart 1968, S. 126; s. dazu die Rezension von Richard Schmid, in: Redaktion Kritische Justiz (Hg.), *Der Unrechts-Staat,* S. 123-127.

31 Ostendorf, ter Veen, *»Nürnberger Juristenurteil«,* S. 237.

32 Ebd. S. 205.

33 Ingo v. Münch (Hg.), *Gesetze des NS-Staates.* 3. erw. Aufl., Paderborn 1994, S. 142.

34 Ostendorf, ter Veen, *»Nürnberger Juristenurteil«,* S. 164.

35 Klaus Bästlein, »Vom hanseatischen Richtertum zum nationalsozialistischen Justiz-

praktizierte die maßnahmenstaatliche Logik in gleicher Weise. Er verfügte, daß den Juden das letzte Minimum einer geschützten Rechtsposition, das ihnen gesetzlich nach wie vor zustehende Armenrecht, durch einen extra-legalen, nicht einmal rechtstechnisch verkleideten Akt abgesprochen wurde.[36]

Nach Rothenberger übernahm Herbert Klemm das Amt des Staatssekretärs, ein Karriere-Nationalsozialist der ersten Stunde. Wie Schlegelberger und Rothenberger verfügte Klemm entsprechend der Logik des Maßnahmenstaats *Ad-hoc*-Tötungen ohne jeglichen Rechtsgrund, die in der Endphase des Regimes Formen des Massenmords annahmen. Auf Grund einer Rundverfügung des Justizministeriums vom 12. Februar 1945, in der es hieß, daß sog. »asoziale, staatsfeindliche Gefangene in den Strafanstalten« »der Polizei zur Beseitigung zu überstellen« seien, wurden mehrere Strafvollzugsanstalten mit Billigung von Klemm auf diese Weise »geräumt« und so mindestens 800 Menschen rechtswidrig getötet.[37]

Zum inneren Gesetz der schrankenlosen Staatsgewalt gehörte, daß Straftaten des Staates der Ahndung entzogen wurden. Diese Strafvereitelung im Amt beging der Angeklagte Günter Joel, Referent in der Abteilung Strafrechtspflege und Verbindungsmann zwischen dem Justizministerium und der SS, gemeinsam mit dem damaligen Justizminister Gürtner nach der Reichspogromnacht vom 9. November 1938. Joel verfaßte einen Bericht über eine Besprechung vom 1. Februar 1939: »Der Reichsjustizminister und Oberstaatsanwalt Joel hat darauf hingewiesen, daß es natürlich unmöglich sei, diese Sachen in der üblichen justizförmigen Weise abzuwickeln. Wenn man zunächst die Rechtsordnung von oben her aufhebe, sei es nicht möglich, dann die an der Ausführung beteiligten Personen strafrechtlich zu belangen. (...) Rechtlich begründet ist das unter anderem damit, daß den Tätern das Bewußtsein der Rechtswidrigkeit gefehlt hat, weil sie ja auf Anordnung gehandelt haben.«[38]

---

verbrechen. Zur Person und Tätigkeit Curt Rothenbergers 1896-1959«, in: Justizbehörde Hamburg (Hg.), *»Für Führer, Volk und Vaterland ...« Hamburger Justiz im Nationalsozialismus*. Hamburg 1992, S. 74-145, bes. S. 78, 80; vgl. Hans Peter Ipsen, »Kurt Perels (1878-1933)«, in: *Archiv des öffentlichen Rechts*, Bd. 4 (1983), Tübingen 1958, S. 374-378. Kurt Perels nahm sich, angesichts der antisemitischen Aktionen des NS-Staats, im September 1933 das Leben.

36 Peschel-Gutzeit, »Juristenurteil«, S. 169.

37 Ebd. S. 161 ff.

38 Ebd., S. 192.

(Hier nimmt die fatale – von einer legitimen Erörterung unterschiedene – Seite der Lehre vom Verbotsirrtum bei Staatsverbrechen ihren Ausgangspunkt).[39]

Nicht nur die Justizverwaltung, auch die Justiz selber verhalf der unbegrenzten Zugriffskapazität auf die Individuen, die rechtlich getarnt wurde, zum Durchbruch. Das galt vor allem für die Unterdrückungspolitik gegen Polen, dem ersten Opfer des nationalsozialistischen Herrenwahns. Der Vorsitzende des Sondergerichts Nürnberg, Oeschy, wandte die Blankettnorm der Polenstrafrechtsverordnung gegen eine polnische Frau an, die einen Stein auf einen Deutschen geworfen hatte, ohne ihn zu treffen. Oeschy verurteilte sie zum Tode.[40] Oberreichsanwalt Lautz entwickelte im Zusammenwirken mit der SS eine dem geltenden Recht vollständig entgegengesetzte Konstruktion, durch die Polen, die sog. Volksdeutsche noch vor dem 1. September 1939 gegenüber polnischen Behörden angezeigt hatten, unter Verletzung des Territorialitätsgrundsatzes rückwirkend wegen der erfundenen Straftat des Hochverrats bestraft werden konnten.[41]

Schlegelberger, Klemm und Oeschy wurden zu lebenslänglicher Haft, Lautz und Joel zu zehn Jahren und Rothenberger zu sieben Jahren Haft verurteilt. Insgesamt wurden zehn Angeklagte verurteilt und vier Angeklagte freigesprochen; ein Angeklagter beging Selbstmord, und ein anderer Angeklagter wurde wegen Verhandlungsunfähigkeit außer Verfolgung gesetzt.[42] Eine Exkulpation der Justizadministration und der Justiz in Form des Rückgriffs auf das maßnahmenstaatliche Normen- und Befehlsgefüge des NS-Regimes wurde ausgeschlossen. Entsprechend der Bestimmung des Art. 2 Ziff. 1 c des Kontrollratsgesetzes Nr. 10, daß Strafsanktionen für Mord, Ausrottung, Zwangsverschleppung und für andere, an der Zivilbevölkerung begangene unmenschliche Handlungen, für Verfolgung aus politischen, rassischen oder religiösen Gründen möglich sind, »ohne Rücksicht darauf, ob sie das nationale Recht des Landes, in welchem die Handlung begangen worden ist, verletzen«, wurde der in technisch-juristische Formen gekleidete Terror der Ahndung zugänglich – vom Nacht- und Nebel-Erlaß bis zur Verordnung über die Strafrechts-

39 Vgl. Susanne Benzler, »Justiz und Anstaltsmord nach 1945«, in: Redaktion Kritische Justiz (Hg.), *Die juristische Aufarbeitung des Unrechts-Staats*. Baden-Baden 1998, S. 383-411.

40 Peschel-Gutzeit, »Juristenurteil«, S. 211 f.

41 Ebd., S. 179 f.

42 Ebd., S. 247.

pflege gegen Polen: »Die Beschuldigung ist die der bewußten Teilnahme an einem über das ganze Land verbreiteten und von der Regierung organisierten System der Grausamkeit und Ungerechtigkeit unter Verletzung der Kriegsgesetze und der Gesetze der Menschlichkeit, begangen im Namen des Rechts, unter der Autorität des Justizministeriums mit Hilfe der Gerichte. Der Dolch des Mörders war unter der Robe der Juristen verborgen.«[43] Entsprechend wurden die für die Konzipierung und Praktizierung der verbrecherischen Normen Verantwortlichen exemplarisch zur Rechenschaft gezogen.

Die formelle Durchbrechung des Rückwirkungsverbots gegenüber gesetzlichem Unrecht ist – ganz im Gegensatz zur Argumentation der Verteidiger und der Angeklagten, die die Geltung der NS-Ausgrenzungsnormen uneingeschränkt aufrecht zu erhalten suchten[44] – gerade das Mittel, um wenigstens im nachhinein Rechtsstaatlichkeit gegenüber einer schrankenlosen Staatsgewalt durchzusetzen. Konsequenterweise wurde der geschäftsführende Justizminister Schlegelberger auch wegen der Mitwirkung an der Verordnung über die Strafrechtspflege gegen Polen und Juden von 1941 verurteilt.[45]

VI. Abwehr des Juristenurteils in der Justiz und der Öffentlichkeit

Zu Beginn der 60er Jahre – so hatten sich die Zeiten geändert – wurde gerade die Polenstrafrechtsverordnung als Grundlage für Einstellungsverfügungen gegenüber Staatsanwälten und Richtern herangezogen. Am 12. Juli 1960 stellte der Oberstaatsanwalt beim Landgericht Bamberg ein Verfahren gegen den Oberlandesgerichtsrat Riepenhausen, der am Sondergericht I in Leslau am 11. September 1942 einen Polen insbesondere wegen der »drohenden Erhebung eines großen Feldsteins gegen deutsche Behördenangehörige« nach Art. 1 Abs. 4 Ziff. 1 der Polenstrafrechtsverordnung zum Tode verurteilt hatte, mit folgender Begründung, genauer Rechtfertigung von NS-Terrornormen ein: »Der Tatbestand einer Rechtsbeugung wurde aber nicht schon dadurch erfüllt, daß der Richter die Polenstrafrechtsverordnung überhaupt anwandte. (...) Der im Urteil festgestellte Sachverhalt rechtfertigte die Anwendung der

43 Ostendorf, ter Veen, *»Nürnberger Juristenurteil«*, S. 140.
44 Ebd., S. 236 f. (Plädoyer des Verteidigers Kubuschok).
45 Ebd., S. 219.

Polenstrafrechtsverordnung. (...) Nach dem damals geltenden Gesetz läßt sich bei Berücksichtigung der damaligen Kriegsverhältnisse auch nicht feststellen, daß die ausgesprochene Strafe nicht vertretbar war.«[46] Im Rahmen der seit 1960 gezeigten Ausstellung »Ungesühnte Nazi-Justiz« – in Frankfurt am Main hatte sie der CDU-Bundestagsabgeordnete Franz Böhm eröffnet – waren von ihrem Initiator Reinhard M. Strecker 153 Anzeigen gegen NS-Staatsanwälte und -Richter gestellt worden; keine dieser Anzeigen hatte Erfolg.[47]

Der Blick des amerikanischen Gerichts auf die reale Stellung der Justiz in der NS-Diktatur war, anders als in der vorherrschenden, die NS-Justiz noch nachträglich legitimierenden Rechtsprechung, ungetrübt. Das Juristenurteil spricht von der »Nazifizierung der Justiz«. Diese Formel unterscheidet sich vollständig von der durch die Verteidiger im Nürnberger Verfahren ins Spiel gebrachten, lange Jahre in der Literatur aufrechterhaltenen Sicht, derzufolge die Justiz Opfer eines ihr fremden politischen Systems wurde.[48]

Wie in früheren Veröffentlichungen von Emigranten in den USA ging auch der Nürnberger Gerichtshof davon aus, daß Richter, die über politische Sachverhalte zu urteilen hatten, im NS-System keinerlei Unabhängigkeit gegenüber der politischen Führung besaßen. Sie waren vielmehr überwiegend überzeugter und aktiver Teil der politischen Repressions-Apparatur: »Die Unterstellung (halten wir) nicht für gerechtfertigt, daß Nazi-Richter Anspruch auf richterliche Immunität im Sinne der amerikanischen Lehre haben. Die Lehre, daß Richter für ihre richterlichen Handlungen nicht persönlich belangt werden können, basiert auf dem Begriff einer unabhängigen Richterschaft, die unparteiisch Recht spricht. Die Funktion der Nazi-Gerichte war nur in einem beschränkten Sinne richterlich. Sie erinnerten an Verwaltungsgerichtshöfe, die auf Grund höherer Weisungen auf quasi gerichtliche Art handelten.«[49]

Diese Erkenntnis, die dazu führen mußte, daß – wie dies dann der

46 Der Oberstaatsanwalt beim LG Bamberg v. 12.7.1960 – 2 Js 76/60 –, in: Wolfgang Koppel (Hg.), *Ungesühnte Nazi-Justiz. Hundert Urteile klagen ihre Richter an*. Hektographiert, Karlsruhe 1960, S. 56.

47 Ebd., S. 68 ff.; *Frankfurter Allgemeine Zeitung* (30.1.1962).

48 Weinkauff, »Deutsche Justiz«, S. 205. Weinkauff übernimmt der Sache nach die Sicht des Angeklagten Schlegelberger; zur Auseinandersetzung mit dem Selbstbild Schlegelbergers s. Peschel-Gutzeit, »Juristenurteil«, S. 146.

49 Ostendorf, ter Veen, »Nürnberger Juristenurteil«, S. 170.

Oberste Gerichtshof der Britischen Zone tatsächlich praktizierte – NS-Richter nicht das Richterprivileg nach § 336 StGB in Anspruch nehmen konnten, das für eine rechtsstaatliche, nicht aber für eine Justiz im Dienste der Diktatur gelten konnte, ging in der Judikatur der Bundesrepublik verloren. Die NS-Richter wurden so behandelt, als seien sie unabhängige Richter – mit der Folge, daß der schwierigere Nachweis der vorsätzlichen Rechtsbeugung jenes NS-Rechts, dem fraglos Geltung zugesprochen wurde, geführt werden mußte.[50]

Die Exkulpation der NS-Richter hat eine lange Vorgeschichte. Als das Nürnberger Juristenurteil am 3./4. Dezember 1947 erging, verschlechterten sich bereits die Bedingungen für dessen Rezeption in der westdeutschen Justiz und in der juristischen Öffentlichkeit, auch wenn Radbruch, trotz gewisser Einschränkungen im Grundsatz, das Urteil, insbesondere gegenüber Schlegelberger, begrüßte.[51] Es entstand nicht einmal der Versuch, das Juristenurteil aufzugreifen oder auch nur zu diskutieren.

Nur wenige Berichte und kurze Kommentare finden sich in der Fachpresse, die Dimension des Problems der Umwandlung der Justiz in eine Waffe der Diktatur wird nicht einmal in Ansätzen ins Auge gefaßt.[52] Das gleiche gilt auch für das Nürnberger Ärzte-Urteil. Auch hier setzt die Verdrängung auf allen Ebenen der Ärzteschaft, unter anderem angeführt durch Ferdinand Sauerbruch, sofort ein.[53]

Für die Wirksamkeit dieser Verdrängungsmechanismen ist ein ganzes Faktorenbündel verantwortlich. Die juristischen Interpretations-Eliten des NS-Regimes haben sich in weitem Maße 1947/48 wieder rekonstituiert. Das zeigt sich u. a. an der Propagierung und Durchsetzung der von Stödter und Grewe verfochtenen These, daß das Deutsche Reich mit der Kapitulation und den Folgeregelungen von 1945 nicht etwa untergegangen sei, sondern rechtlich weiter existiert habe – mit der Folge, daß damit

50 OGHSt 1, S. 272 f.; Vgl. Ingo Müller, »Die Verwendung des Rechtsbeugungstatbestandes zu politischen Zwecken«, in: *Kritische Justiz,* H. 2 (1984), S. 120-141; zur Übereinstimmung des Obersten Gerichtshofs der Britischen Zone und des amerikanischen Gerichts s. Rottleuthner, »Das Nürnberger Juristenurteil«, S. 619 f.

51 Gustav Radbruch, »Des Reichsjustizministeriums Ruhm und Ende. Zum Nürnberger Juristenprozeß«, in: *Süddeutsche Juristenzeitung* (1948), Sp. 57-62.

52 Wrobel, »Juristenprozeß«, S. 188 ff.; Bästlein, »Verurteilt zur Demokratie«, S. 23 ff.

53 Vgl. Rosemarie Stein, »Die Dokumentation der Verbrechen stieß auf Desinteresse«, in: *Frankfurter Allgemeine Zeitung* (29.10.1996); Michael Emmerich, »Sie wollten aufklären und dienten doch als Feigenblatt«, in: *Frankfurter Rundschau* (19.9.1997).

auch die Träger des Staatsapparates weiter einen Rechtsanspruch auf Weiterverwendung besitzen.[54]

Auch Staatsverbrechen werden nun mit unterschiedlichen Konstruktionen, hauptsächlich zugunsten von Akademikern, die in der Leitung von Einsatzgruppen und in der »Euthanasie«-Aktion operierten,[55] unter bestimmten Voraussetzungen für straffrei erklärt. Reinhart Maurach legitimiert im Einsatzgruppen-Prozeß die Tötungseinheiten unter dem Gesichtspunkt einer Inanspruchnahme eines Notwehrrechts gegenüber sog. totalen Kriegszielen des Gegners.[56] Mit dieser haltlosen Konstruktion bringt Maurach die strafrechtliche Verantwortung für die Aktionen der Ausrottungskommandos zum Verschwinden. Dabei steht die geschichtliche Tatsache fest, daß die Einsatzgruppen originäre, von der NS-Führung gesetzte Vernichtungsziele verfolgten, die vor dem Rußlandfeldzug von 1941 in Vereinbarungen zwischen dem Militär und der SS festgelegt wurden.[57] Hans Welzel bestreitet in einer Abhandlung über das irrende Gewissen von 1949, entgegen der Position etwa des Oberlandesgerichts Frankfurt in einem Verfahren gegen NS-»Euthanasie«-Täter, die Existenz evidenter Naturrechtssätze – gerade im Blick auf das Tötungsverbot.[58] Das hatte zur Folge, daß es für Welzel bei Teilnahme am Anstaltsmord einen unvermeidbaren Verbotsirrtum durchaus geben konnte.[59] Radbruch hatte noch kurze Zeit zuvor Rechtsblindheit beim Anstaltsmord für unbeachtlich erklärt. Nur dies macht Sinn. Sonst

---

54 Joachim Perels, »Die Restauration der Rechtslehre nach 1945«, in diesem Band m. w. Nachw.

55 Raul Hilberg, *Die Vernichtung der europäischen Juden*. Bd. 2 (1961). Frankfurt am Main 1990, S. 302; Reinhard Henkys, *Die nationalsozialistischen Gewaltverbrechen*. Stuttgart 1964, S. 61 ff.

56 Kazimierz Lesczynsky (Hg.), *Fall 9. Das Urteil zum Einsatzgruppenprozeß*. Berlin(-Ost), 1963, S. 91.

57 Hilberg, *Die Vernichtung der europäischen Juden*, S. 296 ff.

58 OLG Frankfurt/M., in: *Süddeutsche Juristenzeitung* (1947) Sp. 627; Hans Welzel, *Vom irrenden Gewissen*. Tübingen 1949, S. 26.

59 Hans Welzel, »Der Irrtum über die Rechtswidrigkeit des Handelns«, in: *Süddeutsche Juristenzeitung* (1948), Sp. 368-373; ders., »Urteilsanmerkung«, in: *Monatsschrift für Deutsches Recht* (1949), S. 376. Diese Eingrenzung des Strafanspruchs gegenüber Staatskriminalität fand ihre bemerkenswerte Entsprechung in der von Welzel im NS-Regime legitimierten, nahezu grenzenlosen Ausweitung der Zugriffskapazität der tyrannischen Strafgewalt auf das Innere der Menschen: s. Hans Welzel, »Persönlichkeit und Schuld«, in: *Zeitschrift für die gesamte Strafrechtswissenschaft*, H. 60 (1941), S. 428-463, hier: 461, Anm. 61 a.

könnte nur ein zweifelnder, nicht aber ein mit der NS-Ideologie identifizierter Täter zur Rechenschaft gezogen werden.[60]

Die personelle Zusammensetzung der Justiz hatte sich stark zugunsten der ehemaligen Richter und Staatsanwälte des NS-Regimes verschoben,[61] für die das Juristenurteil als drohende Selbstanklage wirken mußte. Nachdem das Gewicht der alten Interpretations-Eliten zunahm und das der justitiellen Gegenkräfte, etwa in Gestalt des Obersten Gerichtshofs der Britischen Zone, abnahm, an dessen Stelle der Bundesgerichtshof trat, der am Ende – 1956 – das technische Ausmerzungsrecht gegen Vertreter des politischen Widerstands rechtfertigte,[62] hatte das Juristenurteil wenig Chancen, ein positiver Teil der Rechtsgeschichte der Bundesrepublik zu werden.

Verstärkt wurde die Wahrnehmungssperre für die Rolle der Justiz im »Dritten Reich« durch starke politische Kräfte. Sie lösten übereinstimmend mit der herrschenden Rechtslehre legitimatorisch die Justiz aus dem sichtbaren Funktionszusammenhang der NS-Despotie heraus und deuteten sie in eine politisch unbefleckte Institution um. Auf dem Konstanzer Juristentag von 1947 erklärte der nordrhein-westfälische Justizminister Sträter (CDU) – übereinstimmend mit dem bayrischen Ministerpräsidenten Ehard (CSU), dem Präsidenten des württembergisch-badischen Verwaltungsgerichtshofs Schön und weiteren Repräsentanten der Justiz und der Rechtslehre –: »Der deutsche Richter in seiner Gesamtheit ist im Dritten Reich intakt geblieben, er hat nicht vor Hitler kapituliert.« Sträter behauptet gar: »In den Sondergerichten haben oft Männer gesessen, die unvorstellbares Leid verhindert haben.«[63]

Die gesamten Nürnberger Nachfolgeprozesse stießen in der politischen Öffentlichkeit – von der *Zeit* bis zu den Kirchen – überwiegend

---

60 Gustav Radbruch, Anm. zu OLG Frankfurt/M., in: *Süddeutsche Juristenzeitung* (1947), Sp. 634; Herbert Jäger, *Verbrechen unter totalitärer Herrschaft* (1967). Frankfurt am Main 1982, S. 183 ff.

61 Vgl. Joachim Reinhold Wenzlau, *Der Wiederaufbau der Justiz in Nordwestdeutschland 1945-1949*. Königstein 1979; Wrobel, »Verurteilt zur Demokratie«, S. 188 ff.; Müller, *Furchtbare Juristen*, S. 210 ff.

62 BGH, in: Christian Frederic Rüter u. a. (Hg.), *Justiz und NS-Verbrechen*. Bd. XIII. Amsterdam 1975, S. 352; s. hierzu Joachim Perels, »Die schrittweise Rechtfertigung der NS-Justiz«, in diesem Band m. w. Nachw.

63 Militärregierung des Französischen Besatzungsgebiets in Deutschland (Hg.), *Der Konstanzer Juristentag*. Tübingen 1947, S. 203; s. auch Wrobel, »Verurteilt zur Demokratie«, S. 200 ff.; Perels, »Restauration«, S. 364.

auf entschiedene Ablehnung.[64] Sie wurden aus der angemessenen moralischen und rechtlichen Wahrnehmung verbannt. Die Erkenntnis des Anteils der Funktionseliten – von der Justiz über die Ärzteschaft bis zur Wehrmacht – an der rechtszerstörenden Durchsetzung der NS-Herrschaft stand quer zum Prozeß der allmählichen Rekonstituierung des Bürgertums.

Hellmut Becker, Verteidiger im Wilhelmstraßen-Prozeß, führend beteiligt an der Amnestie-Kampagne für die in den Nürnberger Nachfolgeprozessen verurteilten Kriegsverbrecher, erklärte 1950 in einem Beitrag für den *Merkur*, daß die alliierten Prozesse »sorgfältig kalkulierte, politische Unternehmen« seien, die »nicht Ausdruck einer vorhandenen Rechtssituation« waren, sie zielten vielmehr darauf, »ganze repräsentative Schichten zu Verbrechern zu stempeln.«[65] Hanns Lilje, Bischof der größten lutherischen Landeskirche Deutschlands, der sich später für Generalfeldmarschall von Manstein, den Verantwortlichen für den Befehl zur »Ausrottung des jüdisch-bolschewistischen Systems«, einsetzte,[66] forderte 1949 einen geschichtlichen Schlußstrich: »Der Augenblick ist gekommen, mit der Liquidation unserer Vergangenheit zu einem wirklichen Abschluß zu kommen. Ich spreche nicht von der wichtigsten psychologischen Erkenntnis, daß es vier Jahre nach dem Abschluß des Krieges keinen rechten Sinn mehr hat, noch immer nach Vergeltung zu rufen. (...) Wir haben von Gott eine Frist bekommen für die Klärung unserer eigenen Vergangenheit. Nach menschlichem Urteil ist diese Frist vorbei. (...) Es kann ein tiefes Verständnis des Glaubens der Christen an die Vergebung der Sünden sein, wenn sich unsere Blicke von der Vergangenheit abwenden und entschlossen in die Zukunft richten.«[67] (Daß man die Vergebung der Sünden gleichsam selber in die Hand nimmt, ist freilich im *Neuen Testament* nicht vorgesehen.) Carl Schmitt schließlich, der die juristische Aufarbeitung des nationalsozialistischen Terrors als

64 Norbert Frei, *Vergangenheitspolitik. Die Anfänge der Bundesrepublik und die NS-Vergangenheit*. München 1996, S. 133 f.; *Die Zeit* (14.10.1948; 21.4.1949).

65 Hellmut Becker, »Gericht der Politik«, in: *Merkur*, H. 12 (1950), S. 1292-1308, hier: 1300; zur Rolle von Becker s. Frei, *Vergangenheitspolitik*, S. 177 ff., 300.

66 Leon Poliakov, Joseph Wulf, *Das Dritte Reich und seine Diener* (1956). München 1978, S. 451; Axel Wunderlich, *Die hannoversche Landeskirche und die Kriegsverbrecherfrage*, in: Jörg Calließ (Hg.), *»... daß Schuld auf unserem Wege liegt. Die Hannoversche Landeskirche im Nationalsozialismus«*. Rehburg-Loccum 1998, S. 292-304, hier: 302 f.

67 Hanns Lilje, »Die Kirche in der Friedlosigkeit unseres Volkes« (1949), in: H. Beckmann (Hg.), *Kirchliches Jahrbuch 1949*. Gütersloh 1950, S. 38-40, hier: 38 f.

»Verbrechen für die Menschlichkeit« denunziert hatte, konkretisiert 1950 in einem ungezeichneten Beitrag – mit dem Titel »Amnestie ist die Kraft des Vergessens« – in Liljes *Sonntagsblatt* das Postulat, sich von der Vergangenheit abzuwenden, mit der Forderung einer allgemeinen Straffreiheit für NS-Täter.[68]

VII. Abkehr der USA von den Positionen der Nürnberger Nachfolgeprozesse

Die lang andauernde Abwehr der Positionen des Nürnberger Urteils – der Diskontinuitätsthese im Blick auf die Neugründung eines neuen demokratischen Staats, der Funktionalität der Justiz für das NS-Regime, die Außerkraftsetzung maßnahmenstaatlicher Entwürdigungsnormen und der Feststellung individueller Verantwortung der Träger des Justizapparats – wurde dadurch befördert, daß die amerikanische Besatzungsmacht als zentraler Faktor für die Aufarbeitung der Vergangenheit in einem freilich widersprüchlichen Prozeß mehr und mehr ausfiel. Im Zuge der Beendigung der Entnazifizierung im Mai 1948, die schon im Zeichen der vollen Ost-West-Konfrontation stand, veränderte sich in den Vereinigten Staaten, in denen mittlerweile die Republikaner eine Mehrheit im Kongreß besaßen, in der Öffentlichkeit und in der Regierung die Bewertung der kriminellen Trägerschichten des NS-Regimes. Die Erkenntnis der inneren Verbindung der Funktionseliten der NS-Herrschaft wurde durch eine individualisierende Herangehensweise ersetzt, durch die die Trägerschichten aus dem Blick verschwanden und nur wenige kriminelle Einzelhandlungen übrig bleiben.[69] Diese Umdeutung der NS-Herrschaft erleichterte dann die Kooperation mit einstigen Funktionseliten des Regimes. Ein Vorbote hierfür war, daß die USA im

---

68 Carl Schmitt, »Amnestie – Urform des Rechts«, in: *Christ und Welt* (10.11.1949); ders., »Amnestie ist die Kraft des Vergessens«, in: *Sonntagsblatt* (15.1.1950); ders., *Glossarium. Aufzeichnungen der Jahre 1947-1951.* Berlin 1991, S. 282; vgl. Dirk v. Laak, *Gespräche in der Sicherheit des Schweigens. Carl Schmitt in der politischen Geistesgeschichte der frühen Bundesrepublik.* Berlin 1993; Joachim Perels, »Die Bewahrung der bürgerlichen Gesellschaft in der Zeit ihres tiefsten Sturzes. Carl Schmitts Positionen nach 1945«, in diesem Band.

69 Vgl. Lutz Niethammer, *Die Mitläuferfabrik* (1972). Berlin 1982, S. 489 f.; John Gimbel, *Amerikanische Besatzungspolitik in Deutschland 1945-1949.* Frankfurt am Main 1971, S. 218 f.; John H. Herz, »The Fiasco of Denazification in Germany«, in: *Political Science Quarterly* 63 (1948), S. 569-594.

Jahre 1947 – als die Nachfolgeprozesse noch liefen – den Gestapo-Chef von Lyon, Klaus Barbie, der auf der offiziellen Kriegsverbrecherliste der USA verzeichnet war, in ihrem Geheimdienst CIC zur Bekämpfung der Kommunisten kooptierten.[70] Die zu Beginn der 50er Jahre erfolgte Begnadigung der meisten in den Nürnberger Nachfolgeprozessen Verurteilten, die zunächst auf entschiedene Gegenwehr der westlichen Hohen Kommissare stieß,[71] war wesentlich darin begründet, daß für die militärische Integration der Bundesrepublik in den Westen die Kooperation mit den alten, zunächst bekämpften Oberschichten des Militärs, der Privatwirtschaft und der Bürokratie unabdingbar schien.

VIII. »Normalisierung« der Justizelite des NS-Regimes

Die Folgen dieser innen- und außenpolitischen Konstellation, die den Juristenprozeß für Jahrzehnte auf das Abstellgleis der Geschichte schob, sind fatal. Auch die Justiz hat Anteil daran, daß die frühe Bundesrepublik auf den ungesühnten Leibern der vom NS-Regime Getöteten errichtet wurde. Die von den USA verurteilten Träger der maßnahmenstaatlichen Justizgewalt des NS-Regimes wurden in Vertreter eines normalen Staates verwandelt. Mit gewissen Abstufungen wurden ihnen daher Pensionsansprüche gegenüber dem neuen demokratischen Staat zugesprochen.[72] Selbst Roland Freisler, der die Mordmaschine des Volksgerichtshofs lenkte, und der, hätte er überlebt, in Nürnberg ebenfalls zur Rechenschaft gezogen worden wäre,[73] wurde vom Versorgungsamt I in München mit Billigung des bayerischen Sozialministeriums – im Blick auf eine zusätzliche Schadensausgleichsrente seiner Witwe – 1974 zuerkannt, daß er Träger normaler Staatsfunktionen war, der nicht etwa vor Gericht gestellt worden wäre, sondern nach 1945 als Rechtsanwalt oder Beamter im höheren Dienst tätig geworden wäre.[74]

Deutsch-amerikanische Emigranten, die die Entwicklung der Bundesrepublik mit kritischer Aufmerksamkeit betrachteten, wie Karl Loewenstein, diagnostizierten schon früh das rechtsstaatlich-demokratische Grunddefizit im Justizapparat der frühen Bundesrepublik. Loewenstein

70 Allan A. Ryan jr., *Klaus Barbie and the United States Government. A Report to the Attorney General of the United States.* Hektographiert, o. J. (1983).

71 Frei, *Vergangenheitspolitik*, S. 213, 286.

72 Müller, *Furchtbare Juristen*, S. 211; Bästlein, »Verurteilt zur Demokratie«, S. 29 ff.

73 Taylor, *Die Nürnberger Prozesse*, S. 61.

74 *Hannoversche Allgemeine Zeitung* (14.2.1985).

schrieb in einem bis heute nicht ins Deutsche übersetzten amerikanischen Sammelband zu Beginn der 50er Jahre: »Es ist unwahrscheinlich, und vielleicht menschlich unmöglich, daß die gegenwärtige Generation von Richtern und Staatsanwälten, die die Nazi-Gesetze mit einer unbegrenzten Loyalität anwandten, weil es sich dabei um staatlich angeordnetes Recht handelte, in der Lage sein könnten, eine tiefe intellektuelle Wandlung durchzuführen, um von ihrer bisherigen Position Abstand zu nehmen. An diesem Punkt zeigt sich das Fehlschlagen der Entnazifizierungspolitik, die sich noch eine lange Zeit auswirken wird.«[75] Die NS-Diktatur erscheint als gleichsam lebender Schatten. Dies schlägt sich in Formen der Ungleichbehandlung der Verbrechen des NS-Staates und »gewöhnlicher« krimineller Akte nieder: Die Einäugigkeit der politischen Justiz von Weimar wird von der Justiz der Bundesrepublik im Umgang mit NS-Tätern vielfach überboten.[76]

---

75 Karl Loewenstein, »Justice«, in: Edward H. Lichfield (Hg.), *Governing Postwar Germany.* Ithaca 1953, S. 234-255, hier: 254.

76 Vgl. die Urteilsanalysen von Susanne Benzler, Stefan Wittke, Falko Kruse und Bettina Nehmer in: Redaktion Kritische Justiz (Hg.), *Die juristische Aufarbeitung des Unrechts-Staats.* Baden-Baden 1998, S. 383-412, 547-594, 595-619, 635-668.

Die Restauration der Rechtslehre

Nach der militärischen Niederwerfung des nationalsozialistischen Terrorstaates wurde der weitüberwiegende Teil seiner Trägerschichten in der Justiz und in den juristischen Fakultäten in die neu konstituierte demokratische Verfassungsordnung Westdeutschlands übernommen.[1] Daß dies die Entwicklung demokratischen Rechtsdenkens mit einer strukturellen Hypothek belastete, rückte kaum ins allgemeine Bewußtsein. Zwar existieren einige nützliche Detailuntersuchungen zum Problem der personellen Kontinuität der juristischen Funktionselite des »Dritten Reiches« und zur Frage der Kontinuität einzelner Rechtskonstruktionen im öffentlichen Recht und im Arbeitsrecht.[2] Es fehlt aber eine Gesamtanalyse, welche die aus diesen Kontinuitätsstrukturen folgenden Konsequenzen für die Ausbildung eines umfassenden bürgerlich-restaurativen Rechtsbegriffs und einer ihm entsprechenden Rechts-

---

1 Joachim Reinhold Wenzlau, *Der Wiederaufbau der Justiz in Nordwestdeutschland 1945-1949.* Königstein 1979; Johannes Feest, »Die Bundesrichter. Herkunft, Karriere und Auswahl der juristischen Elite«, in: Wolfgang Zapf (Hg.), *Beiträge zur Analyse der deutschen Oberschicht.* 2. Aufl., München 1965, S. 95-113; Roderich Wahsner, »Das Arbeitsrechtskartell. Die Restauration des kapitalistischen Arbeitsrechts in Westdeutschland nach 1945«, in: *Kritische Justiz,* H. 4 (1974), S. 369-386; Helmut Fangmann, »Die Restauration der herrschenden Staatsrechtswissenschaft nach 1945«, in: Udo Reifner (Hg.), *Das Recht des Unrechtsstaates.* Frankfurt am Main 1981, S. 211-268.

2 Vgl. etwa Dieter Deiseroth, »Kontinuitätsprobleme der deutschen Staatsrechtslehre(r)?«, in: Wolfgang Abendroth, Bernhard Blanke, Ulrich K. Preuß u. a., *Ordnungsmacht? Über das Verhältnis von Legalität, Konsens und Herrschaft.* Hg. v. Dieter Deiseroth, Friedhelm Hase, Karl-Heinz Ladeur. Frankfurt am Main 1981, S. 85-111; Jürgen Seifert, »Vereinigungsfreiheit und hoheitliche Verrufserklärungen«, in: Joachim Perels (Hg.), *Grundrechte als Fundament der Demokratie.* Frankfurt am Main 1979, S. 157-181, bes. 178, Anm. 29; Wolfgang Abendroth, »Innergewerkschaftliche Willensbildung, Urabstimmung und ›Kampfmaßnahme‹ (1959)«, in: ders., *Antagonistische Gesellschaft und politische Demokratie.* 2. Aufl., Neuwied 1972, S. 251-271, bes. 257-260; Thilo Ramm, »Sozialadäquanztheorie und freiheitlich-sozialer Rechtsstaat«, in: *Arbeit und Recht* (1966), S. 163 f.

praxis systematisch behandelte.[3] Daß eine derartige Untersuchung bisher nicht existiert, hängt mit erfolgreichen, noch immer fortwirkenden Verdrängungsprozessen zusammen. Die ernstliche Erörterung des Problems, daß die juristischen Interpretationseliten der Diktatur zu denen der Demokratie wurden, hätte zu einem Legitimationsverlust der rechtlichen Entscheidungsprozesse der frühen Bundesrepublik geführt. So blieb diese Fragestellung ein Tabu und damit auch der Forschung nahezu durchgängig entzogen.

Wenn von der restaurativen Rechtslehre gesprochen wird, so nötigt die jüngere Literatur, die den Restaurationsbegriff für die Kennzeichnung des politischen und gesellschaftlichen Systems in Westdeutschland mit der Begründung verwirft, mit ihm werde der demokratische und rechtsstaatliche Neubeginn der Bundesrepublik polemisch verfehlt,[4] zu der näheren Bestimmung dieses Begriffs. In der Tat muß er, zumal für die Ausformung der Rechtslehre, präziser gefaßt werden.

Restauration im klassischen Sinne, etwa die Restauration monarchischer Strukturen unter den Stuarts in England in der zweiten Hälfte des 17. Jahrhunderts oder die Metternichsche Restauration legitimistischer Ordnungsprinzipien in der ersten Hälfte des 19. Jahrhunderts, meint die Wiederherstellung des gesellschaftlichen, politischen und verfassungsrechtlichen Systems, das durch eine demokratische Gegenbewegung umgewälzt werden sollte.[5] Dieses Theorem läßt sich auf den Entwicklungsprozeß nach 1945 nicht unmittelbar, sondern nur in differenzierter

3 Vgl. aber die wichtigen Vorarbeiten: Michael Kirn, *Verfassungsumsturz oder Rechtskontinuität? Die Stellung der Jurisprudenz nach 1945 zum Dritten Reich, insbesondere die Konflikte um die Kontinuität der Beamtenrechte und Art. 131 Grundgesetz.* Berlin 1972; Bruno Distelkamp, »Rechts- und verfassungsgeschichtliche Probleme zur Frühgeschichte der Bundesrepublik Deutschland«, in: *Juristische Schulung* (1980), S. 401-405, 481-485, 790-796, *Juristische Schulung* (1981), S. 96, 409-412, 488-494; Michael Stolleis, »Rechtsordnung und Justizpolitik 1945-1949«, in: *Europäisches Rechtsdenken in Geschichte und Gegenwart.* Festschrift f. Helmut Coing. Bd. I. München 1982, S. 383-407.

4 Werner Conze, »Staats- und Nationalpolitik. Kontinuitätsbruch und Neubeginn«, in: ders., M. Rainer Lepsius (Hg.), *Sozialgeschichte der Bundesrepublik Deutschland. Beiträge zum Kontinuitätsproblem.* Stuttgart 1983, S. 441-467, bes. 462 f.; differenzierter: Jürgen Kocka, »Restauration oder Neubeginn? Deutschland 1945-1949«, in: *L'76. Demokratie und Sozialismus,* H. 11 (1979), S. 112-136; Richard Löwenthal, »Dauer und Verwandlung«, in: ders., H. P. Schwarz (Hg.), *Die zweite Republik.* Stuttgart 1974, S. 9-24, bes. 9 f.

5 Vgl. Theo Pirker, *Die verordnete Demokratie. Grundlagen und Erscheinungen der ›Restauration‹.* Berlin 1977, S. 26 ff.

Weise beziehen. Denn »Restauration« kann nicht die Rekonstruktion der politischen und rechtlichen Herrschaftsbeziehungen des NS-Systems bedeuten. Institutionell wird ja eine rechts- und sozialstaatlich verfaßte Demokratie geschaffen. Die konkrete Geltungsform der neuen Rechtsordnung wird jedoch in den Bereichen, in denen das Weiterbestehen der bürgerlichen Gesellschaft und ihres Staatsapparats gefährdet erscheint, einem rückwärtsgewandten Vorbehalt unterstellt. Dies geschieht durch die weitgehende – allerdings durch das Bundesverfassungsgericht der fünfziger Jahre auch eingeschränkte – Interpretationsmacht der konservativen juristischen Funktionseliten, die zumeist die Diktatur des NS-Staates mitgetragen hatten. In der verdeckten und offenen Auseinandersetzung mit der 1945/46 von den Alliierten und deutschen politischen Kräften getragenen Tendenz, die Kontinuität des Systems der NS-Diktatur und der durch sie gesicherten gesellschaftlichen Grundlagen mittels der Auswechselung zentraler Trägerschichten des »Dritten Reiches« zu unterbrechen,[6] bilden sich bestimmte juristische Denkfiguren heraus, die sich zu einem restaurativen Rechtsbegriff zusammenfügen.[7] Wesentlich vier unterschiedliche, aber zusammenhängende Momente machen die Totalität dieses restaurativen Rechtsbegriffs aus:

Zum einen werden Konstruktionen entworfen, die zu verhindern su-

---

6 Alfons Söllner (Hg.), *Zur Archäologie der Demokratie in Deutschland. Analysen amerikanischer Emigranten im amerikanischen Geheimdienst. Bd. 1: 1943-1945.* Frankfurt am Main 1982; Dörte Winkler, »Die amerikanische Sozialisierungspolitik in Deutschland 1945-1948«, in: Heinrich August Winkler (Hg.), *Politische Weichenstellungen im Nachkriegsdeutschland 1945-1953. Geschichte und Gesellschaft*, Sonderheft 5, Göttingen 1979, S. 88-110, bes. 90 f.; »Potsdamer Abkommen vom 2. August 1945, Abschnitt III«, in: *Keesings Archiv der Gegenwart* (1945), S. 345 f.; »Manifest der demokratischen Sozialisten des ehemaligen Konzentrationslagers Buchenwald vom 13. April 1945«, in: Wolfgang Abendroth, *Aufstieg und Krise der deutschen Sozialdemokratie*. Frankfurt am Main 1964, S. 123-127; »Aufruf des Zentralkomitees der KPD vom 11. Juni 1945 an das deutsche Volk zum Aufbau eines antifaschistisch-demokratischen Deutschlands«, auszugsweise abgedruckt in: Ernst Ulrich Huster u. a., *Determinanten der westdeutschen Restauration*. Frankfurt am Main 1972, S. 356-362; Viktor Agartz, »Sozialistische Wirtschaftspolitik. Referat auf dem Parteitag der SPD in Hannover im Mai 1946«, auszugsweise abgedruckt ebd., S. 370-382; »Das Ahlener Wirtschaftsprogramm der CDU für Nordrhein-Westfalen«, ebd., S. 424-429.

7 Zum Restaurationsbegriff vgl. vor allem Walter Dirks, »Der restaurative Charakter der Epoche«, in: *Frankfurter Hefte*, H. 9 (1950), S. 942-954; Eugen Kogon, »Beinahe mit dem Rücken zur Wand«, in: *Frankfurter Hefte*, H. 9 (1954), S. 641-645; Theodor W. Adorno, »Was bedeutet: Aufarbeitung der Vergangenheit (1959)«, in: ders., *Eingriffe*. Frankfurt am Main 1963, S. 125-146.

chen, daß es zu einer Diskontinuität zwischen dem Staatsapparat der NS-Diktatur und der neukonstituierten Demokratie kommt (I);

zum anderen werden Exkulpationslehren entwickelt, welche die Beteiligung bürgerlicher Funktionsgruppen (Richtern und Ärzten) an der Terrorpraxis des NS-Staates in weitem Maße der Ahndung zu entziehen vermögen (II);

sodann werden die in der Verfassung der Bundesrepublik festgelegten rechtsstaatlichen, durch politische Freiheitsrechte gesicherten Begrenzungen der Staatsgewalt zur Erweiterung der Zugriffsmöglichkeiten auf den »inneren Feind« interpretativ gelockert (III);

parallel dazu werden schließlich Argumentationsmuster eingeführt, durch die Verfügungen des demokratischen Gesetzgebers über die gesellschaftlichen Grundlagen – also die legale Überwindung der das NS-System fundierenden ökonomischen Ordnung – erschwert, ja tendenziell ausgeschlossen werden können (IV).

Für die Wiederherstellung der bürgerlichen Gesellschaft nach 1945 hatte der restaurative Rechtsbegriff insofern besondere Bedeutung, als er die Partikularinteressen der an einer weitgehenden Kontinuität interessierten Schichten von Besitz und Bildung, von Administration und Justiz methodisch in die Form eines jeden verpflichtenden allgemeinen Rechts hüllte, das damit um so stärkere Legitimations- und Durchsetzungskraft erzielen konnte. Die Entwicklung der Bundesrepublik wurde von den Formen dieses restaurativen Rechtsbegriffs nachhaltig geprägt; im überwiegenden Teil der Lehre und der Rechtsprechung wirkt er bis heute weiter. Daher ist die – notwendigerweise zunächst skizzenhafte – Aufarbeitung der Bestimmungsmomente des restaurativen Rechtsbegriffs keineswegs von antiquarischem Interesse.

Die Entwicklung des restaurativen Rechtsbegriffs wird an Hand einzelner theoretischer Leitfiguren der Rechtslehre exemplarisch nachgezeichnet – ohne Anspruch auf eine auch nur in Ansätzen vollständige Analyse der juristischen Disziplinen und Denkrichtungen. Die Repräsentanten der Rechtslehre erscheinen nicht als unmittelbare, gar »böswillige« Subjekte des Restaurationsprozesses; sie sind gedankliche Träger realer geschichtlicher Tendenzen. Ihre rechtstheoretischen Konstruktionen werden auf das politische Strukturproblem staatlicher und sozialer Neuordnung nach 1945 bezogen, das in den juristischen Interpretationen meist nicht direkt sichtbar ist. Die Untersuchung beschränkt sich auf Tendenzen der Rechtslehre, auch wenn einige Hinweise auf deren Auswirkungen auf die Rechtsprechung gegeben werden.

I. Legitimation der Rekonstruktion des alten Staatsapparats

Die von den Alliierten nach 1945 intendierte Zerschlagung des NS-Systems vollzog sich in einem zusammenhängenden Bündel von Rechtskonstruktionen. Angeleitet durch zwei grundlegende, in der führenden juristischen Zeitschrift der USA veröffentlichte Aufsätze von Hans Kelsen, den die Nazis ins Exil getrieben hatten, wurde davon ausgegangen, daß die Niederwerfung des Nationalsozialismus nicht bloß zu einer Besetzung eines im übrigen intakt gebliebenen Staates geführt habe.[8] Durch die – entsprechend der Berliner Deklaration vom 5 . Juni 1945[9] – von den Alliierten ausdrücklich übernommene oberste Staatsgewalt sei die Folge eingetreten, daß das Deutsche Reich als Staat untergegangen und an dessen Stelle ein Kondominium der Alliierten getreten sei. In der Tat bestand zwischen einer militärischen Besetzung, welche – der Haager Landkriegsordnung folgend – die Institutionen des besiegten Staates prinzipiell bestehen läßt, und der Übernahme sämtlicher staatlicher Funktionen – der legislativen, exekutiven und judikativen – durch die Siegermächte von 1945 eine unabweisbare Differenz. So war es kein Zufall, daß die Interpretation Kelsens in der Völkerrechtslehre 1945/46 und im Selbstverständnis der Alliierten weithin Anklang fand,[10] weil sie das neue Phänomen einer über die militärische Niederkämpfung hinausgehenden Totalübernahme und Neukonstitution der bisherigen Staatsgewalt theoretisch zutreffend erfaßte. Kelsen selbst brachte die mit dieser juristischen Deutung verbundene politische Intention der Alliierten

8 Hans Kelsen, »The International Legal Status of Germany to be established immediately upon Termination of the War«, in: *American Journal of Law*, Bd. 38 (1945), S. 689-694; ders., »The Legal Status of Germany According to the Declaration of Berlin«, ebd., Bd. 39 (1945), S. 518-526.

9 *Keesings Archiv der Gegenwart*, (1945), S. 257.

10 Rolf Stödter, *Deutschlands Rechtslage*. Hamburg 1948, S. 36 ff., 52 Anm. 42 m. w. Nachw. In Deutschland wurde diese Interpretation aufgegriffen von Jürgen v. Kempski, »Deutschland als Völkerrechtsproblem«, in: *Merkur*, H. 2 (1947), S. 188-194; Wolfgang Abendroth, »Die Haftung des Reiches, Preußens, der Mark Brandenburg und der Gebietskörperschaften des öffentlichen Rechts für Verbindlichkeiten, die vor der Kapitulation vom 8.5.1945 entstanden sind«, in: *Neue Justiz*, H. 4/5 (1947), S. 73-81; Hans Nawiasky, *Die Grundgedanken des Grundgesetzes für die Bundesrepublik Deutschland*. Stuttgart 1950, S. 7 ff.; vgl. auch die Diskussionsbeiträge von Abendroth und Nawiasky auf der Staatsrechtslehrertagung von 1954 zum Thema: »Der deutsche Staat im Jahre 1945 und seither«, in: *Veröffentlichungen der Deutschen Staatsrechtslehrer*, H. 13 (1955), S. 59-63, 64-67.

äußerst klarsichtig im Sinne einer vollständigen organisatorischen Diskontinuität zwischen der Nazi-Despotie und dem neu zu gründenden demokratischen deutschen Staat zum Ausdruck:

»Nachdem die Periode des Kondominiums beendet ist und die Souveränität Deutschlands wiederhergestellt ist, wäre Deutschland *rechtlich* ein neuer Staat. Es bestünde keine Kontinuität zwischen dem zerstörten Nazi-Staat und dem neuen demokratischen Deutschland. Die neue Konstitution des souveränen Deutschlands wäre nicht das Resultat eines konstitutionellen Wandels innerhalb der Nazi-Verfassung, sondern der Beginn eines neuen Verfassungslebens. Nur als ein Gemeinwesen, das durch keine legalen Verbindungen mit Nazi-Deutschland verknüpft ist, sollte das demokratische Deutschland in die internationalen Organisationen nach diesem Krieg eintreten.«[11]

Durch die Konstruktion des Untergangs des deutschen NS-Reichs waren unmittelbar die Träger des alten Staatsapparats betroffen: Indem das Rechtssubjekt Deutsches Reich wegfiel, an das die Beamtenschaft juristisch gebunden war,[12] wurde die Kontinuität des überkommenen Staatsapparats unwiderruflich unterbrochen. Dem entsprach die Rechtspraxis der Alliierten und der von ihnen sich herleitenden Gesetzgebung der Länder. Führende Beamte der NS-Diktatur wurden aus ihren Stellungen endgültig entlassen: zunächst etwa 53.000 Personen.[13] So hieß es beispielsweise in einem Beschluß des Staatsministeriums von Württemberg-Baden vom 5. Dezember 1946, der die Kontrollratsdirektive Nr. 24 vom 12. Januar 1946[14] ausführte:

»Beamte, die durch die Militärregierung, auf Befehl der Militärregierung oder sonst aus politischen Gründen aus ihrer Stellung entfernt worden sind, gelten nach der ausdrücklichen und verbindlichen Anweisung

---

11 Kelsen, »The International Legal Status of Germany«, S. 693, Hervorhebung von Kelsen. Zur Position von Kelsen vgl. auch die detaillierte Darstellung von Distelkamp, »Frühgeschichte der Bundesrepublik«, in: *Juristische Schulung* (1980) S. 481 ff.

12 Vgl. Ulrich Scheuner, »Die staatsrechtliche Kontinuität in Deutschland«, in: *Die Öffentliche Verwaltung,* (1950), S. 481-516. Von der Gegenposition ausgehend sprach Scheuner davon, »daß das Reich als Dienstherr der Reichsbeamten erhalten geblieben ist«, S. 484.

13 Lutz Niethammer, »Zum Verhältnis von Reform und Rekonstruktion in der Zone am Beispiel der Neuordnung des öffentlichen Dienstes«, in: Wolf-Dieter Narr, Dietrich Thränhardt (Hg.), *Die Bundesrepublik Deutschland. Entstehung, Entwicklung, Struktur.* Königstein 1979, S. 47-59, bes. 52. Die Zahl bezieht sich auf die Westzonen.

14 *Amtsblatt des Kontrollrats,* Nr. 5 (1946), S. 30.

der Militärregierung als entlassen mit der Folge des Verlusts ihrer sämtlichen Beamtenrechte.«[15]

Über die völkerrechtliche Diskontinuitätstheorie und ihre innerstaatliche Durchsetzung hinaus vollzog die alliierte Gesetzgebung den rechtlichen und politischen Bruch mit dem NS-Staat neben der Aburteilung der Kriegsverbrecher vor allem damit, die terroristische Staatspraxis im Inneren wegen der systematischen Verletzung menschenrechtlicher Kerngarantien zu ahnden. Das Ziel war, die Exekutoren despotischer Staatlichkeit nicht bloß politisch auszuschalten, sondern mit ihrer Verurteilung zivilisatorische Mindeststandards als rechtlich unaufhebbar festzuhalten. Als Instrument hierfür fungierte das Kontrollratsgesetz Nr. 10 vom 20. Dezember 1945[16] mit dem Tatbestand der Verbrechen gegen die Menschlichkeit (Art. II Ziff. 1c). Sie wurden definiert als »Gewalttaten und Vergehen (...) : Mord, Ausrottung, Versklavung, Zwangsverschleppung, Freiheitsberaubung, Folterung, Vergewaltigung oder andere an der Zivilbevölkerung begangene unmenschliche Handlungen; Verfolgung aus politischen, rassischen oder religiösen Gründen, ohne Rücksicht darauf, ob sie das nationale Recht des Landes, in welchem die Handlung begangen worden ist, verletzen.«

Die Zielsetzung der Alliierten, die Berufung auf das nationalsozialistische Rechtssystem abzuschneiden, weil es im Kern – mit den Worten von Franz Neumann – »nichts anderes war als eine Technik zur Manipulierung der Massen durch Terror«[17], fand auf deutscher Seite ihre Entsprechung in Gustav Radbruchs 1946 entwickeltem Theorem vom »gesetzlichen Unrecht«. Radbruch schrieb:

»Wenn Gesetze (...) Menschenrechte (...) nach Willkür gewähren und versagen, dann fehlt diesen Gesetzen die Geltung, dann schuldet das Volk ihnen keinen Gehorsam, dann müssen auch Juristen den Mut finden, ihnen den Rechtscharakter abzusprechen.«[18]

Radbruch gab ähnlich wie die Aufzählung im Kontrollratsgesetz Nr. 10 Beispiele für gesetzliches Unrecht:

---

15 Zit. nach Walter Jellinek, »Beamtenrechtliche Ansprüche entlassener Beamter in der amerikanischen Zone nach rechtskräftig abgeschlossenem Spruchkammerverfahren«, in: *Die Öffentliche Verwaltung,* (1949), S. 67.

16 *Amtsblatt des Kontrollrats,* Nr. 3 (1946), S. 22.

17 Franz Neumann, *Behemoth. Struktur und Praxis des Nationalsozialismus (1942/44).* Hg. v. Gert Schäfer. Köln 1977, S. 530.

18 Gustav Radbruch, »Rechtsphilosophische Besinnung« (1945), in: ders., *Der Mensch im Recht.* 2. Aufl., Göttingen 1961, S. 106.

»Wenn die Ermordung politischer Gegner geehrt, der Mord an Andersrassigen geboten (...) wird, so ist das weder Gerechtigkeit noch Recht.« »Der Rechtscharakter fehlt (...) allen jenen Gesetzen, die Menschen als Untermenschen behandelten.«[19]

Die Konstruktion der »Verbrechen gegen die Menschlichkeit« und des »gesetzlichen Unrechts« entzog dem maßnahmenstaatlichen NS-Recht dadurch radikal die Legitimationsgrundlage, daß dessen rechtlich bindende Qualität nicht anerkannt und so die Geltung der nazistischen Unterdrückungs- und Diskriminierungsnormen von Anbeginn außer Kraft gesetzt wurde. Damit war der Weg für eine juristische Aufarbeitung staatlich organisierter Willkür geöffnet.

Etwa Ende 1946 aber begann sich die politische Gesamtsituation in Deutschland im Zuge des Kalten Krieges zu ändern. Die von den USA dominierte Politik der Westalliierten tendierte immer stärker in Richtung auf die Restabilisierung des privaten Wirtschaftssystems[20] und der – besonders von Fraktionen der amerikanischen Industrie von 1947 an propagierten – schrittweisen Beendigung der entnazifizierenden Ausschaltung der ökonomischen und administrativen Oberschichten,[21] auch wenn die anglo-amerikanischen Besatzungsmächte am Programm einer – schließlich gescheiterten – demokratischen Strukturreform des öffentlichen Dienstes noch länger festhielten.[22] So bekamen die Interessen der

19 Ebd.; Gustav Radbruch, »Gesetzliches Unrecht und übergesetzliches Recht« (1946), ebd., S. 105-124, hier: 120. Die Konsequenzen, die für Radbruch aus dieser Grundposition folgten, sind freilich ambivalent: Richter, die gesetzliches Unrecht praktizierten, begingen zwar »objektiv Rechtsbeugung« (S. 123). Ihren Vorsatz zur Rechtsbeugung zog Radbruch aber in Frageform in Zweifel: »Konnten Richter, die von dem herrschenden Positivismus soweit verbildet waren, daß sie ein anderes als das gesetzte Recht nicht kannten, bei der Anwendung positiver Gesetze den Vorsatz der Rechtsbeugung haben?« (ebd.). Allerdings blieb Radbruch hierbei nicht stehen: Rechtsblindheit gegenüber gesetzlichem Unrecht schloß für ihn den Vorsatz nicht aus: Anm. zu OLG Frankfurt/M, in: *Süddeutsche Juristenzeitung,* (1947), Sp. 634. Vgl. hierzu Ingo Müller, »Die Verwendung des Rechtsbeugungstatbestands zu politischen Zwecken«, in: *Kritische Justiz,* H. 2 (1984), S. 119-141, bes. 120 f.

20 Eberhard Schmidt, *Die verhinderte Neuordnung*. Frankfurt am Main 1970, S. 150 ff.; Winkler, *Sozialisierungspolitik*, macht auf wichtige Gegentendenzen innerhalb der amerikanischen Regierung – vor allem im Außenministerium – aufmerksam, die sich allerdings gegenüber der prokapitalistischen Politik des Militärgouverneurs der USA, Lucius D. Clay, nicht durchzusetzen vermochten.

21 Lutz Niethammer, *Die Mitläuferfabrik. Die Entnazifizierung am Beispiel Bayerns*. 2. Aufl., Berlin 1982, S. 486 ff.

22 Wolfgang Benz, »Versuche zur Reform des öffentlichen Dienstes in Deutschland 1945-1952«, in: *Vierteljahreshefte für Zeitgeschichte*, H. 2 (1981), S. 216-245.

einstigen staatlichen Funktionsträger des »Dritten Reiches« im gesellschaftlichen Kräftespiel wieder ein größeres Gewicht.[23] Entsprechend wurde das rechtswissenschaftliche Denken in den Kategorien der fundamentalen Diskontinuität zwischen dem Staatsapparat der NS-Diktatur und der neu konstituierten Demokratie in wesentlichen Bereichen in die Defensive gedrängt.

Für die Charakterisierung des Rechtssystems unter dem Nationalsozialismus wurde – übereinstimmend mit dem nun in den Vordergrund rückenden liberalkonservativen Flügel der amerikanischen Regierung[24] – die legitimatorische Generalthese entwickelt, daß sowohl die Justiz als auch die juristischen Interpretationseliten der NS-Diktatur keine Verantwortung für die terroristische Struktur des Regimes trügen, sondern allein die engere politische Führung.

Repräsentativ für das herrschende Bewußtsein der damaligen Rechtswissenschaft verfocht Eberhard Schmidt zusammen mit anderen Universitätslehrern auf dem Godesberger Juristentag von 1947 diese These. Mit starker Betonung erklärte er: »Nicht die Justiz, sondern ganz allein der Gesetzgeber hatte die Fahne des Rechts verlassen. Und mit der Verantwortung für die Folgen dürfen heute weder Rechtslehre noch Justiz beladen werden, da diese ganz allein den um jeden rechtlichen Halt gekommenen Gesetzgeber trifft.«[25]

Was für die Justiz unterstellt wurde, das galt aus dieser Sicht für den gesamten Beamtenapparat des »Dritten Reiches«. In einer schon 1946 weitgehend abgeschlossenen, aber erst 1949 veröffentlichten Schrift behauptete einer der führenden konservativen Beamtenrechtler, Carl Hey-

---

23 Vgl. die eindringliche, zeitgenössische Schilderung dieses Prozesses durch den seit 1946 im hessischen Justizministerium tätigen sozialdemokratischen Ministerialdirektor Kurt Oppler, in: Helga Grebing (Hg.), *Lehrstücke in Solidarität. Briefe und Biographien deutscher Sozialisten 1945-1949*. Stuttgart 1983, S. 290 ff.

24 Niethammer, *Die Mitläuferfabrik*, S. 34 ff., S. 490.

25 Eberhard Schmidt, »Unabhängigkeit der Rechtspflege«, in: *Tagung Deutscher Juristen Bad Godesberg 30. September/1. Oktober 1947. Reden und Vorträge*. Hamburg 1947, S. 223-251, hier: 231; ebenso: Emil Niethammer, »Der Kampf um die Wahrheit im Strafverfahren«, ebd., S. 184-199, hier: 196: »Die weit überwiegende Mehrzahl der deutschen Richter versah (...), ohne sich vom rechten Weg ablenken zu lassen, das richterliche Amt auch fernerhin pflichtbewußt und treu im reinen Streben nach Wahrheit und Gerechtigkeit. Das traf auch auf Richter zu, die in besonderen Gerichten über verbrecherische staatsfeindliche Betätigungen oder staatsgefährliche Bestrebungen zu urteilen hatten.« Eberhard Schmidt behielt seine unkritische Bewertung der Rolle der Justiz im Dritten Reich im wesentlichen bei: ders., *Lehrkommentar zur StPO und zum GVG*. 2. Aufl., Göttingen 1964, Rdn. 494 Anm. 329.

land, daß die Beamten unabhängig von der jeweils geltenden demokratischen oder diktatorischen Verfassung allein der sogenannten »Staatsidee« gedient hätten. Derart wurde ihre Rolle im NS-Staat unangreifbar, weil sie mit der politischen Diktatur vorgeblich nichts zu tun hatten:

»Das Aufgehen in der über den Parteien stehenden Staatsidee hat dem deutschen Beamten die Kraft verliehen, unter jedem in Deutschland herrschenden politischen System, in der absoluten und konstitutionellen Monarchie, in der demokratisch-parlamentarischen Republik wie im nationalsozialistischen Führerstaat in vorbildlicher Pflichterfüllung und Selbstlosigkeit zu dienen.«[26]

Wenn man sich die Entfernung von Sozialdemokraten, Freimaurern, Liberalen und Juden aus dem Staatsdienst, die exzeßhafte Anwendung der Hochverratsbestimmungen gegen die politische Opposition, die Durchsetzung der Repressionsnormen des NS-Arbeitsrechts und die Instrumentierung der gegen die Juden gerichteten Diskriminierungsgesetze vor Augen führt,[27] wird deutlich, daß Beamtenschaft, Justiz und die ihr interpretierend zuarbeitende Rechtswissenschaft ein wesentlicher Faktor für die Aufrechterhaltung der nationalsozialistischen Herrschaftsbeziehungen waren. Aus dem eben diese Realität verleugnenden ideologischen Selbstbild der juristischen Trägerschichten des »Dritten Reiches« ergab sich aber konsequent, die judikativen Institutionen und die juristischen Interpretationseliten, die mit dem nazistischen Terrorzusammenhang ja nichts zu tun gehabt hätten, auch unversehrt bestehen zu lassen.

Der legitimatorischen Abtrennung des Staatsapparats von der NS-

---

26 Carl Heyland, *Das Berufsbeamtentum im neuen demokratischen Staat*. Berlin 1949, S. 33. Diese Sicht der Rolle der Beamten im »Dritten Reich« fand sich zu Beginn der fünziger Jahre auch beim Bundesgerichtshof: s. BGHZ 13, S. 296: »Das Beamtentum [hat] (...) Funktionen, die der Staat als solcher immer übt und die weitgehend unabhängig sind von seiner wechselnden Erscheinungsform und den in diesem Wechsel sich ausdrückenden politischen Kräften«.

27 »Gesetz zur Wiederherstellung des Berufsbeamtentums vom 7. April 1933«, *RGBl.* 1, S. 175; Parisius, *Reichsstrafgesetzbuch. Leipziger Kommentar*. 6. Aufl. Berlin 1944, S. 576; Kohlrausch-Lange, *Strafgesetzbuch mit Nebengesetzen und Erläuterungen*. 37. Aufl., Berlin 1941, S. 242 Anm. 4; Th. Blanke, R. Erd, U. Mückenberger, U. Stascheit (Hg.), *Kollektives Arbeitsrecht. Quellentexte zur Geschichte des Arbeitsrechts in Deutschland*. Bd. 2. Hamburg 1975, S. 95 ff.; R. Wahsner, »Faschismus und Arbeitsrecht«, in: U. Reifner (Hg.), *Das Recht des Unrechtsstaats*. Frankfurt 1991, S. 86-120; H. Robinsohn, *Justiz als politische Verfolgung. Die Rechtsprechung in »Rasseschandefällen« beim Landgericht Hamburg 1936-1943*. Stuttgart 1977; A. v. Brünneck, »Die Justiz im deutschen Faschismus«, in: Redaktion Kritische Justiz (Hg.), *Der Unrechts-Staat*. Bd. 1. 2. Aufl. 1983, S. 108-122.

Führung korrespondierten juristische Theorien, die nun positiv eine Brücke für die Begründung der Kontinuität der staatlichen Funktionsträger des »Dritten Reiches« konstruierten. Gegen die 1945 noch dominierende These vom Untergang des Deutschen Reiches als Rechtssubjekt bildete sich parallel zur Umorientierung der westalliierten Deutschlandpolitik eine starke Gegenbewegung heraus, in der die bis heute fast unangefochten herrschende Identitätstheorie entwickelt wurde. Diese Theorie, die 1948 wesentlich von Rolf Stödter, aber auch von Wilhelm Grewe und Erich Kaufmann ausgearbeitet wurde,[28] hatte ihren Kern darin, die Existenz des deutschen Staates im »ethisch-politischen Sinne« zu behaupten, unabhängig von einer ihn auch tragenden Rechtsordnung.[29] Angesichts dieses vornormativen, metaphysischen Staatsbegriffs konnte die Übernahme sämtlicher staatlicher Funktionen und der Rechtsordnung durch die Alliierten nicht zu Buche schlagen. Stödter scheute sich nicht, seinen außerrechtlichen Staatsbegriff, durch den zumal die demokratische Rechtsordnung als Konstituens des Staates außer Betracht bleibt, u. a. durch den Rückgriff auf einen führenden nationalsozialistischen Verfassungsrechtler zu begründen. Er rekurrierte auf eine Formulierung von Otto Koellreutter, demzufolge ein Staat so lange besteht, als die ihm »zugrunde liegende Volksgemeinschaft sich behauptet«.[30] Entsprechend interpretierte Stödter die Niederlage des NS-Reiches zu einer bloß militärischen um, die politisch folgenlos sei: »Nicht das Deutsche Reich, sondern die deutsche Wehrmacht hat im Mai 1945 bedingungslos kapituliert.«[31] Die Übernahme der exekutiven, legislativen und judikativen Gewalt durch die Alliierten verwandelte sich so in eine rechtlich bedeutungslose Äußerlichkeit. Die Fiktion einer wei-

---

28 Stödter, *Deutschlands Rechtslage*; Wilhelm Grewe, *Ein Besatzungsstatut für Deutschland*. Stuttgart 1948; Erich Kaufmann, *Deutschlands Rechtslage unter der Besatzung*. Stuttgart 1948. Zur Formierung der Identitätstheorie vgl. eingehend Distelkamp, »Frühgeschichte der Bundesrepublik«, in: *Juristische Schulung*, (1980), S. 483 f.

29 Stödter, *Deutschlands Rechtslage*, S. 42.

30 Ebd., S. 46. Zur Position von Otto Koellreutter vgl. ders., *Vom Sinn und Wesen der nationalen Revolution*. Tübingen 1933.

31 Stödter, *Deutschlands Rechtslage*, S. 52. Daß sich die politischen und rechtlichen Konsequenzen der Kapitulation vom 8. Mai 1945 nicht lediglich auf die militärische Führung Deutschlands bezogen, ging aus der Berliner Erklärung der Alliierten vom 5. Juni 1945 eindeutig hervor: »Die vier alliierten Regierungen übernehmen hiermit in allen Deutschland betreffenden Angelegenheiten die oberste Autorität, einschließlich aller Machtvollkommenheiten, die der deutschen Regierung, dem Oberkommando der Wehrmacht und allen staatlichen, städtischen oder örtlichen Regierungen oder Behörden zustehen« in: *Keesings Archiv der Gegenwart*, (1945), S. 257.

terbestehenden, auf Volk und Reich gegründeten deutschen Staatsgewalt spitzte Stödter zu der These zu, daß das deutsche Volk - entgegen der Realität alliierter Souveränität - die Staatsgewalt weiter innehabe, jedoch aktuell nicht ausüben könne.[32] Mit dieser Vorstellung wurde die Neukonstitution der gesamten rechtlichen Ordnung des deutschen Staates durch die Alliierten ihrer einschneidenden Wirksamkeit beraubt. Die Folge war, daß die rechtlichen Beziehungen zwischen dem deutschen Staat als Rechtssubjekt und seinen personellen Trägern 1945 nicht unterbrochen waren.[33] So konnte die Fortexistenz des von den Nationalsozialisten strukturierten Staatsapparats legitimiert werden – mit der bemerkenswerten zusätzlichen Konsequenz, daß die Säuberung des öffentlichen Dienstes von Republikanern durch die Regierung Hitler *de facto* mit sanktioniert wurde.

Unter den Vätern des Grundgesetzes vertrat noch eine Minderheit die These, daß der deutsche Staat 1945 als Rechtssubjekt untergegangen sei. »Auf dem Herrenchiemseer Konvent haben sich«, berichtete Carlo Schmid zusammenfassend, »eine Reihe von Ländern auf den Standpunkt gestellt: Es gibt keinen deutschen Staat mehr, er muß neu konstituiert werden, und zwar durch Verträge der Länder.«[34] Die Mehrheit des Herrenchiemseer Verfassungskonvents und des Parlamentarischen Rates ging jedoch von der Ansicht aus, daß der deutsche Staat über 1945 hinaus existiere und lediglich reorganisiert werden müsse. Wie weit dabei die implizite Stoßrichtung der Identitätstheorie, den alten Staatsapparat rechtlich weiterbestehen zu lassen, von führenden sozialdemokratischen Verfassungsjuristen wie Carlo Schmid tatsächlich erkannt worden ist, mag bezweifelt werden.[35] Daß aber gerade diese Stoßrichtung hinter der Identitätstheorie stand, konnte an dem Affekt abgelesen werden, mit dem ein Vertreter der Identitätstheorie, Günter Krauss, 1954 die Anhänger der Diskontinuitätstheorie ausgrenzte:

»Die deutsche Staatsrechtslehre [hat] den Fortbestand des deutschen

32 Stödter, *Deutschlands Rechtslage*, S. 48.

33 Scheuner, »Die staatsrechtliche Kontinuität«.

34 Carlo Schmid, Rede anläßlich des 15. Jahrestages der Verkündung des Grundgesetzes, in: *Das Parlament* (10. Juni 1964), zit. nach Walter Euchner, »Der permanente Selbstbetrug. Zur Deutschlandpolitik der Bundesregierung«, in: Carl Nedelmann, Gert Schäfer (Hg.), *Politik ohne Vernunft*. Reinbek 1965, S. 26-35, hier: 33; vgl. auch Hans Nawiasky, *Die Grundgedanken des Grundgesetzes*, S. 10 f.

35 Vgl. Carlo Schmid, *Erinnerungen*. Bern 1979, S. 338 f.; Schmid reflektierte nicht die politische Funktion der Identitätstheorie.

Staates mit einer Art moralischen Einstimmigkeit verteidigt«; »Staatsrechtslehrer, die sich (...) nicht in Deutschland befanden, (...) können in der Frage der moralischen Einstimmigkeit der deutschen Staatsrechtslehre nicht mitgezählt werden«.[36]

Diese Form der »wissenschaftlichen« Ausbürgerung zielte vor allem auf den in den USA lebenden Hans Kelsen, der den rechtlichen Bruch zwischen der Staatsgewalt der NS-Despotie und der neu zu gründenden Demokratie unverrückbar zu markieren versuchte. Das politische Kernmotiv der Identitätstheorie trat damit unverhüllt ans Licht.

Im notwendigen Zusammenhang mit der sich nun durchsetzenden Identitätstheorie wurde die 1945/46 erfolgte Entlassung erheblicher Teilgruppen des Beamtencorps der NS-Diktatur in eine bloß zeitweilige Suspension umgedeutet, die den Kern des Beamtenverhältnisses bestehen gelassen habe.[37] Die sogenannte Suspensionstheorie – im Eigeninteresse der Beamten entwickelt – schloß direkt an die Identitätstheorie an. Die Maßnahmen der Alliierten gegen die Beamten wurden an der allein für eine Besetzung, nicht aber für die Übernahme des staatlichen Ordnungsgefüges geltenden Haager Landkriegsordnung gemessen, derzufolge lediglich Amtssuspensionen, keinesfalls aber die echte Entlassung nicht genehmer Beamten des okkupierten Staates gestattet sind.[38] Haltbar wäre dieses Argument nur, wenn die Alliierten, anders als in ihrer Erklärung vom 5. Juni 1945 über die Übernahme der »Obersten Autorität«[39], die deutsche Staatsgewalt prinzipiell bestehen gelassen hätten. Angetrieben aber durch die der eindeutigen Praxis der Alliierten entgegengesetzte politische Option, daß es zur Ausschaltung des nationalsozialistischen Einflusses nur Entlassungen im tatsächlichen Sinne bedürfe,

---

36 Günther Krauss, »Die Verfassung Deutschlands 1945-1954«, in: *Die Öffentliche Verwaltung*, (1954), S. 580, Anm. 10. Weniger grob, aber mit einer ähnlichen Zielrichtung bezog Hans Peter Ipsen in einer knappen Bemerkung gegen Kelsens Diskontinuitätsthese Stellung: Stödter habe mit seinem Werk »Deutschlands Rechtslage« »eine deutsche politische Tat vollbracht« – als sei die Ansicht von Kelsen gleichsam »undeutsch«. Ipsen fuhr fort: »Noch vor Erich Kaufmann und Wilhelm Grewe hat er [Stödter] die besatzungspolitisch wesentliche und insbesondere in den Vereinigten Staaten von Hans Kelsen verbreitete These vom Kapitulationsuntergang des Deutschen Reiches widerlegt.« Hans Peter Ipsen, *Ein Hamburger Leben für Wirtschaft und Wissenschaft.* Festschrift für R. Stödter. Hamburg 1979, S. XVI.

37 Vgl. die Darstellung von Kirn, *Verfassungsumsturz.*

38 Heyland, »Die Rechtsstellung der entfernten, erfolgreich entnazifizierten Beamten«, in: *Die Öffentliche Verwaltung*, (1950), S. 323-332, bes. S. 326 f.

39 *Keesings Archiv*, (1945), S. 257.

nicht aber der Aberkennung der Ansprüche aus dem Beamtenverhältnis,[40] wurde der Wortlaut der Kontrollratsdirektive Nr. 24 vom 12. Januar 1946 – »Personen, die aus öffentlichen Ämtern entfernt werden, haben keinen Anspruch auf Ruhegehälter oder andere Beamtenrechte« (Art. 2 Ziff. 7 Abs. 2)[41] – ins Gegenteil verkehrt. Heyland gab dieser Bestimmung eine ihre Intention durchkreuzende Fassung, die den Verlust der Beamtenrechte befristete: »Personen, die aus öffentlichen Ämtern entfernt werden, werden während ihrer Entfernung keinen Anspruch auf Ruhegehälter oder andere Beamtenrechte haben.«[42]

Gestützt durch die Suspensionstheorie konnte in der auslaufenden Entnazifizierung die Wiedereinstellung der einst entlassenen Beamten durchgesetzt werden. Von 53.000 in den Westzonen Entlassenen kehrten knapp 52.000 in den öffentlichen Dienst zurück.[43]

Das Bundesverfassungsgericht, das in seiner personellen Zusammensetzung nur eine marginale Verbindung zu den juristischen Funktionseliten des »Dritten Reiches« besaß,[44] nahm in den Beamtenentscheidungen der 50er Jahre die Diskontinuitätstheorie, zu der es freilich formell nicht Stellung bezog, der Sache nach auf:[45] Da die Beamtenschaft integraler Bestandteil der NS-Diktatur gewesen war, erklärte das Bundesverfassungsgericht deren Rechte mit dem 8. Mai 1945 für erloschen.[46] Die praktische Wirkung dieser Entscheidungen war allerdings gering, da die Inkorporation des alten Beamtenapparats schon fast vollständig ab-

40 Norbert Wahl, »Beamtenrechtliche Ansprüche entlassener Beamter in der amerikanischen Zone nach rechtskräftig abgeschlossenen Spruchkammerverfahren«, in: *Die Öffentliche Verwaltung*, H. 2 (1949), S. 21-29, bes. 22.

41 *Amtsblatt des Kontrollrats*, Nr. 5 (1946), S. 30.

42 Heyland, »Rechtsstellung«, S. 325.

43 Niethammer, »Reform und Rekonstruktion«. Ein markantes Beispiel für die wiederhergestellte Kontinuität der staatlichen Funktionseliten der NS-Diktatur war die Person von Hans Globke, Staatssekretär im Bundeskanzleramt unter Konrad Adenauer, zuvor Ministerialrat im Reichsinnenministerium und führend beteiligt an der juristischen Diskriminierung der Juden. Vgl. Gabriele Petersen, Nora Schirrmacher, *Die Rekonstruktion des Beamtenapparats der Bundesrepublik Deutschland und die Rolle des Staatssekretärs im Bundeskanzleramt Hans Globke*. Universität Hannover (Staatsexamensarbeit), 1983.

44 Feest, »Die Bundesrichter«, S. 104 f.

45 Zutreffend sieht dies in seiner Kritik an der Entscheidung des Bundesverfassungsgerichts: Ernst Forsthoff, »Das Bundesverfassungsgericht und das Berufsbeamtentum«, in: *Deutsches Verwaltungsblatt* (1954), S. 69.

46 BVerfGE Bd. 3, S. 58 ff. und BVerfGE Bd. 6, S. 132 ff. Zur Analyse s. auch Kirn, *Verfassungsumsturz*.

geschlossen war. Immerhin erschütterte das Bundesverfassungsgericht die Legitimationsgrundlagen der an die Identitätstheorie gebundenen restaurativen Beamtenrechtsdoktrin.

II. Anerkennung von NS-Gewaltpraxis als Recht

Parallel zur legitimatorischen Rekonstruktion des alten, einst der NS-Diktatur dienenden Staatsapparats bildeten sich Argumentationslinien dafür aus, die Ahndung der Verbrechen dieses Staatsapparats zu beschränken. Verfolgen läßt sich dies an der Kritik an dem im Kontrollratsgesetz Nr. 10 kodifizierten Tatbestand des Verbrechens gegen die Menschlichkeit, der Ablehnung der Haftung von Richtern für ihre Tätigkeit im »Dritten Reich« und der Exkulpation der zu Tötungsgehilfen des Staates gewordenen »Euthanasie«-Ärzte.

Unterstützt durch ein Gutachten von Eberhard Schmidt[47] entwickelte der Präsident des OLG Celle, Hodo v. Hodenberg, 1947 eine Argumentation, durch die die Geltung des Kontrollratsgesetzes Nr. 10 mit der Begründung in Frage gestellt wurde, diese Norm, die ausdrücklich auch rückwirkende Geltung beansprucht, verstoße gegen den rechtsstaatlichen Grundsatz *nulla poena sine lege.*

Diese Regelung führe zu einem »Rückfall« in das Rechtsdenken des »Dritten Reiches«: »An die Stelle des den Richter bindenden Gesetzes [wird] – genau wie in der Nazi-Zeit- das ›gesunde Rechtsgefühl der Volksgemeinschaft‹ gesetzt.« Damit werde der »Grundsatz der Nazi-Zeit« realisiert, »daß ›der Schutz der Volksgemeinschaft den unbedingten Vorrang vor den Belangen des Individuums‹ (...), zu beanspruchen habe.«[48]

Diese Argumentation richtete sich mindestens implizit auch gegen Radbruchs Theorem vom gesetzlichen Unrecht, das die formelle technische (Un-)Rechtsgeltung im nachhinein am Maßstab menschenrechtlicher Kerngarantien zu messen suchte. Dabei verkannte v. Hodenberg, der die Auffassung weiter Teile der Justiz und der überwiegenden Mehr-

---

47 Martin Broszat, »Siegerjustiz oder strafrechtliche »Selbstreinigung«. Aspekte der Vergangenheitsbewältigung der deutschen Justiz während der Besatzungszeit 1945-1949«, in: *Vierteljahreshefte für Zeitgeschichte,* H. 4 (1981), S. 477-544, bes. S. 522. Broszat liefert eine detaillierte Analyse der Auseinandersetzungen um das Kontrollratsgesetz Nr. 10 in der Justiz der britischen Zone (S. 516 ff.).

48 Hodo v. Hodenberg, »Zur Anwendung des Kontrollratsgesetzes Nr. 10 durch deutsche Gerichte«, in: *Süddeutsche Juristenzeitung* (1947), Sp. 113-123, hier: 120.

heit der Strafrechtslehrer repräsentierte,[49] daß das Rückwirkungsverbot auf eine funktionierende rechtsstaatliche Ordnung bezogen ist,[50] durch die die Individuen vor unberechenbaren Strafansprüchen der öffentlichen Gewalt geschützt werden sollen. Das Schutzobjekt des Rückwirkungsverbots wurde vertauscht. Nicht mehr die autonomen Individuen, sondern die Träger terroristischer Staatsgewalt wurden sein Bezugspunkt. Damit aber veränderte das Rückwirkungsverbot seine liberale Aufgabenstellung. Es sicherte nicht mehr die staatsfreie Sphäre der Individuen, sondern die unangreifbare Geltung der Diskriminierungs-Legalität des nationalsozialistischen Staatsapparats. Indem das Rückwirkungsverbot ohne Einschränkung auf eine öffentliche Gewalt bezogen wurde, die sich selbst strukturell außerhalb rechtsstaatlicher Schranken bewegte und selbst den Grundsatz *nulla poena sine lege* als Eingrenzung ihrer Strafverfolgungsbefugnis verwarf,[51] verkehrte sich seine rechtsstaatliche Funktion ins Gegenteil. Es wurde in den Bereichen, die das Kontrollratsgesetz Nr. 10 über die Strafdrohungen des deutschen StGB hinaus zu poenalisieren suchte, zum Garanten der sanktionsfreien Willkür-Staatsgewalt des NS-Systems. Die »Verfolgung aus politischen, rassischen oder religiösen Gründen« (Kontrollratsgesetz Nr. 10), die etwa mit der Hochverratsjudikatur oder der Anwendung der Nürnberger Rassegesetze betrieben wurde,[52] konnte der Ahndung entzogen werden. Die Schlußfolgerung lag auf der Hand: Nur wenn das Rückwirkungsverbot gegenüber einem terroristischen Staatsapparat, der es grundsätzlich mißachtete, für menschenrechtliche Kerngarantien formell durchbrochen wurde, konnte es seine eigentliche Funktion, eine Schranke für Strafprozesse der öffentlichen Gewalt gegenüber den Individuen zu errichten, auch wirklich erfüllen.[53]

---

49 Broszat, »Siegerjustiz«, S. 522.

50 Vgl. Arndt, »Das Verbrechen der Euthanasie«, in: *Der Konstanzer Juristentag*, S. 184-200, hier: 199.

51 »Gesetz zur Änderung des Strafgesetzbuchs vom 28. Juni 1935«, in: RGBl. 1935, S. 839.

52 S. Nachweise Fn. 27.

53 Vgl. dazu auch Gustav Radbruch, »Zur Diskussion über die Verbrechen gegen die Menschlichkeit«, in: *Süddeutsche Juristenzeitung*, (Sonderheft) (1947), Sp. 131-136. Radbruch führte den Gegnern des Kontrollratsgesetzes Nr. 10 die Konsequenz ihres Denkens eindrücklich vor Augen: »Will man ernstlich die Folgerung ziehen, auch die unter dem Namen Euthanasie verborgenen Anstaltsmorde deshalb straflos zu lassen, weil sie auf einem Geheimbefehl Hitlers beruhten? (...) Man würde durch die Ablehnung, das Gesetz Nr. 10 rückwirkend anzuwenden, den ganzen Sinn dieses Gesetzes

Die Grundposition, die Ahndung von staatlich praktiziertem gesetzlichen Unrecht unter Berufung, auf das Rückwirkungsverbot auszuschließen, bezog Helmut Coing in einem richtungsweisenden Aufsatz von 1947 auf das Problem der Haftung von Richtern für die Anwendung naturrechtswidriger Gesetze.[54] Coing erklärte, daß Richter für die Anwendung derartiger Gesetze nicht zur Rechenschaft gezogen werden dürften. Um eine strafrechtliche Haftung für die Träger der NS-Justiz auszuschließen, berief sich Coing auf die Funktion des Satzes *nulla poena sine lege*, die Macht des Gesetzgebers »im Interesse der Freiheit«[55] zu begrenzen – ohne zu bedenken, daß damit nicht etwa die Freiheit des autonomen Individuums, sondern die Willkürfreiheit des NS-Staatsapparats positiv geschützt wurde. Die nachträgliche Generallegitimation des Richters des NS-Staates, dem zugute gehalten wird, »daß er in unmittelbare(m) Gehorsam gegen das Gesetz gehandelt hat«,[56] trat als Motiv von Coings Argumentation zu Tage: Die Anwendung der Hochverratsbestimmungen, bei der sich die rechtsstaatliche Schranken niederreißende, vielfach mörderische Qualität der NS-Rechtspraxis besonders

---

mißdeuten und zerstören.« (Sp. 134).

54 Helmut Coing, »Zur Frage der strafrechtlichen Haftung der Richter für die Anwendung naturrechtswidriger Gesetze«, in: *Süddeutsche Juristenzeitung*, (1947), Sp. 61-64.

55 Coing, »Haftung der Richter«, Sp. 63.

56 Ebd. Im Unterschied zu Coing blieb Radbruch nicht bei dieser Rechtfertigungsthese stehen. Zwar meinte er, »der Positivismus mit seiner Überzeugung ›Gesetz ist Gesetz‹« habe »den deutschen Juristenstand wehrlos gemacht gegen Gesetze willkürlichen und verbrecherischen Inhalts« (»Gesetzliches Unrecht«, S. 118). Zugleich aber entzog er einer Berufung auf das Terror-Recht des NS-Regimes die Grundlage: »Von vornherein [war] ausgesprochen, daß das nationalsozialistische Recht sich der wesensbestimmenden Anforderung der Gerechtigkeit, der gleichen Behandlung des Gleichen, zu entziehen gewillt war. (...) Infolgedessen entbehrte es (...) der Rechtsnatur, ist nicht etwa unrichtiges Recht, sondern überhaupt kein Recht.« (S. 120). – Freilich kann die These, daß der Positivismus und nicht etwa ihre autoritären Wertvorstellungen die Richter im NS-Regime »wehrlos« gemacht habe, längst nicht mehr aufrechterhalten werden. Vgl. nur Bernd Rüthers, *Die unbegrenzte Auslegung.* 2. Aufl., Frankfurt am Main 1973; Ingeborg Maus, *Bürgerliche Rechtstheorie und Faschismus.* München 1976, S. 37 ff.; Hans Wrobel, »Die Anfechtung der Rassenmischehe«, in: *Kritische Justiz*, H. 4 (1983), S. 349-374.; Hubert Rottleuthner, »Substantieller Dezisionismus. Zur Funktion der Rechtsphilosophie im Nationalsozialismus«, in: ders. (Hg.), *Recht, Rechtsphilosophie und Nationalsozialismus. Archiv für Rechts- und Sozialphilosophie*, Beiheft 18, Wiesbaden 1983, S. 20-35.

eindringlich zeigte,[57] rechtfertigte er mit der Bemerkung, es sei »zu berücksichtigen, daß es nicht möglich ist, eine bestimmte Staatsform als absolut gerecht zu deduzieren«.[58] Durch diesen unzulässigen Umkehrschluß und der damit ausgesprochenen Unterstellung, die NS-Justiz habe sich im Rahmen der allgemeinen und unvermeidlichen Abweichung vom Ideal bewegt, entzog Coing einer juristisch folgenreichen Verwerfung der nationalsozialistischen Hochverratsrechtsprechung den Boden. So wurde die spezifische Qualität des politischen NS-Rechts, als Instrument des technischen Terrors gegen die Opposition zu fungieren, zum Verschwinden gebracht.[59]

---

57 Parisius, *Reichsstrafgesetzbuch*; Kohlrausch-Lange, *Strafgesetzbuch*; Richard Schmid, *Einwände*. Stuttgart 1965, S. 236.

58 Coing, »Haftung der Richter«, Sp. 64. Politische Diskriminierungen durch Verwaltungsakte des NS-Staates hielt Coing ebenfalls für rechtsgültig. Allerdings fügte er einschränkend hinzu, daß derartige Maßnahmen nicht schlechthin für wirksam erklärt werden dürften, weil sonst Widerstand gegen sie »mit dem Makel der Rechtswidrigkeit« belegt würde. OLG Saarbrücken *Deutsche Rechts-Zeitschrift* 1947, m. Anm. v. Helmut Coing, S. 342 f., s. hierzu Stolleis, »Rechtsordnung und Justizpolitik«, S. 404.

59 Die Konsequenz dieses Denkens trat in der Rechtsprechung des Bundesgerichtshofs (BGH) zu Todesurteilen gegen Widerstandskämpfer zu Tage: Am 19. Juni 1956 sprach der BGH den Vorsitzenden Richter, Dr. Thorbeck, der am 8. April 1945 im KZ Flossenbürg das farcenhafte Standgerichtsverfahren u. a. gegen Dietrich Bonhoeffer geleitet hatte, frei: »Ausgangspunkt ist das Recht des Staates auf Selbstbehauptung. In einem Kampf um Sein oder Nichtsein sind bei allen Völkern von jeher strenge Gesetze zum Staatsschutze erlassen worden. Auch dem nationalsozialistischen Staat kann man nicht ohne weiteres das Recht absprechen, daß er solche Gesetze erlassen hat. (…) Einem Richter, der damals einen Widerstandskämpfer wegen seiner Tätigkeit in der Widerstandsbewegung abzuurteilen hatte und ihn in einem einwandfreien Verfahren für überführt erachtete, kann heute in strafrechtlicher Hinsicht kein Vorwurf gemacht werden, wenn er angesichts der Unterworfenheit unter die damaligen Gesetze nicht der Frage nachging, ob dem Widerstandskämpfer etwa der Rechtfertigungsgrund des übergesetzlichen Notstands unter dem Gesichtspunkt eines höheren, den Strafdrohungen des staatlichen Gesetzes vorausliegenden Widerstandsrechts zur Seite stehe, sondern glaubte, ihn des Hoch- und Landesverrats (…) schuldig erkennen und deswegen zum Tode verurteilen zu müssen.« Die Entscheidung ist abgedruckt in: *Justiz und NS-Verbrechen*. Bd. XIII. Hg. v. Christian Frederic Rüter u. a., Amsterdam 1975, S. 344 ff., 352; in der amtlichen Sammlung ist sie nicht enthalten. Zur eingehenden Analyse und Kritik der Rechtsprechung des BGH, derzufolge die Todesurteile gegen anti-nazistische Widerstandskämpfer rechtlich prinzipiell gültig seien, s. Günther Frankenberg, Franz-Josef Müller, »Juristische Vergangenheitsbewältigung. Der Volksgerichtshof vorm BGH«, in: *Kritische Justiz*, H. 2 (1983), S. 145-163; vgl. auch Müller, »Rechtsbeugungstatbestand«, S. 119 ff.; Günter Spendel, *Rechtsbeugung durch Rechtsprechung*. Berlin 1984; zum Prozeß gegen Thorbeck s.

Weniger subtil als Coing, aber mit gleichem Ergebnis ging ein OLG-Rat aus Celle, Robert Figge, bereits 1947 zur direkten Rechtfertigung der NS-Justiz über. Er zog die nationalsozialistische Ideologie als positive Begründung für die Justizpraxis des »Dritten Reiches« heran. In einer bösen Realitätsverkehrung verwandelten sich damit die Verbrechen gegen die Menschlichkeit in Akte der Menschlichkeit:

»Der Richter, der den Nationalsozialismus unterstützte, konnte (...) u. U. des Glaubens sein, einer Humanität zu dienen. (...) Sollte man es dem deutschen Richter wirklich verübeln, wenn er glaubte, in politischen Prozessen einer guten Sache, einer höheren Humanität zu dienen?«[60]

Die Tendenz in der Rechtslehre, die Durchbrechung des menschenrechtlichen Kernbereichs durch die NS-Diktatur der Ahndung für unzugänglich zu erklären, konnte an der juristischen Bewertung der Praxis der in die staatliche Vernichtungsmaschinerie eingebundenen »Euthanasie«-Ärzte konkreter verfolgt werden. Waren zunächst »Euthanasie«-Ärzte, wesentlich gestützt auf Radbruchs Argumentation von der Unverbindlichkeit naturrechtswidriger, das Recht auf Leben beseitigender staatlicher Befehle, wegen ihrer Beteiligung am Anstaltsmord verurteilt worden,[61] so bildete sich unter der Führung von Hans Welzel und Eberhard Schmidt wiederum eine Gegenströmung heraus, durch die die »Euthanasie«-Ärzte vom Vorwurf schuldhaften Handelns entlastet werden konnten.

Welzel baute jenen Ärzten, die am staatlichen Tötungsmechanismus teilhatten, mit einer Erwägung eine goldene Brücke, die aus seiner schon damals voll entwickelten Irrtumslehre folgte.[62] Die Konstruktion, daß ein Täter bei einem unvermeidbaren Verbotsirrtum schuldlos gestellt werden kann, fand ihr soziales Substrat in der Exkulpation von Ärzten, die am Anstaltsmord beteiligt waren: Sie hätten, argumentierte Welzel, zwar tatbestandsmäßig und rechtswidrig, aber möglicherweise schuldlos

---

Helmut Kramer, »Filme zur NS-Justiz«, in: Redaktion Kritische Justiz (Hg.), *Die juristische Aufarbeitung des Unrechts-Staats*. Baden-Baden 1998, S. 217-233.

60 Rolf Figge, »Die Verantwortlichkeit des Richters«, in: *Süddeutsche Juristenzeitung* (1947), Sp. 179-184, hier: 182.

61 OLG Frankfurt/M, in: *Süddeutsche Juristenzeitung* (1947), Sp. 633 m. Anm. v. Gustav Radbruch; Kammergericht Berlin in: *Deutsche Rechts-Zeitschrift* (1947), S. 198 m. Anm. von Richard Lange.

62 Hans Welzel, »Der Irrtum über die Rechtswidrigkeit des Handelns«, in: *Süddeutsche Juristenzeitung* (1948), Sp. 368-372.

gehandelt, weil sie subjektiv an die Rechtmäßigkeit des nationalsozialistischen Tötungsbefehls glaubten.[63] Zur Begründung griff Welzel auf die spätscholastische Moraltheologie zurück, die »für Euthanasie i. e. S. (die Sterbehilfe) die Möglichkeit eines unüberwindbaren, schuldlosen Verbotsirrtums anerkannt« habe. Daher könne, entgegen der zunächst vom OLG Frankfurt/M entwickelten, auf Radbruchs Begriff des gesetzlichen Unrechts fußenden Rechtsprechung, in der »Frage der Zulässigkeit der Vernichtung lebensunwerten Lebens von einer (...) naturrechtlichen Evidenz keine Rede sein.«[64] Mit dieser Argumentation ebnete Welzel die Fundamentaldifferenz zwischen einer individuellen Sterbehilfe, bei der der Sterbende als Subjekt respektiert wird, und der planmäßigen staatlichen Ermordung psychisch Kranker vollständig ein. Nur durch die apologetische Verzerrung des wahren Sachverhalts des Anstaltsmordes war Welzel in der Lage, die Schuld der »Euthanasie«-Ärzte in Zweifel zu ziehen und dem unverbrüchlichen Schutz des Lebens, wie er nicht zuletzt durch die auch unter dem Nationalsozialismus fortgeltende Norm des § 211 StGB zum Ausdruck kommt, die Evidenz zu bestreiten.[65]

Für den Fall, daß die »Euthanasie«-Ärzte ihre Beteiligung an der Tötungsaktion damit rechtfertigten, sie hätten dies zu dem Zweck getan, einige Kranke zu retten, konstruierte Welzel gemeinsam mit Eberhard Schmidt einen übergesetzlichen Schuldausschließungsgrund. Welzel und Schmidt kritisierten die Begründung einer Entscheidung des Obersten Gerichtshofs der Britischen Zone, der diese Ärzte für schuldig erklärte, ihnen aber nur einen persönlichen Strafausschließungsgrund zubilligte.[66] Welzel argumentierte: Die Ärzte hätten durch die Nichtbeteiligung an der Tötungsaktion und der damit verbundenen Unmöglichkeit, anderen Kranken das Leben zu erhalten, eine größere Schuld auf sich geladen, als wenn sie an der Auslöschung psychisch Kranker mitwirkten, um ei-

---

63 Hans Welzel, Anm. zu OGH, in: *Monatsschrift für Deutsches Recht* (1949), S. 375.

64 Ebd., S. 376; s. auch Hans Welzel, *Vom irrenden Gewissen*. Tübingen 1949.

65 Mit einer der Argumentation Welzels entsprechenden Begründung, daß bestimmten, am Anstaltsmord beteiligten Ärzten eine Schuld nicht nachzuweisen sei, stellte z. B. das Landgericht Hamburg 1949 ein Verfahren gegen 18 »Euthanasie«-Ärzte ein. *Der Spiegel*, Nr. 34 (1960), S. 23. Ebenso entschied der Bundesgerichtshof im Fall des »Euthanasie«-Arztes Dr. Borm: BGH, *Kritische Justiz*, H. 4 (1974), S. 428 ff. m. Anm. v. Robert M. W. Kempner, s. hierzu auch Kurt Blüchel, *Das Medizinsyndikat*. Reinbek 1978, S. 73 ff.

66 OGHSt, in: *Süddeutsche Juristenzeitung* (1949), Sp. 347 ff., 355 f.

nige der Tötungsmaschinerie zu entziehen.[67] Eine derartige Überlegung konnte legitimerweise nur für die Strafzumessung, keinesfalls aber für die Bestimmung der Strafbarkeit vorgenommen werden. Der springende Punkt war, daß die Ermordnung der nicht zu rettenden Patienten als »Wahl des kleineren Übels« zwar rechtswidrig blieb, aber durch den Ausschluß der Schuld im Ergebnis doch rechtlich zulässig wurde:

»Das Recht (...) kann den Täter nicht vor der Rechtsgemeinschaft zur Verantwortung ziehen und ihn rechtlich für schuldig erklären, sondern die Schuld des Täters muß das bleiben, was sie ist, eine Schuld vor dem Gewissen und vor Gott.«[68]

Indem Welzel die »Euthanasie«-Ärzte allein »sittlich«, nicht aber rechtlich für schuldig erklärte, vollzog er die maßnahmenstaatlichen Struktur der Aufhebung des unverbrüchlichen, rechtlichen Schutzes des Lebens gedanklich nach.

Mit einer anderen Begründung kam Eberhard Schmidt zum selben Ergebnis wie Welzel. In einer grotesken Variation der Identitätstheorie identifizierte Schmidt den Staat des Nationalsozialismus, der die Ermordung psychisch Kranker verfügte, mit dem neu konstituierten Rechtsstaat, der die systematische Durchbrechung des Schutzes des Lebens zu ahnden suchte: »Der Staat, der es fertig bringt, ›den Armen‹ (nämlich den ›Euthanasie‹-Arzt, J. P.) sittlich schuldig werden zu lassen, hat jedes Recht verloren, ihm einen rechtlichen Schuldvorwurf zu machen.«[69] Durch ein metaphysisches Wunder blieb der von den Alliierten nieder-

---

67 Welzel, »Der Irrtum über die Rechtswidrigkeit«, S. 375, ebenso ders., »Zum Notstandsproblem«, in: *Zeitschrift für die gesamte Strafrechtswissenschaft*, H. 63 (1950), S. 47-56, hier: 54.

68 Welzel, »Der Irrtum über die Rechtswidrigkeit«, S. 375. In Welzels Aufsatz: »Zum Notstandsproblem« hieß es entsprechend: »Wo die (...) soziale Vorwerfbarkeit fehlt, weil jeder andere Rechtsgenosse an Stelle des Täters ebenso handeln mußte, fehlt es auch an einer Rechtsschuld« (S. 52). Diese Konstruktion führte im Blick auf die »Euthanasie«-Ärzte, die sich an der Tötung beteiligten, um einigen Patienten das Leben zu erhalten, zu dem makabren Ergebnis, daß – logisch zu Ende gedacht – die Nichtteilnahme am Anstaltsmord einer »Rechtsschuld« gleichkäme!

69 Eberhard Schmidt, »Anmerkung zu OGH«, in: *Süddeutsche Juristenzeitung* (1949), Sp. 659. Schmidt fragte, »ob man den Täter einer aus solcher Motivationslage entstandenen Tat (nämlich psychisch Kranke zu töten, um einige zu retten, J. P.) als ›Verbrecher‹ abstempeln darf.« Schmidt fuhr fort: »Der Staat hat hier nicht Anlaß, einen ›Verbrecher‹ laufen zu lassen, sondern er muß sich sagen lassen, daß er sich diesem Täter gegenüber mit seinen rechtlichen Schuldvorwürfen zurückzuhalten, daß er ihn mangels Schuld nicht als Verbrecher zu werten hat.«.

gekämpfte und zerschlagene Staat weiter existent und mußte sich ein strafrechtliches *venire contra factum proprium* vorhalten lassen.

Überblickt man die bald nach Kriegsende sich ausbildenden rechtswissenschaftlichen Grundströmungen der Identitätstheorie und der beamtenrechtlichen Suspensionstheorie, der Bewegung gegen die Ahndung von Verbrechen gegen die Menschlichkeit und der Schuldlosstellung von »Euthanasie«-Ärzten, so bildeten sie eine strategische Einheit: Sie arbeiteten der Unterbrechung der Kontinuität der Trägerschichten der NS-Diktatur und der radikalen juristischen Entlegitimierung der Rechtsordnung des »Dritten Reiches« entgegen. Sozialpsychologisch betrachtet entsprang dies der Unfähigkeit, in rechtlichen Formen Trauerarbeit zu leisten.[70] Die unverstellte und betroffen machende Wahrnehmung der vom nationalsozialistischen Staatsapparat ausgehenden Realität des Terrors wurde durch eine Fülle von Abwehrmechanismen, die die Gestalt juristischer Konstruktionen annahmen, unterbunden.[71]

Korrespondierend hierzu unterwarfen Repräsentanten der alten Interpretationseliten die neu geschaffene demokratische Verfassung in zentralen Fragen einem ihr entgegengesetzten autoritären Bezugsrahmen. Die verfassungsrechtlichen Grenzmarken wurden in Richtung der Prärogative des Staatsapparats und der Unangreifbarkeit der überkommenen Gesellschaftsordnung verschoben.

Die Entwicklungslinien dieses allgemeinen Argumentationsmusters können im Rahmen dieser Skizze nicht im einzelnen nachgezeichnet, sondern nur in Form eines exemplarischen Ausblicks angedeutet werden.

III. Aufhebung verfassungsrechtlicher Garantien gegenüber politischen Gegnern

Das an der rechtlich möglichst ungehinderten Operationsmacht des Staatsapparats orientierte Denken entfaltete sogleich 1950/51 in der Frage der Homogenisierung des öffentlichen Dienstes durch die Aus-

70 Vgl. Alexander und Margarete Mitscherlich, *Die Unfähigkeit zu trauern*. München 1977.

71 Mittlerweile wird dieser Prozeß offen gerechtfertigt. Vgl. Hermann Lübbe, »Es ist nichts vergessen, aber einiges ausgeheilt. Der Nationalsozialismus im Bewußtsein der deutschen Gegenwart«, in: *Frankfurter Allgemeine Zeitung* (24.1.1983); zur Kritik s. Helmut Dubiel, Günther Frankenberg, »Entsorgung der Vergangenheit«, in: *Die Zeit* (18.3.1983).

schaltung von Kommunisten seine Wirkung. Der Beschluß der Bundesregierung vom 20. September 1950, demzufolge die Unterstützung der KPD und ihrer Unterorganisationen mit den Dienstpflichten eines Beamten, Angestellten und Arbeiters im Bundesdienst nicht vereinbar sei,[72] wurde in richtungweisenden – die Interpretationsmaximen der sogenannten Extremistenbekämpfung der siebziger und achtziger Jahre vorwegnehmenden – Gutachten von Wilhelm Grewe und Ulrich Scheuner verfassungsrechtlich legitimiert.[73] Beide Autoren, die einst das staats- und völkerrechtliche Selbstverständnis der NS-Diktatur reproduziert und nach 1945 die Identitätstheorie zur Restabilisierung des alten Staatsapparats mit entwickelt hatten,[74] entwarfen einen Bezugsrahmen, durch den die Geltung liberaler Freiheitsrechte blockiert wurde: Staatsorganisationsrecht und politische Betätigungsfreiheit wurden obrigkeitlich-autoritär voneinander getrennt und das Binnenverhältnis des Staatsapparats von rechtsstaatlichen Sicherungen und grundrechtlichen Garantien weitgehend frei gehalten.[75]

Entgegen den Intentionen des Parlamentarischen Rates, der die Außerkraftsetzung politischer Freiheiten der Bestimmungsgewalt der Exekutive entziehen und dem Bundesverfassungsgericht vorbehalten wollte (Art. 18, 21 Abs. 2 GG),[76] erkannte Grewe der Regierung eine verfassungsrechtsfreie, politische Bestimmungsmacht zur Definition und Ausschaltung des »inneren Feindes« zu. Grewe argumentierte am Ende ausdrücklich »staatspolitisch«, ein anderes Wort für ein instrumentelles Verhältnis zur Verfassung, wie ein – zum Beleg notwendig längeres – Zitat zeigt:

---

72 Abgedruckt in: Deutscher Bund für Bürgerrechte (Hg.), *Politische Treuepflicht im öffentlichen Dienst.* Frankfurt am Main 1951, S. 1.

73 Wilhelm Grewe, »Die politische Treuepflicht der Angehörigen des öffentlichen Dienstes«, ebd., S. 35-64; Ulrich Scheuner, »Politische Betätigung von Beamten gegen die freiheitliche demokratische Grundordnung«, ebd., S. 65-91.

74 Wilhelm Grewe, *Der dritte Wirtschaftskrieg*. Berlin 1940, ders., »Epochen der modernen Völkerrechtsgeschichte«, in: *Zeitschrift für die gesamte Staatswissenschaft*, Bd. 103 (1943), S. 260-344; Ulrich Scheuner, »Die nationale Revolution«, in: *Archiv des öffentlichen Rechts,* NF 24 (1934), S. 166-220; ders., »Die Gerichte und die Prüfung politischer Staatshandlungen«, in: *Reichsverwaltungsblatt* (1936), S. 437-443; Grewe, »Ein Besatzungsstatut für Deutschland«; Scheuner, »Die staatsrechtliche Kontinuität in Deutschland«.

75 Grewe, »Ein Besatzungsstatut für Deutschland«, S. 50 ff.; Scheuner, »Die staatsrechtliche Kontinuität«, S. 72 ff.; ähnlich BVerfGE 39, S. 359.

76 Jürgen Seifert, »Das Auslegungsmonopol des Bundesverfassungsgerichts bei der Verwirkung von Grundrechten«, in: Erhard Denninger (Hg.), *Freiheitliche demokratische Grundordnung*. Bd. 1. Frankfurt am Main 1977, S. 225-240 m. w. Nachw.

»Dürfte (...) die Zugehörigkeit zu einer staatsfeindlichen Partei zu einer Disqualifizierung für den öffentlichen Dienst erst dann führen, nachdem das Bundesverfassungsgericht entschieden hat, so wäre damit die innere Sicherheitspolitik der Bundesrepublik jedenfalls stärkeren Hemmungen unterworfen, als sie in den Zeiten der Weimarer Verfassung bestanden haben. Die staatspolitischen Nachteile liegen auf der Hand: Die Justiz arbeitet ihrer Natur nach notwendigerweise langsam und wird im Wettlauf mit einem wendigen und geschmeidigen Gegner immer den Kürzeren ziehen. (...) Unter dem Gesichtspunkt der staatsbürgerlichen Freiheit mag es erwünscht sein, daß die Mitgliedschaft von Beamten bei einer Partei nur dann zu disziplinarischen Maßnahmen führen kann, wenn zuvor das Bundesverfassungsgericht sein Urteil über diese Partei gesprochen hat. Man wird sich aber überlegen müssen, ob wir uns in der Lage befinden, in der man es riskieren kann, die individuellen Rechtsgarantien auf Kosten der Staatssicherheit in solchem Maße zu verstärken.«[77]

Wie die rechtsstaatliche Sperrwirkung der Entscheidungskompetenz des Bundesverfassungsgerichts für den Eingriff in die Grundrechte ausgeschaltet wurde, so wurde auch die Geltung politischer Freiheitsgarantien für Angehörige des öffentlichen Dienstes unmittelbar in Frage gestellt. Scheuners Interpretation des Diskriminierungsverbots des Art. 3 Abs. 3 GG machte dies beispielhaft deutlich: »Wenn Art. 3 Abs. 3 GG eine Benachteiligung wegen politischer Anschauungen verbietet, so darf dieser Bestimmung keine absolute, den Wortlaut isolierende Auslegung gegeben werden«.[78] Indem das Diskriminierungsverbot, entgegen dem eindeutigen Wortlaut des Art. 3 Abs. 3 GG, nicht mehr absolut galt, konnte seine Funktion auf Null gebracht werden: »Gleichheit bedeutet nicht das Verbot unterschiedlicher Behandlung.«[79] Das grundgesetzliche Diskriminierungsverbot sollte dabei gerade den Zugriff auf politische Anschauungen als Anknüpfungspunkt für unterschiedliche Behandlungen strikt verwehren. Scheuner hielt lediglich willkürliche Unterscheidungen und Benachteiligungen, die in dienstrechtlichen, die politische Betätigung der Beamten einschränkenden Bindungen nicht gesehen wer-

77 Grewe, »Ein Besatzungsstatut für Deutschland«, S. 61 f. (Hervorh. nicht im Orig.); Klaus Stern, *Zur Verfassungstreue der Beamten*. München 1974, S. 41, Anm. 166, schloß explizit an diese Argumentation an.

78 Scheuner, »Die staatsrechtliche Kontinuität in Deutschland«, S. 88; ähnlich wiederum BVerfGE 39, S. 368.

79 Ebd.

den könnten, für unvereinbar mit dem Gleichheitssatz.[80] Damit aber projizierte Scheuner die herrschende Lesart des in Art. 3 Abs. 1 GG normierten allgemeinen Gleichheitssatzes als eines Willkürverbots so in Art. 3 Abs. 3 GG hinein, daß dessen präzis gefaßtes politisches Benachteiligungsverbot unterlaufen werden konnte.[81] Das Ergebnis von Scheuners Deduktion könnte man in letzter Konsequenz in dem Satz zusammenfassen: Das in Art. 3 Abs. 3 normierte Benachteiligungsverbot gilt hinsichtlich politischer Anschauungen – bei Bedarf – nicht für Beamte.

Die von Scheuner und Grewe repräsentierte Tendenz, die Zugriffsmöglichkeiten der öffentlichen Gewalt über verfassungsrechtliche Grenzen hinaus zu schieben, die in der verwaltungsgerichtlichen Rechtsprechung zum Problem der politischen Treuepflicht überwiegend mitvollzogen wurde,[82] zeigte sich auch in einem bestimmten strafrechtlichen Denken. Mit Hilfe dieses Denkens konnte die rechtsstaatlich problematische Form der justizförmigen Ausschaltung der kommunistischen Opposition in den fünfziger und sechziger Jahren begründet werden.

An der Position Hans Welzels, der theoretisch wohl reflektiertesten Figur der frühen bundesdeutschen Strafrechtslehre, ließ sich dies exemplarisch verfolgen. Welzel hatte seinen strafrechtlichen Begriffsrahmen in einer geistigen Parallelbewegung mit dem sich etablierenden NS-System in scharfer Frontstellung gegen die liberale Tradition der Strafrechtsdogmatik enwickelt.[83] Die Konsequenz war, daß sich die

---

80 Ebd. Zur Kritik an der Aushöhlung des politischen Diskriminierungsverbots für Beamte vgl. etwa Friedrich Müller, »Stellungnahme«, in: Hanspeter Knirsch, Bernhard Nagel, Wolfgang Voegeli (Hg.), *»Radikale« im öffentlichen Dienst?*. Frankfurt am Main 1973, S. 130 f.

81 Scheuner, »Die staatsrechtliche Kontinuität in Deutschland«; zur Kritik an dieser Argumentation vgl. Joachim Perels, »Der Gleichheitssatz zwischen Hierarchie und Demokratie«, in: ders. (Hg.), *Grundrechte als Fundament der Demokratie*. Frankfurt am Main 1979, S. 69-95, hier: 83. Daß Scheuner im NS-Staat einst die Abschaffung des Gleichheitssatzes für Juden legitimierte, gibt seiner gegen Beamte gerichteten Blockierung des Gleichheitssatzes des Art. 3 Abs. 3 Grundgesetz eine besondere Note; vgl. Ulrich Scheuner, »Der Gleichheitsgedanke in der völkischen Verfassungsordnung«, in: *Zeitschrift für die gesamte Staatswissenschaft*, Bd. 99 (1939), S. 245-278, hier: 267.

82 Alexander v. Brünneck, *Politische Justiz gegen Kommunisten in der Bundesrepublik Deutschland 1949-1968*. Frankfurt am Main 1978, S. 56 m. w. Nachw.

83 Hans Welzel, *Naturalismus und Wertphilosophie im Strafrecht*. Mannheim 1935, S. IX. Welzel zitierte den liberalen Strafrechtler Franz v. Liszt, dem zufolge das Strafrecht »Bollwerk des Staatsbürgers gegenüber der staatlichen Allgewalt« zu sein hat

Verfügungsgewalt des Staates über die Individuen erweiterte. Die Begrenzungsfunktion des Rechtsgüterschutzes und der ihm korrespondierenden objektiven Tatbestandsmäßigkeit suchte Welzel dadurch zu überwinden, daß er die »Aktwerte rechtlicher Gesinnung« zum wesentlichen Anknüpfungspunkt für die Strafbarkeit eines Verhaltens machte. So hieß es in einem Festschriftbeitrag von 1944: »Hinter den Normen des Strafrechts stehen als ihr materialer Gehalt die Aktwerte rechtlicher Gesinnung, die Treue gegenüber Volk, Reich, Führung, der Gehorsam gegenüber der Staatsgewalt.«[84]

Welzel behielt nun nach 1945 gerade diesen Interpretationsrahmen bei, der auf eine autoritäre, grundrechtsfeindliche Struktur der öffentlichen Gewalt bezogen ist, obgleich das verfassungsrechtliche System sich fundamental gewandelt hatte. Auch unter dem Grundgesetz, das insbesondere durch Glaubens- und Gewissensfreiheit, durch Meinungsfreiheit und das Diskriminierungsverbot für politische Anschauungen die Gesinnung zum prinzipiell sanktionsfreien Bereich erklärt, vertrat Welzel weiter seine Grundposition, das Gesinnungsmoment zum tragenden Element für die Bestimmung von Strafbarkeit zu machen. Wichtiger als der Rechtsgüterschutz sei, schrieb Welzel 1950, »die beständige rechtstreue Gesinnung, also die Treue gegenüber dem Staat sicherzustellen. (...) Bloßer Rechtsgüterschutz hat eine nur negativvorbeugende, polizeilich präventive Zielsetzung, während die zentrale Aufgabe des Strafrechts positiv sozialethischer Natur ist!«[85]

Indem Welzel dem Gesinnungsmoment konstitutive Bedeutung für die Bestimmung der Legalität eines Verhaltens zumaß, war er in der

---

(S. 35). Dieser Grundstruktur des liberalen Strafrechtsdenkens hielt er entgegen, daß sie Staat und Recht »nicht auf die inhaltliche Fülle und Würde einer Idee aufbauen konnte«. (S. 35) An anderer Stelle wurde deutlich, was er hierunter konkret politisch verstand: »Der Wissenschaft eine ›politische Aufgabe‹ zu stellen, bedeutet (...) sie (...) zu den (...) Notwendigkeiten der historischen Situation zurückzuführen, die als das gegenwärtige Schicksal der völkisch-staatlichen Gemeinschaft sie (...) umfängt (...)« (S. 58). Vgl. Klaus Marxen, »Die rechtsphilosophische Begründung der Straftatlehre im Nationalsozialismus«, in: Rottleuthner (Hg.), *Rechtsphilosophie und Nationalsozialismus*, S. 55-64, hier: 58 f. sowie allgemein Klaus Marxen, *Der Kampf gegen das liberale Strafrecht. Eine Studie zum Antiliberalismus der Strafrechtswissenschaft der zwanziger und dreißiger Jahre*. Berlin 1975.

84 Hans Welzel, »Über den substantiellen Begriff des Strafgesetzes«, in: *Probleme der Strafrechtserneuerung*. Festschrift für E. Kohlrausch. Berlin 1944, S. 101-119, hier: 109.

85 Hans Welzel, »Das Gesinnungsmoment im Recht«, in: *Festschrift für Julius v. Gierke Dargebracht von der Rechts- und Staatswissenschaftlichen Fakultät der Universität Göttingen*. Berlin 1950, S. 296-298, hier: 297.

Lage, die fragwürdige Struktur des wesentlich gegen die KPD gerichteten politischen Strafrechts von 1951, das die rechtsstaatlich gebotene Trennschärfe von Legalität und Illegalität durch die Einführung des Gesinnungsmoments verfassungsfeindlicher Absichten und Bestrebungen systematisch weitgehend außer Funktion setzte,[86] ohne Vorbehalte zu rechtfertigen. Denn die Illegalisierung objektiv verfassungskonformer Handlungen aus Gründen ihrer subjektiven Zwecksetzung fügte sich in den Begriffsrahmen Welzels nahtlos ein. So hieß es in seinem Strafrechtslehrbuch von 1954:

»An die Stelle des gewaltsamen Umsturzes – des Hochverrats im alten Sinn – ist die Zersetzung, Unterwühlung und Aushöhlung verfassungsmäßiger Institutionen getreten, die die reale Machtergreifung auf quasilegalem Wege vorbereiten. (...) Die Pönalisierung solcher Handlungen stößt jedoch auf große Schwierigkeiten, weil sich diese Handlungen vielfach äußerlich im demokratischen Freiheitsraum bewegen. (...) Darum lassen sie sich weniger durch objektive als durch subjektive Merkmale erfassen, wie auch ganz unpolitische Delikte durch verfassungsverräterische Tendenz zu politischen Delikten werden.«[87]

Ist die Begrenzung der Strafbarkeit durch das System objektiver Tatbestände, die die politische Gesinnung prinzipiell sanktionsfrei lassen, die Konsequenz der Garantie von Freiheitsrechten, so wurde unter dem Vorzeichen der gesinnungsorientierten »positiv-sozialethischen« Funktion des Strafrechts die staatliche Intervention in grundrechtlich geschützte Sphären politischer Freiheit systematisch ermöglicht. Daß dies bei der Anwendung des politischen Strafrechts von 1951 so weitgehend gelingen konnte, lag nicht zuletzt daran, daß richtungsbestimmende Repräsentanten der Strafrechtslehre – wie eben Welzel – ihren antiliberalen Interpretationsrahmen ungebrochen aufrechterhielten.

IV. Identifikation von Verfassung und bürgerlicher Gesellschaftsordnung

Die Sozialisierungsaufträge in den Landesverfassungen von Bremen (Art. 42), Hessen (Art. 41), Rheinland-Pfalz (Art. 61), Baden (Art. 45),

---

86 Hans Copic, *Grundgesetz und politisches Strafrecht neuer Art.* Tübingen 1967, S. 11; v. Brünneck, *Politische Justiz,* S. 74 f.

87 Hans Welzel, *Das deutsche Strafrecht.* 4. Aufl., Berlin 1954, S. 356.

Württemberg-Baden (Art. 28),[88] die Sozialisierungsermächtigung des Art. 15 GG und die weitgehende Verfügungskompetenz des Gesetzgebers über die Eigentumsordnung nach Art. 14 Abs. 1 Satz 2 und Abs. 3 Satz 3 GG bildeten das verfassungsrechtliche Einfallstor, durch das die Eigentums- und Herrschaftsstruktur der bürgerlichen Gesellschaft potentiell gefährdet wurde. Dieses Einfallstor, das die von einem breiten Spektrum politischer Kräfte nach 1945 intendierte Überwindung der gesellschaftlichen Grundlagen des Nationalsozialismus ermöglichte,[89] versuchte die nun einsetzende interpretative Gegenbewegung, die allerdings von einzelnen Vertretern der alten juristischen Funktionselite wie Hans Peter Ipsen und Theodor Maunz noch konterkariert wurde,[90] weitgehend zu verriegeln. Dabei spielten zwei ineinandergreifende Argumentationslinien eine zentrale Rolle: die gegen das Vernunftrecht der Aufklärung gerichtete Form der Naturrechtsrenaissance und die Umdeutung der bei Enteignungen anzuwendenden Entschädigungsklausel des Art. 14 Abs. 3 Satz 3 GG.

Die Naturrechtsrenaissance zielte in ihrer konservativen Variante darauf, das Rechtsdenken der Aufklärung zu überwinden. Einschneidend unterschied sich diese Variante von der vernunftrechtlichen, wesentlich von Radbruch repräsentierten Version,[91] die auch im Grundgesetz ihren Niederschlag fand. Gegen die Lösung des Gesetzgebers von traditionalen Bindungen und Schranken wurde auf das vorrationale Naturrecht zurückgegriffen, das die hierarchischen Ordnungssysteme des Feudalismus befestigte. So bezog sich Adolf Süsterhenn auf das thomistische Naturrecht,[92] während Ernst Forsthoff auf die soziale Ordnungslehre Luthers rekurrierte[93] – jeweils zu dem Zweck, dem Gesetzgeber unüberwindbare, durch soziale Herrschaftsbeziehungen bestimmte Grenzen zu ziehen. 1947 gab Forsthoff dieser Stoßrichtung offen Aus-

---

88 Vgl. die Darstellung von Wolfgang Abendroth, *Das Grundgesetz*. 4. Aufl., Pfullingen 1973, S. 27 f.

89 Vgl. nur die von CDU, SPD und KPD getragene Hessische Verfassung vom 11. Dezember 1946.

90 Hans Peter Ipsen, »Enteignung und Sozialisierung«, in: *Veröffentlichungen der Vereinigung der Deutschen Staatsrechtslehrer*, H. 10 (1952), S. 74 ff.; Theodor Maunz, *Die Verfassungsmäßigkeit der Hessischen Verfassung*. Wiesbaden 1952.

91 Radbruch, »Rechtsphilosophische Besinnung« (1945), S. 107.

92 Adolf Süsterhenn, »Das Naturrecht« (1947), in: Werner Maihofer (Hg.), *Naturrecht oder Rechtspositivismus*. Darmstadt 1962, S. 11-19, hier: 16 f.

93 Ernst Forsthoff, »*Zur Problematik der Rechtserneuerung*« (1947), ebd., S. 60-83, hier: 79 ff.

druck. Das naturrechtliche, gegen den Positivismus gerichtete Denken legitimierte er damit, daß es aus der Abwehr einer den Oberschichten nicht mehr stets dienstbaren legislativen Gewalt entstanden sei:

»Die Krise des Positivismus (...) begann als der partielle Ausdruck der mit dem Zusammenbruch der Monarchie einsetzenden Staatskrise. Die Frage nämlich, ob das Recht wirklich allein aus der Entscheidung des staatlichen Gesetzgebers hervorgehe oder ob es ein höheres Recht gebe, an das auch der Gesetzgeber gebunden sei, war solange eine bloß theoretische, als man gewiß sein konnte, daß dieser Gesetzgeber sich nicht nur mit den fundamentalen Rechtsüberzeugungen in Einklang halten, sondern auch im Detail der gesetzlichen Regelung optimal gerechte Lösungen anstreben würde. Dies Vertrauen genoß der staatliche Gesetzgeber bis 1918.«[94]

Der gedankliche Kern der gegen eine gesellschaftsverändernde Gestaltungsfreiheit des demokratischen Gesetzgebers gerichteten Erneuerung des vorrationalen Naturrechts bestand darin, »natürliche Seinszusammenhänge«[95] und »objektiv gegebene menschliche Verantwortungsbereiche«[96] zu konstruieren, die mit den Kernelementen der bürgerlichen Gesellschaft zusammenfielen. So wurde die private Eigentumsordnung naturrechtlich festgeschrieben, ungeachtet der Sozialisierungsaufträge und Sozialisierungsermächtigungen in den Landesverfassungen, die – in zeitlicher Parallele zur antiaufklärerischen Naturrechtsrenaissance geschaffen – die Eigentumsordnung grundsätzlich zur Disposition stellten. Übereinstimmend mit der das Gemeineigentum praktisch verwerfenden Blickrichtung der thomistischen Naturrechtslehre[97] hieß es bei Süsterhenn: »Als wesentliche Garantie für die Freiheit der Person (...) anerkennt der Naturrechtler die Institution des Privateigentums.«[98] In entsprechender Weise bezog sich Forsthoff auf die Luthersche Ordnungsethik, welche die ständische Gliederung gedanklich reproduzierte.[99] Er ordnete die »Institution als überindividuelles objektives Ordnungsgebilde des Rechts«, das sich im sozialen Bereich wesent-

---

94 Ebd., S. 71 f.; ebenso Süsterhenn, »Das Naturrecht«, S. 15.

95 Süsterhenn, »Das Naturrecht«, S. 14.

96 Forsthoff, »*Rechtserneuerung*«, S. 83.

97 Thomas v. Aquino, *Ausgewählte Schriften zur Staats- und Wirtschaftslehre.* Hg. v. Friedrich Schreyvogl. Jena 1923, S. 132 f.

98 Süsterhenn, »Das Naturrecht«, S. 23.

99 Martin Luther, »Von weltlicher Obrigkeit« (1523), in: *Luther.* Ausgewählt von Karl Gerhard Steck. Frankfurt am Main 1955, S. 141-170.

lich in Eigentum, Vertrag und Erbrecht auspräge, der »bloßen Norm«, die aus der Tätigkeit des demokratischen Gesetzgebers entspringt, ausdrücklich vor: »Die Erneuerung des Rechts verlangt primär nicht neue Normen, sondern die Wiederherstellung von Ordnungen und Institutionen.«[100]

Indem die antiaufklärerische Naturrechtsdoktrin die private Eigentumsordnung aus der – als positivistisch denunzierten – Bestimmungsmacht des demokratischen Gesetzgebers ausgliederte, sicherte sie – bei aller gegen den Nationalsozialismus gerichteten Proklamation der Unverbrüchlichkeit persönlicher Freiheitsrechte –[101] die Fortexistenz der ökonomischen Grundlagen des NS-Systems. Sie erwies sich so als notwendiges, auf die kapitalistische Gesellschaftsordnung bezogenes Komplement zur Identitätstheorie, die das Weiterbestehen des Staatsapparats des »Dritten Reiches« legitimierte.

Die Grundposition der restaurativen Naturrechtsdoktrin wurde zu Beginn der fünfziger Jahre in einer feingesponnenen verfassungsrechtlichen Exegese wirksam, durch die die vom Grundgesetz festgelegte Befugnis des Gesetzgebers, die private Eigentumsordnung zu verändern, durch Umdeutung blockiert werden konnte. Dieser vielgestaltige Prozeß, der von der Kaltstellung der Sozialstaatsklausel auf Verfassungsebene bis zur Identifikation von Privatrechtsordnung und Verfassungsordnung reichte,[102] sei an einem strategisch zentralen Punkt verdeutlicht. Art. 14 Abs. 3 S. 3 GG verlangt, Art und Ausmaß der Entschädigung bei Enteignungen unter gerechter Abwägung der Interessen der Allgemeinheit und der Beteiligten zu bestimmen. Diese Abwägungsklausel schließt aus, allein die Interessen des betroffenen Eigentümers zum Ausgangspunkt der Entschädigungsregelung zu machen; mit ihr war bezweckt, ein breites Spektrum von Entschädigungsmodalitäten zu eröffnen.[103] Die Einbeziehung der Interessen der Allgemeinheit schloß auch, wie Hermann v. Mangoldt, einer der der CDU angehörenden Väter des

---

100 Forsthoff, »*Rechtserneuerung*«, S. 83 ff.

101 Süsterhenn, »Das Naturrecht«, S. 21.

102 Ernst Forsthoff, »Begriff und Wesen des sozialen Rechtsstaates«, in: *Veröffentlichungen der Vereinigung der Deutschen Staatsrechtslehrer*, H. 12 (1954), S. 8-36; Hans Carl Nipperdey, *Grundrechte und Privatrecht*. Krefeld 1961; zur Kritik s. Wolfgang Abendroth, »Die verfassungspolitische Entwicklung des Bundes«, in: ders., *Antagonistische Gesellschaft und politische Demokratie*. 2. Aufl., Neuwied 1972, S. 48-61, hier: 58 ff.

103 Vgl. hierzu eingehend: Alexander v. Brünneck, *Die Eigentumsgarantie des Grundgesetzes*. Baden-Baden 1984, S. 90 f., 295 ff., 300 ff.

Grundgesetzes, in seinem Kommentar festhielt, die Möglichkeit ein, eine bloße Nominalentschädigung zu gewähren.[104] Indem eine Entschädigung nach dem Verkehrswert nicht zwingend geboten war, konnte mit Enteignungen ein gesellschaftlicher Umverteilungseffekt erzielt werden. Die Privatwirtschaft hatte die durch die Norm des Art. 14 Abs. 3 S. 3 GG entstandene potentielle Gefährdung der überkommenen bürgerlichen Eigentumsordnung klar erkannt: Die Abwägungsklausel bedeute, hieß es 1949 im *Industriekurier*, einen »Einbruch östlicher Anschauungen und Praktiken (...), dessen Konsequenzen für unsere Wirtschafts- und Gesellschaftsordnung verhängnisvoll sein müssen.«[105]

Durch eine u. a. von Werner Weber und Ulrich Scheuner angeführte Interpretationsrichtung wurde nun die Abwägungsklausel dadurch ausgeschaltet, daß jeder Eigentumseingriff als eine Verletzung des Gleichheitssatzes angesehen wurde – mit der Konsequenz, daß dies durch die volle Entschädigung nach dem Verkehrswert ausgeglichen werden müsse.[106] Mit ihrer Interpretation bezogen Scheuner und Weber unmittelbar den Standpunkt der von Enteignungen betroffenen Eigentümer, als hätten die Interessen der Allgemeinheit bei der Festlegung der Entschädigungsregelung nach Art. 14 Abs. 3 Satz 3, die ja denen der Eigentümer ausdrücklich gegenübergestellt werden, keinerlei Erwähnung gefunden. Das weitgesteckte Ziel, die Abwägungsklausel interpretatorisch stillzulegen, war folgendes: In Art. 15 GG, der die private Eigentumsordnung hinsichtlich Grund und Boden, der Naturschätze und Produktionsmittel zur Disposition des demokratischen Gesetzgebers stellt, wird für die Entschädigungsregelung auf Art. 14 Abs. 3 Satz 2 und 3 GG verwiesen. Wenn es nun gelang, in Art. 14 Abs. 3 Satz 3 GG eine Entschädigungsregelung hineinzudeuten, die auch bei der Vergesellschaftung von Produktionsmitteln stets Äquivalenzentschädigung vorschreibt, dann war die von Art. 15 GG für die bürgerliche Gesellschaft ausgehende Gefahr gebannt: Durch den Zwang, bei Enteignungen in jedem Fall Äquivalenzentschädigungen zu leisten, konnte der Umverteilungseffekt von Soziali-

---

104 Hermann v. Mangoldt, *Das Bonner Grundgesetz*. Berlin 1953, S. 103.

105 Zit. nach Werner Soergel, *Konsensus und Interessen*. Stuttgart 1969, S. 223.

106 Werner Weber, »Eigentum und Enteignung«, in: Franz Neumann, Hans Carl Nipperdey, Ulrich Scheuner (Hg.), *Die Grundrechte*. Bd. II. Berlin 1954, S. 393; Ulrich Scheuner, »Grundlagen und Art der Enteignungsentschädigung«, in: Rudolf Reinhardt, Ulrich Scheuner (Hg.), *Verfassungsschutz des Eigentums*. Tübingen 1954, S. 63-162, hier: 124 f. Zur Kritik s. v. Brünneck, *Die Eigentumsgarantie*, S. 314.

sierungen, der auch durch die Abwägungsklausel des Art. 14 Abs. 3 Satz 3 GG gesichert wurde, vereitelt werden.

V. Ausblick

Die restaurative Rechtslehre besaß in der frühen Bundesrepublik ein eindeutiges Übergewicht gegenüber liberalen und demokratischen, insbesondere vom Bundesverfassungsgericht vertretenen Gegenpositionen. In welchem Maße die alten Interpretationseliten in Fragen der Kontinuität der Gesellschaftsstruktur und des Staatsapparats dominierten, läßt sich exemplarisch daran ablesen, daß die Anhänger der Rechtsgültigkeit des Sozialisierungsartikels der Hessischen Verfassung in der Staatsrechtslehre der fünfziger Jahre eine ebenso verschwindende Minderheit darstellten,[107] wie diejenigen, die mit dem Bundesverfassungsgericht die unter dem NS-Staat bestehenden Beamtenrechte mit dem 8. Mai 1945 für erloschen erklärten.[108] Die restaurative Rechtslehre konnte unter den Bedingungen der fünfziger Jahre in starkem Maße schulenbildend wirken. Ihre Legitimationsgrundlagen lassen sich aber erschüttern, wenn die – dem Grundgesetz widersprechenden – antiliberalen und vordemokratischen Wurzeln restaurativer Rechtslehre, die den Zusammenbruch des »Dritten Reiches« in veränderter Form überdauert haben, systematisch bloßgelegt werden – eine gewichtige Forschungsaufgabe.

---

107 Gerd Winter, »Sozialisierung in Hessen 1946-1955«, in: *Kritische Justiz*, H. 2 (1974), S. 137-175, hier: 166.

108 Kirn, *Verfassungsumsturz*, S. 205.

Die Bewahrung der bürgerlichen Gesellschaft in der Zeit ihres tiefsten Sturzes

Carl Schmitts Positionen nach 1945

Mit der Zerschlagung des »Dritten Reiches« stehen die geistigen Trägerschichten des Regimes vor dem Problem, gedankliche Instrumente für eine Wiederbegründung der bürgerlichen Gesellschaft zu entwickeln, deren Legitimation angesichts der vielfachen Verstrickungen der traditionellen Eliten in das System der großen Verbrechen[1] – der Entrechtung der politischen Opposition, des Anstaltsmords, der Auslöschung der europäischen Juden und vieler anderer staatlicher Tötungs- und Diskriminierungsakte – fast vollständig zerfallen war. Eine nicht-bürgerliche Ordnung, wie sie von Deutschlandplanern der amerikanischen Regierung, vom Manifest der demokratischen Sozialisten des ehemaligen Konzentrationslagers Buchenwald[2] gefordert und in der hessischen Verfassung von 1946 – mit der Kombination von Freiheitsrechten, der Aufhebung der privaten Verfügung über große Produktionsmittel und der Garantie des Widerstandsrechts gegen eine normfreie Staatsgewalt – exemplarisch verwirklicht wird, erscheint als angemessene und mehrheitsfähige Antwort auf die NS-Herrschaft.

---

1 Raul Hilberg, *Täter, Opfer, Zuschauer. Die Vernichtung der Juden 1933-1945*. Frankfurt am Main 1992, insb. S. 35 f.; Hans-Jürgen Döscher, *Das Auswärtige Amt im Dritten Reich. Diplomatie im Schatten der »Endlösung«*. Berlin 1987, S. 181 ff., 213 ff.; Helmut Krausnick, *Hitlers Einsatzgruppen. Die Truppe des Weltanschauungskrieges* (1981). Frankfurt am Main 1985, S. 179 ff.; Hanns Heer, Klaus Naumann (Hg.), *Vernichtungskrieg. Verbrechen der Wehrmacht 1941-1944*. Hamburg 1995; Ingo Müller, *Furchtbare Juristen*. München 1987, S. 35 ff.; Ralph Angermund, *Deutsche Richterschaft 1919-1945*. Frankfurt am Main 1990; Bundesministerium der Justiz (Hg.), *Im Namen des Deutschen Volkes. Justiz und Nationalsozialismus*. Köln 1989; Manfred Messerschmidt, Fritz Wüllner, *Die Wehrmachtsjustiz im Dienste des Nationalsozialismus*. Baden-Baden 1987.

2 Alfons Söllner (Hg.), *Zur Archäologie der Demokratie. Analysen politischer Emigranten im amerikanischen Geheimdienst 1943-1945*. Bd. 1. Frankfurt am Main 1982; Joachim Perels, » Pläne der US-Administration für ein anderes Deutschland«, in diesem Band; Wolfgang Abendroth, *Aufstieg und Krise der deutschen Sozialdemokratie*. Frankfurt am Main 1964, Anhang, S. 123 ff.

In dieser Defensivsituation setzt Schmitts Denken, durch den Wegfall der Regierung Hitler nicht irre geworden am überkommenen Gesellschaftssystem, an den gesellschaftlich-politischen Problemlagen an, von deren Bewältigung eine Neu-Begründung der bürgerlichen Ordnung in Deutschland abhängt. Nach 1945 entwickelt Carl Schmitt in veröffentlichten und zunächst nicht veröffentlichten Arbeiten eine Position, die die NS-Diktatur in ein milderes Licht taucht und die Diskontinuität zwischen dem alten Regime und einer neuen demokratischen Gesellschaft in Frage stellt.

I. Die These der Wertneutralität von Industrie und Wissenschaft im NS-System

Die erste wissenschaftliche Arbeit, die Schmitt nach der Zerschlagung der NS-Herrschaft im August 1945 verfaßt, ist ein ausführliches Rechtsgutachten zugunsten von Friedrich Flick, jenem führenden Industriellen des »Dritten Reiches«, der sich einem von den Amerikanern geplanten Prozeß wegen der Mitverantwortung für die Vorbereitung eines Angriffskrieges gegenübersieht. Das Gutachten, das eine Beteiligung Flicks an der Entfesselung eines Angriffskrieges wegen der angeblichen Nicht-Existenz einer kriegsvölkerstrafrechtlichen Norm für nicht sanktionsfähig erklärt, enthält – parallel dazu – eine politisch-soziologische Funktionsbestimmung des Industriebürgertums im Nationalsozialismus: Es wird, im Gegensatz zu den Forschungsergebnissen der in der Emigration publizierten Untersuchungen von Franz Neumann und Ernst Fraenkel,[3] vom politischen Herrschaftszusammenhang der NS-Despotie abgetrennt. Die private Wirtschaft erscheint als unpolitische Größe, die wie in jedem anderen System wertfreie ökonomische Interessen vertritt. Schmitt schreibt: »(D)er einzelne Staatsbürger, der nicht zu den politisch bestimmenden Kreisen des Regimes gehörte, insbesondere der wirtschaftlich tätige Kaufmann und Industrielle, [mußte] das Urteil über Recht und Unrecht des Krieges seiner nationalen Regierung überlassen.«[4]

---

3 Franz Neumann, *Behemoth. Struktur und Praxis des Nationalsozialismus* (1942/44). Köln 1977; Ernst Fraenkel, *Der Doppelstaat* (1941). Frankfurt am Main 1974.

4 Carl Schmitt, *Das internationalrechtliche Verbrechen des Angriffskrieges und der Grundsatz »nullum crimen, nulla poena sine lege«*. Hg. v. Helmut Quaritsch. Berlin 1994, S. 74.

Menschen, die, wie Schmitt formuliert, »ökonomisch-unpolitisch tätig waren«[5], können, da sie nicht zur politischen NS-Führung gehörten, auch nicht in den Kriegsverbrecherprozessen zur Verantwortung gezogen werden. Friedrich Flick, ein Wirtschaftsmagnat, der die NSDAP in ihrer Aufstiegsphase mitfinanziert hatte und eine Fülle von Querverbindungen zu staatlichen Stellen der NS-Diktatur – zu Hitler, Göring und Himmler – besaß,[6] wird implizit zu einem »unpolitischen einzelnen Staatsbürger«[7] stilisiert – und damit rehabilitiert. Dabei war Flick selber Mitglied der NSDAP, u. a. Aufsichtsratsmitglied der Dresdner Bank von 1922-1945, in vielfacher Weise an der Expansion des nationalsozialistischen Deutschland und der Auspressung jüdischer Zwangsarbeiter beteiligt.[8] In den von der amerikanischen Militärregierung durchgeführten Ermittlungen gegen die Dresdner Bank heißt es zusammenfassend: »Die Dresdner Bank setzte ihre außerordentliche wirtschaftliche Macht in Deutschland und den eroberten Gebieten Europas dazu ein, der Durchführung der kriminellen Absichten des Nazi-Regimes Beihilfe zu leisten. Sie handelte als Komplize bei der Ausführung von Kriegsverbrechen und Verbrechen gegen den Frieden und die Menschlichkeit. Die direkte Verantwortung für diese Verbrechen liegt bei den Vorstandsmitgliedern der Dresdner Bank, die sie anordneten, bei den Mitgliedern des Aufsichtsrates, die sie billigten und sich daran beteiligten, und bei leitenden Mitarbeitern, die sie ausführten.«[9]

Parallel zur Abtrennung der Industrie vom politischen Herrschaftszusammenhang des »Dritten Reiches« bringt Schmitt das gesamte System »wissenschaftlicher« Rechtfertigungen der NS-Herrschaft, wie es insbesondere in der machtnahen Rechtswissenschaft entwickelt wurde, zum Verschwinden. Er behauptet, die Wissenschaft sei im »Dritten Reich« lediglich ihren immanenten Gesetzen gefolgt. In einer im Winter 1945/46 geschriebenen Antwort auf einen Vortrag des emigrierten Soziologen Karl Mannheim heißt es im Blick auf die Rolle der Wissenschaft im Nationalsozialismus: »Vor dem Forum des Geistes hat unsere

5 Ebd., S. 59.

6 Benjamin B. Ferencz, *Lohn des Grauens. Die verweigerte Entschädigung für jüdische Zwangsarbeiter*. Frankfurt am Main 1981, S. 197; Office of Military Government for Germany (OMGUS), *Ermittlungen gegen die Dresdner Bank* (1946). Nördlingen 1986, S. 220 ff.

7 Schmitt, *Verbrechen des Angriffskrieges*, S. 48.

8 *Dresdner Bank*, S. 91 ff.; Ferencz, *Lohn des Grauens*, S. 199.

9 *Dresdner Bank*, S. 8.

wissenschaftliche Arbeit nichts zu fürchten, nichts zu verhehlen und nichts zu bereuen.«[10] Ohne kritische Selbstreflexion spricht er von den »wissenschaftlichen Leistungen«, die der »deutsche Geist« »in den 12 Jahren von 1933-1945 in Deutschland hervorgebracht hat«,[11] denn, behauptet er an anderer Stelle, »die innerliche, restlose Gleichschaltung einer (...) Bildungsschicht ist ebenso schwierig wie ihre äußere Gleichschaltung glatt und einfach vonstatten geht«.[12]

Nimmt man nur die juristischen Arbeiten von Schmitt aus der NS-Zeit, so zeigt sich – entgegen der Ansicht von Halb-Adepten Schmitts –,[13] daß Schmitt sich nicht nur von 1933 bis 1936 in den Dienst des Regimes gestellt hat. Mit der Rechtfertigung der exekutivstaatlichen Aktionen des 30. Juni 1934, der scharfsinnig konstruierten nationalsozialistischen Staats- und Rechtstheorie von 1934 und der aktivistischen Propagierung des Antisemitismus in der Rechtswissenschaft im Jahre 1936[14] hat er keineswegs vorm blanken »Forum des Geistes« operiert, sondern, ohne erkennbare Differenz von inneren Vorbehalten und äußerer Gleichschaltung, die wissenschaftliche Wahrheit der Geltung des § 211 StGB, des normativen Legitimationsmangels der Diktatur und der Schriften jüdischer Rechtswissenschaftler an die nationalsozialistischen Zwingherren verraten hat.

Nachdem Schmitt 1936 durch eine Intrige der SS wichtige Ämter im Bereich der Rechtswissenschaft verloren hatte,[15] aber seine Professur an der Berliner Universität ebenso behielt wie seine Publikationsmöglichkeiten, reduziert sich sein Denken gleichwohl nicht auf wertfreie wissenschaftliche Diagnosen. Es ist auf strategische Punkte der Herrschaftssicherung und Herrschaftsausdehnung des nationalsozialistischen Regierungssystems gerichtet. In der 1938 veröffentlichten Schrift über den *Leviathan*[16] entwickelt Schmitt in der Kritik an der offenen Flanke

10 Carl Schmitt, »Antwortende Bemerkungen zu einem Rundfunkvortrag von Karl Mannheim« (1945/46), in: ders., *Ex Captivitate Salus*. Köln 1950, S. 22.

11 Ebd., S. 14.

12 Ebd., S. 18 f.

13 Vgl. etwa Paul Noack, *Carl Schmitt. Eine Biographie*. Berlin 1993, S. 207; Helmut Quaritsch, Nachwort zu: C. Schmitt, *Verbrechen des Angriffskrieges*, S. 132 f.

14 Carl Schmitt, »Der Führer schützt das Recht« (1934), in: ders., *Positionen und Begriffe im Kampf mit Weimar-Genf-Versailles. 1923-1939* (1940). 3. Aufl., Berlin 1994, S. 227 ff.; Carl Schmitt, *Über die drei Arten rechtswissenschaftlichen Denkens* (1934). 2. Aufl., Berlin 1993; Carl Schmitt, »Die deutsche Rechtswissenschaft im Kampf gegen den jüdischen Geist«, in: *Deutsche Juristen-Zeitung* (1936), S. 1193-1195.

15 Vgl. Noack, *Carl Schmitt*, S. 197 ff.

von Hobbes' autoritärem Staatskonzept den Gedanken einer restlosen Einziehung der Gewissensfreiheit, die die Allmacht des Staates noch in der Verfügung über das *forum internum* der Individuen, wie sie etwa 1939 in der Festlegung der evangelisch-lutherischen Landeskirche Hannovers auf die nationalsozialistische Weltanschauung ihren praktischen Ausdruck fand,[17] absolut sichert: Schmitt kritisiert, daß Hobbes »der staatlichen Macht zwar das Recht gibt, ein ›Zungenbekenntnis‹ gegen das Christentum zu verlangen, den ›inneren Glauben‹ aber außerhalb jedes Zwangs beläßt«. Aus der Tatsache, daß der »Vorbehalt der inneren privaten Gedanken- und Glaubensfreiheit in das politische System aufgenommen ist«, folgert Schmitt: »Er wurde zum Todeskeim, der den mächtigen Leviathan von innen her zerstört und den sterblichen Gott zur Strecke gebracht hat.«[18]

Der zusätzlichen Stabilisierung der Diktatur nach innen – durch die weitgehende Aufhebung der Glaubens- und Gewissensfreiheit – entspricht die Entwicklung von völkerrechtlichen Begriffen, die eine Legitimationsgrundlage für imperialistische Expansion liefern. Der wichtigste Begriff, den Schmitt hierfür verwendet, ist der der sog. Großraumordnung, der die Integrität und Unverletzlichkeit der Völkerrechtssubjekte und ihres jeweiligen Staatsgebietes durch eine über den jeweiligen staatlichen Bereich hinausweisende, in andere Staaten hineinreichende Raumordnungskompetenz ersetzt.[19] Kurz vor Kriegsbeginn macht Schmitt, in direktem positiven Bezug auf den Regierungschef des nationalsozialistischen Deutschlands, deutlich, was Großraumordnung heißt: Die »Erläuterungen der Führerrede vom 28. April 1939 (...) haben die Bahn zur Wiederherstellung des echten und ursprünglichen Gedankens der Monroedoktrin gebrochen«.[20] Schmitt zitiert Hitler mit den Worten: »Die gleiche Doktrin – wie Roosevelt für den amerikanischen Kontinent – vertreten wir Deutsche nun für Europa, auf alle Fälle aber für den Bereich und die Belange des Großdeutschen Reiches.«[21]

16 Carl Schmitt, *Der Leviathan* (1938). Köln 1982.

17 Joachim Perels, »Die Hannoversche Landeskirche im Nationalsozialismus 1935-1945«, in: *Junge Kirche*, Beiheft 9 (Bremen), (1995), S. 1-22, bes. S. 7.

18 Schmitt, *Leviathan*, S. 86.

19 Carl Schmitt, *Völkerrechtliche Großraumordnung mit Interventionsverbot für raumfremde Mächte* (1941). Berlin 1991.

20 Carl Schmitt, »Großraum gegen Universalismus« (1939), in: ders., *Positionen und Begriffe*, S. 342 f.

21 Ebd., S. 343.

Das Selbstbild, das Schmitt von der Rechtswissenschaft im »Dritten Reich« entwirft, ist ein ideologisches Konstrukt, das dessen Funktionalität für das NS-Regime ausblendet. Die Wahrnehmungsabwehr dient der Aufrechterhaltung des bürgerlichen Bewußtseins, das sich seiner Entlegitimierung durch Realitätsverleugnung entzieht.

II. Abwehr der Schuldfrage

Die Frage nach der Mitschuld der Deutschen an der Aufrechterhaltung der NS-Herrschaft, die von der Evangelischen Kirche in ihrer Stuttgarter Schulderklärung vom Oktober 1945 und vor allem von dem profiliertesten Pastor der Bekennenden Kirche, Martin Niemöller, in einer Fülle von Beiträgen selbstkritisch, ja selbstanklagend gestellt wird,[22] wehrt Schmitt entschieden ab. Bis auf die defensive Zwangssituation des Verhörs durch den stellvertretenden amerikanischen Hauptankläger Robert M. W. Kempner von 1947, in dem Schmitt nach einem Vorhalt allgemein bestimmte Äußerungen über das NS-System für »schauerlich« erklärt und bedauert,[23] finden sich in den von ihm publizierten bzw. zur Publikation vorgesehenen Arbeiten nach 1945 – das Verhör durch Kempner hat er nie selber veröffentlicht – keinerlei selbstkritische Bemerkungen mit Blick auf die legitimatorische Funktion seiner Schriften im NS-Staat. In einer offensiven Schuldabwehr stellt er fest: »Wir sind besiegt, zu Boden geworfen, subjungiert, gevierteilt, zertreten, aber in keiner wesentlichen Hinsicht vernichtet, auch nicht moralisch und juristisch.«[24] Das heißt: »Ich suche für mich und mein Volk die Freisprechung vom Verbrechen, und um mich konstruiert und organisiert alles nur neue Verbrechen und neue Kriminalisierung.«[25]

Schmitt spricht von sich als von einem »unschuldigen Menschen«, der auf einem »Scheiterhaufen« verbrannt werde, nachdem »Radbruch,

---

22 Martin Greschat (Hg.), *Die Schuld der Kirche.* München 1982; Martin Niemöller, *Reden 1945-1954.* Darmstadt 1958, S. 11 ff.

23 Robert M. W. Kempner, *Das Dritte Reich im Kreuzverhör* (1980). Düsseldorf 1984, S. 299.

24 Carl Schmitt, *Glossarium. Aufzeichnungen der Jahre 1947-1951.* Hg. v. Eberhard Freiherr v. Medem. Berlin 1991, S. 115. Zur Auseinandersetzung mit diesem Buch C. Schmitts siehe vor allem Jürgen Habermas, »Kants Idee des Ewigen Friedens«, in: *Kritische Justiz,* H. 3 (1995), S. 313-319. Das Glossarium ist offenbar von Schmitt selber zur Veröffentlichung vorgesehen worden. Die Publikation ist in der Notwendigkeit »begründet«, »sich selbst zu verteidigen« (ebd., S. 13).

25 Ebd., S. 229.

Röpke, Böhm u. a. das ihrige dazu getan haben«.[26] Schmitts Abwehrmechanismen gegenüber einer selbstkritischen Wahrnehmung seiner Rolle als Ideologe der NS-Diktatur sind so stark ausgebildet, daß er auch diesen Satz niederschreibt: »Ich (bin) noch imstande, Recht und Unrecht zu unterscheiden, was meine Verfolger anscheinend nicht mehr können.«[27] Am Ende geht er zur direkten Rechtfertigung seiner Schriften aus der NS-Zeit über: »Ich habe damals in den Jahren 1933-1936 mir und der Würde meiner Gedanken weniger vergeben als Plato sich und seinen Gedanken durch seine sizilianische Reisen vergeben hat.«[28] Zusammenfassend konstatiert er schließlich: »Das möchte auch ich nicht tun, jetzt Buße predigen.«[29] Schmitt kehrt das Verhältnis von Täter und Opfer um, bringt sich in die Nähe des verfolgten Christus: »Die meisten wahrhaft Armen (...) wurden von den Ausbeutern des Volkes gehängt. (...) So geschah es mit Jesus Christus, und ich hoffe, daß dies auch mich erwartet.«[30] Die theologischen Versatzstücke, etwa die leitmotivisch wiederkehrende Behauptung, er sei im Sinn der neutestamentlichen Tradition ein Katechon, ein Aufhalter des Antichrist (2. Thess. 2, 2 ff.),[31] haben mit der Botschaft Jesu, der seine Jünger die Erkenntnis ihrer eigenen Schuld gelehrt hatte – vergib uns unsere Schuld (Mt. 6, 12) –, nichts gemein. Es ist eine herrische Theologie, die den Gott der Bibel der eigenen Unbußfertigkeit dienstbar macht. Sie kulminiert in einem blasphemischen, gegen Entschädigungsansprüche der Opfer gerichteten Satz, in dem es – in einer Art Selbsterhöhung – heißt, daß »Mörder Christi dich verfolgen«.[32]

Die Schuldabwehr, die Heidegger gegenüber dem politischen Bereinigungsausschuß der Freiburger Universität ebenso an den Tag legte,[33] ist für Schmitt die Voraussetzung, um der zeitgenössischen Infragestellung der Rolle der Intelligenz im Nationalsozialismus zu begegnen. Gegen die intellektuellen Wortführer einer umfassenden individuellen und

26 Ebd., S. 137.
27 Ebd., S. 174.
28 Ebd., S. 18
29 Ebd., S. 9.
30 Ebd..
31 Vgl. hierzu Lutz Berthold, »Zur politischen Selbstglossierung C. Schmitts«, in: *Leviathan*, H. 2 (1993), S. 285-299.
32 Schmitt, *Glossarium*, S. 232.
33 Martin Heidegger, »Schreiben an den Vorsitzenden des politischen Bereinigungsausschusses Prof. v. Dietze (15.12.1945)«, in: Bernd Martin, *Martin Heidegger und das »Dritte Reich«*. Darmstadt 1989, S. 207 ff.

gesellschaftlichen Reflexion der Verantwortung für das Mordregime der Nazis richtet er seine Invektiven. Gustav Radbruch, Karl Jaspers und Karl Barth sieht er als seine wesentlichen Gegner an. Er schreibt: »Radbruch und Jaspers waren die geisteswissenschaftlichen Pinups des befreiten Deutschlands. (...) Zu jeder Denunziation entschlossen, erklären sie, daß sie bis zum äußersten kämpfen werden.«[34]

Auf die Arbeiten von Radbruch und Jaspers, die die rechtliche und die politisch-moralische Frage der Schuld systematisch entfalten, geht Schmitt, der von Ernst Jünger bis Wilhelm Grewe die zeitgenössische Literatur und Rechtswissenschaft engagiert verfolgt und kommentiert, mit keinem Wort ein. Gustav Radbruch entlegitimierte bekanntlich jenes Rechtssystem, das Schmitt als technische Herrschaftsapparatur ideologisch begründet hatte. In seiner ersten öffentlichen Äußerung von 1945 heißt es: »Was den Inhaber der Staatsgewalt gemeinnützig dünkt, jeder Einfall und jede Laune des Despoten, Strafe ohne Gesetz und Urteil, gesetzloser Mord an Kranken, sind Recht.«

Dieser nationalsozialistischen Unrechtsanschauung setzt Radbruch eine scharfe Gegenthese entgegen: »Wenn Gesetze den Willen zur Gerechtigkeit bewußt verleugnen, z. B. Menschenrechte (...) nach Willkür gewähren und versagen, dann fehlt diesen Gesetzen die Geltung, dann schuldet das Volk ihnen keinen Gehorsam, dann müssen auch die Juristen den Mut finden, ihnen den Rechtscharakter abzusprechen.«[35]

Bei Jaspers heißt es 1945 – und dieser Satz gilt auch für Schmitt –: »Wer am Rassenwahn teilnahm (...), wer schon damals geschehene Verbrechen in Kauf nahm, ist haftbar nicht nur, sondern muß sich moralisch erneuern. (...) Wer noch nicht sich selbst durchleuchtend seine Schuld begriffen hat, der wird die Neigung haben, den Ankläger anzuklagen.«[36]

Der zeitgenössischen Fragestellungen von Karl Barth, der das Selbstverständnis der Bekennenden Kirche gegenüber der weltanschaulichen Allgewalt des NS-Staates geprägt hatte und 1945 die Verankerung der Demokratie im Denken der Deutschen als die zentrale christliche Aufgabe ansah, entledigt sich Schmitt in einem denunziatorischen Akt: »Mit dem Christus des neugeborenen Menschen hat dieser Karl Barth doch wirklich nicht mehr zu tun, als irgendein (...) Papst.«[37]

---

34 Schmitt, *Glossarium*, S. 256.

35 Gustav Radbruch, »Rechtsphilosophische Besinnung« (1945) in: ders., *Der Mensch im Recht*. 2. Aufl., Göttingen 1961, S. 105-107, hier: 105 f.

36 Karl Jaspers, *Die Schuldfrage* (1945). München 1987, S. 61 f.

37 Schmitt, *Glossarium*, S. 167.

Karl Barth aber schreibt 1945: »Fragte man mich: wer hat mehr Verantwortung dafür, daß (...) das halbe Prozent Gangster oder die 99% der Ordentlichen?, so würde ich ohne weiteres sagen: diese, die Ordentlichen, sie hatten den Rechtsstaat wenigstens bis zu einem gewissen Grad gekannt und bejaht, was Hitler wohl nie getan hat. Sie waren moralisch und verfassungsmäßig seine Träger und Garanten. Und eben sie haben ihn verraten. (...) Sie und die deutschen Richter, Beamten, Pfarrer, Schriftsteller, Künstler usw., die man damals in Scharen den gleichen Weg alles Fleisches gehen sah, gehören doch (...) zu den 99% Gerechten? (...) Wie soll es denn in dem armen Deutschland je anders werden, wenn gerade die Gerechten nicht erkennen, daß sie nun rechtsumkehrt machen und damit ihren bisherigen Lauf und Weg faktisch desavouieren müssen?«[38]

Schmitt errichtet eine Wahrnehmungssperre für die Frage der Überwindung der einstigen Komplizenrolle im NS-Regime. Aus der Schuldabwehr, der vor-moralischen Ich-Verpanzerung, resultiert bei Schmitt eine Teil-Apologie des »Dritten Reiches«, die dessen Herrschaftssystem zwar nicht mehr in den alten Begriffen rechtfertigt, aber die Struktur des autoritären Staates in bestimmten Kernelementen verteidigt und die großen Mordverbrechen gegenüber den Juden, deren Vorstufe Schmitt 1936 in Form der wissenschaftlichen Entrechtung der Juden – »ein jüdischer Autor hat für uns keine Autorität«[39] – legitimiert hatte, durch Relativierung und geschichtstheologische Einordnung von der verantwortbaren politischen Realität abtrennt.

Der totale Staat, für Schmitt identisch mit der Kappung politischer Freiheitsrechte und der autoritären Sicherung der privaten Ökonomie,[40] ist für ihn, sofern die plebejisch-parteiliche Struktur einer NSDAP ausgeschaltet ist, nach wie vor die angemessene Regierungsform der bürgerlichen Gesellschaft: »Der totale Staat ist eine ebenso unvermeidliche wie rationalisierbare Sache; das Problem ist die totalitäre Partei.«[41]

Wie wenig gebrochen die Identifikation mit dem untergegangenen System ist, weil es Schmitts Staatstheorie in weitem Maße entsprach,

38 Karl Barth, *Zur Genesung des deutschen Wesens*. Stuttgart 1945, S. 88.

39 Schmitt, »Kampf gegen den jüdischen Geist«, S. 1195.

40 Carl Schmitt, »Gesunde Wirtschaft im starken Staat« (1932), abgedruckt in: Gert Brüggemeier (Hg.), *Entwicklung des Rechts im organisierten Kapitalismus*. Bd. 2. Frankfurt am Main 1979, S. 92-105.

41 Schmitt, *Glossarium*, S. 78.

zeigt die Bemerkung: »Was war denn eigentlich unanständiger? 1933 für Hitler einzutreten oder 1945 auf ihn zu spucken?«[42]

Die systematischen Morde, die ohne die Struktur des totalen, durch rechtliche Schranken prinzipiell nicht begrenzten Staates kaum möglich gewesen wären, werden nicht als Primärgeschehen der gerade auch von Schmitt geistig gestützten öffentlichen NS-Gewalt angesehen, sondern durch den Vergleich mit bestimmten Handlungen der Alliierten ihrer originären Qualität entkleidet: »Das Unrecht von Versailles steigert sich zum Unrecht Hitlers und dieses zum Unrecht von Jalta, Moskau und Nürnberg.«[43]

Der Völkermord findet bei Schmitt keine Sprache, wohl aber die alliierten Versuche, den Staatsapparat auszuwechseln, die mit dem Holocaust auf eine Stufe gestellt werden: »Die Genozide, Völkermorde, rührende Begriffe; ich habe ein Beispiel am eigenen Leib erlebt: Ausrottung des preußisch-deutschen Beamtentums im Jahre 1945.«[44]

Und an anderer Stelle erscheinen die Kriegführung der Vereinigten Staaten und die Nürnberger Prozesse als Großdelikte, die das Mordsystem der Regierung Hitler übertreffen: »Hitler hat große Verbrechen begangen, aber für die größten hat sich der Weltgeist doch andere Werkzeuge als diesen Hitler vorbehalten. Für die Atombombe und die Ex-post-Kriminalisierung des Angriffskrieges kommt Hitler schon nicht mehr in Betracht.«[45]

Zur Relativierung der Ermordung der Juden bedient sich Schmitt schließlich einer theologisch drapierten, für das Leiden der geringsten Brüder (Mt. 25, 25) empfindungslosen, in Wahrheit heidnischen Geschichtskonstruktion, in der Gott, nicht aber das NS-Regime indirekt für den Holocaust verantwortlich ist und die Juden, in böser Persistenz des Antisemitismus, für das als Rache ausgelegte Vorgehen gegen das besiegte Deutschland gleichsam schuldig werden: »Vor Gott ist alles Künftige schon gewesen (...). So besteht die Gerechtigkeit der göttlichen Weltordnung darin, daß sie das, was wir als unsere Gegenwart empfinden, ignoriert (z. B. das Hakenkreuz-Regiment des totalen Schreckens – der Verf.). Als Gott zuließ, daß Hunderttausende von Juden getötet

42 Ebd., S. 233.
43 Ebd., S. 228.
44 Ebd., S. 265.
45 Ebd., S. 191.

wurden, sah er gleichzeitig schon die Rache, die sie an Deutschland nahmen.«[46]

III. Negation der Ahndung von NS-Staatsverbrechen

Auch die juristischen Arbeiten Schmitts aus der unmittelbaren Nachkriegszeit sind in seinem Bezugssystem der Verweigerung der Verantwortung für das NS-System angesiedelt. Hierfür entwickelt er zwei miteinander verbundene Argumentationsstrategien: die Ahndung bestimmter Staatsverbrechen des »Dritten Reiches« – vor allem die im Kontrollratsgesetz Nr. 10 vom Dezember 1945 normierten Tatbestände der Verbrechen gegen den Frieden und der Verbrechen gegen die Menschlichkeit – stellt er mit der These, daß sie gegen das rechtsstaatliche Rückwirkungsverbot verstoßen, in Frage. Darüber hinausgehend entwirft er das Programm einer allgemeinen Amnestie von NS-Taten als eine der abendländischen Tradition angemessene Form von Rechtsverwirklichung.

Der Kern von Schmitts Angriff auf die strafrechtliche Ahndung der NS-Verbrechen besteht darin, daß er sie im rechtlichen Sinn für inexistent erklärt: »Es werden heute viele neue Verbrechen erfunden mit Tatbeständen, die jedem Kenner der Rechtsgeschichte verdächtig sein müßten. (...) Angriffskriege, Verbrechen gegen die Menschlichkeit, Genozidia; Verbrechen neuer Art.«[47]

Schmitt nennt das Kontrollratsgesetz Nr. 10, das die genannten Tatbestände enthält, ein »juristisches Monstrositätenkabinett«, vergleicht die Verfolgung der Nazis durch die Sieger mit der Hexenverfolgung und nennt insgesamt das Vorgehen der Alliierten gegen den nationalsozialistischen Staatsapparat eine »totale Entrechtung«.[48]

Der im Kontrollratsgesetz Nr. 10 festgelegte Tatbestand der Verbrechen gegen die Menschlichkeit, durch den Gewalt und Diskriminierungsakte des NS-Staates, die sich der technisch-juristischen Form bedienten, mit dem Ziel geahndet werden sollen, rechtsstaatliche Prinzipien gegenüber einer fessellosen Staatsgewalt durchzusetzen, wird von Schmitt *a limine* verworfen: »Ein Verbrechen gegen die Menschlichkeit« ist nur »die grellste aller Generalklauseln zur Vernichtung des Feinds«.[49]

---

46 Ebd., S. 45.
47 Ebd., S. 270.
48 Ebd., S. 307, 195, 106.
49 Ebd., S. 146.

Es sind, behauptet Schmitt sachwidrig, »Gesinnungsverbrechen«[50]; denn im Kontrollratsgesetz Nr. 10 werden gerade konkrete Handlungen – Mord, Ausrottung, Versklavung, Zwangsverschleppung, Freiheitsberaubung, Folterung, Vergewaltigung, Verfolgung aus politischen, rassischen oder religiösen Gründen – der Ahndung zugänglich gemacht.

Die Verbrechen der Nazis und ihre Verfolgung durch die Alliierten werden, um die strafrechtliche Relevanz der Handlungen des NS-Regimes auszuschalten, gleichgesetzt: »Die Verbrechen gegen die Menschlichkeit werden von Deutschen begangen. Die Verbrechen für die Menschlichkeit werden an Deutschen begangen.«[51]

Das von Schmitt verwendete Argument der »Ex-post-Kriminalisierungen«[52], das auch von den Verteidigern in den Nürnberger Prozessen in einer gemeinsamen Erklärung als Kernelement ihrer Strategie systematisch eingesetzt wurde,[53] impliziert, daß sämtliche innen- und außenpolitische Handlungen des NS-Regimes, sofern sie nur durch eine technisch-juristische Setzung – wie die Nürnberger Gesetze, die Kriegssonderstrafrechtsverordung, die Polenstrafrechtsverordnung, die Anweisung zur Deportation der Juden, die exzessiv interpretierten Hoch- und Landesverratsbestimmungen – »gedeckt« sind, sanktionsfrei bleiben müssen.[54]

---

50 Ebd., S. 145.

51 Ebd., S. 282.

52 Ebd., S. 38.

53 *Der Prozeß gegen die Hauptkriegsverbrecher vor dem Internationalen Militärgerichtshof*. Bd. I. Nürnberg 1947, S. 186 ff.

54 In seinem Gutachten für Flick vom August 1945 folgte Schmitt noch vor der Schaffung des Kontrollratsgesetzes Nr. 10 der Einsicht, daß »Verbrechen gegen die Menschlichkeit«, »atrocities« als »mala in se« betrachtet werden müssen: »Ihre Unmenschlichkeit ist so groß und so evident, daß es genügt, die Tatsachen und den Täter festzustellen, um ohne jede Rücksicht auf bisherige positive Strafgesetze eine Strafbarkeit zu begründen« (*Verbrechen des Angriffskrieges*, S. 23). Diese bemerkenswerte Position dient dem Ziel, Flicks Handlungen von Un-Taten zu unterscheiden und der Gedankenwelt der Alliierten in einem offenbar auf Flick nicht zutreffenden Fall entgegenzukommen, um den zentralen Anklagepunkt der Vorbereitung eines Angriffskrieges um so eher als Verstoß gegen das Rückwirkungsverbot abweisen zu können. Am Ende aber hatte Schmitts kurzzeitige Verwerfung des Rückwirkungsverbots eher taktische Bedeutung. Schmitt greift sie nicht mehr auf und polemisiert in großer Konsequenz gegen das Kontrollratsgesetz Nr. 10 – für ihn eine Vorschrift, die, nach den Worten Paul Bockelmanns, »noch nicht galt, als sie übertreten werden konnte« (Schmitt, *Glossarium*, S. 306). – Zur rechtsstaatlichen Kritik an der uneingeschränkten Geltung des Rückwirkungsverbots für NS-Täter vgl. Otto Kirchheimer, *Politische Justiz* (1961). Neuwied 1965, S. 480 ff.; Joachim Perels, »Die Restauration der Rechts-

Diese Position, die sich in der Rechtsprechung zu den NS-Justiz-Verbrechen nach 1950 tatsächlich durchsetzt,[55] hat eine umfassende Neu-Legitimation des nationalsozialistischen Staatsapparates aus scheinbar zwingenden Rechtsgründen zur Folge.

Die Lage ist paradox: Die Verfechter des Rückwirkungsverbots für NS-Taten – wie Schmitt – argumentieren mit einer rechtsstaatlichen Schlüsselkategorie und reproduzieren doch nur die rechtsstaatsfeindliche Struktur des NS-Regimes in der Form eines Sanktionsausschlusses für Staatsverbrechen. Diejenigen aber, die wie die Alliierten und Gustav Radbruch, dem Schmitt attestiert, daß seine »Entrüstung« über ihn mit der »Wut Hitlers auf die entartete Kunst« »identisch« sei,[56] das Rückwirkungsverbot gegenüber rechtsstaatsfeindlichen Akten des NS-Regimes – vor allem in Gestalt der systematischen Zerstörung des Gleichheitssatzes und eines unmenschlichen Strafexzesses – aufheben, realisieren gerade den rechtsstaatlichen Sinn des gegen eine verselbständigte Staatsgewalt gerichteten Rückwirkungsverbots. Bezeichnend genug ist, daß die juristischen Ideologen des NS-Staates und eben auch Schmitt, die nach 1945 sich auf das Rückwirkungsverbot zum fortdauernden rechtlichen Schutz der NS-Diktatur berufen, während des »Dritten Reiches« dessen Aufhebung im Rahmen der Schaffung staatlicher Allgewalt legitimiert hatten.[57] Ihr Positionswechsel ist nur ein formeller, inhaltlich nehmen sie, unter den gewandelten geschichtlichen Bedingungen nach 1945, ihre Position aus der Zeit des »Dritten Reiches«, daß der NS-Staat in seinen Rechtshandlungen keinen Schranken unterliegt und dafür keiner Sanktionen gewärtig sein muß, wieder auf.

---

lehre nach 1945«, in diesem Band; Clea Laage, »Die Auseinandersetzung um den Begriff des gesetzlichen Unrechts nach 1945«, in: Redaktion Kritische Justiz (Hg.), *Die juristische Aufarbeitung des Unrechts-Staats.* Baden-Baden 1998, S. 265-297; Thomas Blanke, »Der ›Rechtshistorikerstreit‹ um Amnestie«, in: *Kritische Justiz,* H. 2 (1995), S. 131-150; Wanja Andreas Welke, »Rückwirkungsverbot zugunsten staatlicher Kriminalität?«, in: *Kritische Justiz,* H. 3 (1995), S. 369-382.

55 Günter Spendel, *Rechtsbeugung durch Rechtsprechung.* Berlin 1984; Joachim Perels, »Die schrittweise Rechtfertigung der NS-Justiz«, in diesem Band.

56 Schmitt, *Glossarium*, S. 24.

57 Carl Schmitt, »Der Weg des deutschen Juristen«, in: *Deutsche Juristen-Zeitung* (1934), S. 691-694, hier: 693: »Heute wird jeder den Satz ›Kein Verbrechen ohne Strafe‹, nullum crimen sine poena, gegenüber dem Satz ›Keine Strafe ohne Gesetz‹, nulla poena sine lege, als die höhere und stärkere Rechtswahrheit empfinden.« Siehe hierzu Volker Neumann, *Der Staat im Bürgerkrieg.* Frankfurt am Main 1980, S. 158.

Mit dem Eintreten für die Unangreifbarkeit der technisch-juristischen Akte des nationalsozialistischen Staatsapparats korrespondiert, daß sich Schmitt gegen die von Hans Kelsen bestimmte, seinerzeit herrschende völkerrechtliche Lehre wendet, daß der deutsche Staat mit der Übernahme sämtlicher Staatsfunktionen durch die Alliierten nicht nur faktisch, sondern auch rechtlich untergegangen ist – mit der Folge, daß zwischen dem alten Regime und dem neu zu konstituierenden demokratischen Staat keinerlei Kontinuität – vor allem auf der Ebene des administrativen und des judikativen Apparates – besteht.[58] Schmitt geht auch hier auf die Argumentation von Kelsen nicht inhaltlich ein, sondern mobilisiert jene Ressentiments gegen einen Staatsrechtler, der in den fünfziger Jahren tatsächlich zum undeutschen Autor erklärt wurde.[59] Weil Kelsen das Zerbrechen der alten Staatsgewalt juristisch korrekt konstatiert, siedelt ihn Schmitt, versiert im Gebrauch mythologischer Bilder, buchstäblich in der Hölle (nicht aber in dem von den Alliierten erkämpften Feld politischer Freiheit) an: »Kelsens Raisonnement, um zu beweisen, daß Deutschland ein völkerrechtliches Nichts (...) ist und daß nur durch die Alliierten *ex nihilo* ein völlig anderes Deutschland geschaffen werden könnte, das nichts, aber auch nichts mit dem früheren zu tun hat – der Anblick dieses eifrigen Veranstalters von juristischen Vernichtungsmitteln erinnert mich an die kleinen Gehilfen in den Höllen des Hieronymus Bosch.«[60]

Wenn einer der profiliertesten Völkerrechtler und Gegner des nationalsozialistischen Systems in einem schuldverleugnenden Akt zum Agenten der Hölle gemacht wird, ist es konsequent, daß Schmitt das sanktionslose Vergessen staatlicher Straftaten, eine umfassende Amnestie frühzeitig und strategisch bewußt zum Programm erhebt. Anders kann die bürgerliche Gesellschaft und ihre staatlichen Institutionen, die ja auf vielen Ebenen in die Verbrechen des Regimes verstrickt waren,[61] nicht rehabilitiert werden. Schon 1947, nur ein Jahr nach dem Erscheinen

58 Hans Kelsen, »The International Legal Status of Germany to be established immediatly upon Termination of War«, in: *American Journal of Law*, Bd. 38 (1948), S. 689-694; ders., »The legal Status of Germany According to the Declaration of Berlin«, ebd., Bd. 39 (1945), S. 518-526.

59 Perels, »Restauration der Rechtslehre«, in diesem Band.

60 Schmitt, *Glossarium*, S. 162.

61 Siehe Nachweise Fn. 1.

von Eugen Kogons *SS-Staat*,[62] zur Zeit der Nürnberger Nachfolgeprozesse gegen die Herrschaftseliten des NS-Regimes, konstatiert Schmitt: »Die Amnestie gehört (...) zu den Urpositionen dessen, was man Recht nennen kann.«[63] Dem steht, so Schmitt, »fortwährend neues Aufwühlen des Mülleimers« entgegen – die »deutsche Pedanterie als Hindernis jeder vernünftigen Amnestie«.[64]

Eine der ersten noch anonym erscheinenden Veröffentlichungen von Schmitt, publiziert in der evangelischen Wochenzeitung »Christ und Welt«, entfaltet 1949 im einzelnen den Gedanken der Amnestie für NS-Täter. Dieser unter dem Titel »Amnestie – Urform des Rechts«[65] erschienene Artikel Schmitts, der später in eine Kampagne für die Amnestie für NS-Taten eingeht,[66] postuliert ohne jeglichen konkreten Blick auf die Massenverbrechen des Nationalsozialismus ganz allgemein, »dem guten Beispiel von Jahrtausenden zu folgen und in das Buch der Amnestie, auf dessen erster Seite die unvergänglichen Verse Homers stehen, ein neues Blatt zu fügen«.[67] Die Begründung für die Amnestie ist für Schmitt einfach: »Bei einer Amnestie im echten großen Sinne des Wortes handelt es sich um die Beendigung des Bürgerkrieges.«[68]

Diese These macht die NS-Staatsverbrecher der Nazis und das weitgespannte Netz ihrer kriminellen Agenten zu einer gleichsam wertneutralen Bürgerkriegspartei, die keine originären und einzigartigen Massenverbrechen an Juden, Russen, psychisch Kranken, Polen, Homosexuellen, politischen Oppositionellen begangen hat. Schmitt abstrahiert bei seinem Postulat der Amnestie von der Realität des nationalsozialistischen Systems der Rechtlosigkeit. Nur so kann er die Forderung einer allgemeinen Amnestie, die durch die Wahrnehmung der einzigartigen Verbrechen des »Dritten Reiches« jegliche Berechtigung verlöre und als – hinter der Maske des Rechts verborgener – Hohn gegenüber den Opfern kenntlich würde, »begründen«.

---

62 Eugen Kogon, *Der SS-Staat. Das System der deutschen Konzentrationslager*. München 1946.

63 Schmitt, *Glossarium*, S. 57.

64 Ebd.

65 *Christ und Welt* (10.11.1949).

66 Dirk v. Laak, *Gespräche in der Sicherheit des Schweigens. Carl Schmitt in der Geistesgeschichte der frühen Bundesrepublik*. Berlin 1993, S. 101 f.

67 Carl Schmitt, in: *Christ und Welt* (10.11.1949).

68 Ebd.

Zur Entwirklichung des Nationalsozialismus tritt ein weiteres Moment hinzu. Schmitt stellt, zur Stützung des Postulats der Amnestie, die Konfliktparteien des Zweiten Weltkrieges wiederum übereinstimmend mit Heidegger[69] auf eine Stufe: »Amnestie bedeutet, (...) daß die Menschen nach namenlosem gegenseitigen Unrecht eine neue Grundlage gerechten Zusammenlebens finden.«[70]

Im Begriff des gegenseitigen Unrechts werden die Organisatoren der Schoa und diejenigen, die die Menschen aus den Marter- und Vernichtungsstätten des »Dritten Reiches« mit militärischer Gewalt befreiten, in einer Aufrechnungslogik gleichgestellt, um den Blick von den eigenen Verbrechen abwenden zu können: Die Amnestie im Sinne von Schmitt ist nicht die Urform des Rechts, sondern das große Prinzip der Rechtszerstörung. Die normfreie Willkürmacht des NS-Staates bleibt gerechtfertigt, denn sie wird jeglicher rechtsstaatlicher Sanktion entzogen.

IV. Ausblick: Wirksamkeit von Schmitts Positionen in der Ära Adenauer

Gegenüber den weitgehend mehrheitsfähigen Ideen gesellschaftlicher und politischer Neuordnung, durch die die Herrschaftsapparate des NS-Regimes ausgeschaltet werden sollten, entwickelt Schmitt eine durchdachte restaurative Gegenperspektive.[71] Seine frühen strategischen Begriffe, die durch den zum Teil larmoyanten Ton seiner Nachkriegsschriften nichts von ihrer inhaltlichen Bedeutung einbüßen, enthalten zu einem wesentlichen Teil jene Legitimationsmuster für die Rekonstituierung der bürgerlichen Gesellschaft, die sich in der Ära Adenauer erst voll entfalten: die Tabuierung des Zusammenhangs von Industrie und NS-System,[72] die Abwehr der persönlichen Verantwortlichkeit für das

69 Vgl. Herbert Marcuse, »Brief an M. Heidegger vom 13.5.1948«, in: Martin, *Martin Heidegger*, S. 156 f.

70 Carl Schmitt, in: *Christ und Welt* (10.11.1949).

71 Vgl. zur Konstante von Schmitts Denken: Ingeborg Maus, *Bürgerliche Rechtstheorie und Faschismus*. München 1976; Jürgen Seifert, »Theoretiker der Gegenrevolution – Carl Schmitt 1888-1985«, in: Redaktion Kritische Justiz (Hg.), *Die juristische Aufarbeitung*, S. 363-372.

72 Eine Ausnahme war das Buch von George W. F. Halgarten, *Hitler, Reichswehr und Industrie* (1955). Frankfurt am Main 1962.

NS-Regime[73] und die vielfachen Amnestien von NS-Taten[74]. Schmitts scharfer Blick für die Stabilisierungsprobleme der bürgerlichen Gesellschaft in der Zeit ihres tiefsten Sturzes erwies sich als geschichtsmächtig.

73 Vgl. *Gruppenexperiment. Ein Studienbericht.* Bearb. v. Friedrich Pollock. Frankfurt am Main 1955; Theodor W. Adorno, »Was bedeutet: Aufarbeitung der Vergangenheit« (1959), in: ders., *Eingriffe.* Frankfurt am Main 1963, S. 125-146; Norbert Frei, »Das Problem der NS-Vergangenheit in der Ära Adenauer«, in: B. Weisbrod (Hg.), *Rechtsradikalismus in der politischen Kultur der Nachkriegszeit.* Hannover 1995, S. 19-146.

74 Joachim Perels, »Amnestien für NS-Täter in der Bundesrepublik«, in diesem Band.

Die Aufhebung der Legalität des politischen Demonstrationsstreiks

I.

Zu Beginn des Jahres 1954 veröffentlichte Richard Schmid, seinerzeit Präsident des Oberlandesgerichts Stuttgart, einen Aufsatz in den *Gewerkschaftlichen Monatsheften* unter der Überschrift »Zum politischen Streik«.[1] Schmid nahm zu der zeitgenössischen juristischen und politischen Debatte, die durch den befristeten, 48stündigen Zeitungsstreik der IG-Druck und Papier vom 27./28. 5. 1952 gegen das geplante Betriebsverfassungsgesetz ausgelöst worden war, pointiert Stellung. Er erklärte einen politischen Demonstrationsstreik grundsätzlich für rechtmäßig. Schmids Aufsatz löste eine heftige, vom Arbeitgeberverband, von der Baden-Württembergischen CDU, von konservativen Wochenzeitungen und Monatszeitschriften, ja selbst vom *Spiegel* getragene Kampagne aus, bei der Schmid immerhin von dem der FDP angehörenden Baden-Württembergischen Justizminister Haussmann Rückhalt bekam, aber auch von Wolfgang Abendroth in einem längeren Aufsatz entschieden unterstützt wurde.[2] Schmid wurde als Anwalt des Rechtsbruchs abgestempelt. Der Verband Württemberg-Badischer Metallindustrieller erklärte, es stehe Schmid als einem hohen Richter nicht an, zu der Frage des politischen Streiks überhaupt Stellung zu beziehen.[3] In einem nahezu zehn Seiten langen Kommentar eines der CDU nahestehenden Justizpressedienstes hieß es, daß Schmid sich »einer Terminologie bediente, die auch die Begriffssprache der Kommunisten ist«, um daran

1 Richard Schmid, »Zum politischen Streik«, in: *Gewerkschaftliche Monatshefte*, H. 1 (1954), S. 1-8.

2 *Der Spiegel* (10.3.1954), S. 7-8; Wolfgang Abendroth, »Der politische Streik. Wissenschaftliche Diskussion oder politische Treibjagd?« in: *Gewerkschaftliche Monatshefte*, H. 5 (1954), S. 258-263, wiederabgedruckt in: ders., *Arbeiterklasse, Staat und Verfassung*. 2. Aufl., Köln 1977, S. 54 ff.

3 *Frankfurter Allgemeine Zeitung* (25.2.1954).

die Suggestivfrage anzuschließen, »ob Schmid nicht die Wertordnung der rechts- und sozialstaatlichen Demokratie verletzt und mithin das Grundrecht der freien Meinungsäußerung in einer Weise gebraucht hat, die das zulässige Maß überschritt« – mit der möglichen Folge, »Schmid unter Richteranklage zu stellen«.[4]

Die Baden-Württembergische CDU brachte Schmids Aufsatz mit seiner in der Sozialistischen Arbeiterpartei geleisteten illegalen Arbeit gegen die NS-Diktatur, für die Schmid 1940 vom Volksgerichtshof zu drei Jahren Zuchthaus wegen Hochverrat verurteilt wurde, negativ in Verbindung: »Für uns liegt es nahe, daß wir zwischen diesen rein kommunistischen Äußerungen« – Schmid hatte die wirtschaftlichen Druckmittel der Arbeitgeber am Beispiel der Einflußnahme der Sektindustrie auf die Gesetzgebung erläutert – »und der Vergangenheit Schmids eine Verbindung ziehen.«[5] Tatsächlich wurde Schmid von der CDU vorgeworfen, daß er im Kampf gegen die nationalsozialistische Herrschaft versucht habe, Kontakt zur illegalen KPD herzustellen.[6] Daß sozialistischer Widerstand gegen das »Dritte Reich«, der, wie das Verhalten von Teilen des Kreisauer Kreises und Julius Lebers zeigt, auch die Verbindung zu Gruppen der kommunistischen Opposition einschloß,[7] als Anknüpfungspunkt für die Diffamierung Richard Schmids und seiner Argumentation für die Rechtmäßigkeit des politischen Demonstrationsstreiks gewählt werden konnte, kennzeichnet das konservative Meinungsklima der frühen Ära Adenauer.

II.

Die Austragung des Konflikts um das Recht des politischen Demonstrationsstreiks wurde nicht unwesentlich durch politische Sonderbedingungen in der Bundesrepublik vorgeformt: Aus der weitgehenden Übernahme der staatlichen Funktionseliten der nationalsozialistischen Diktatur und damit auch des Justizapparats und der Professoren der

4 Karl Nennstiel, »Kritik an einem Oberlandesgerichtspräsidenten. Randbemerkungen zum Fall Schmid – sine ira et studio«, in: *Die Dritte Gewalt*, Nr. 4/5 (28.2./1.3.1954), S. 28-36, bes. S. 28 f., 31.

5 *Der Spiegel* (10.3.1954), S. 7.

6 Ebd., S. 8.

7 Ger van Roon, *Neuordnung im Widerstand. Der Kreisauer Kreis innerhalb der deutschen Widerstandsbewegung*. München 1967, S. 274 f.; Dorothea Beck, *Julius Leber. Sozialdemokrat zwischen Reform und Widerstand*. Berlin 1983, S. 189, 195 f.

rechtswissenschaftlichen Fakultäten[8] ergab sich das Problem, ob das für diese Funktionseliten unter dem NS-Regime bestimmende autoritäre Denken, wie es in der vollständigen Negation der Koalitionsfreiheit und des Streikrechts zum Ausdruck gekommen war, im demokratischen Verfassungsstaat der Bundesrepublik überwunden werden konnte oder modifiziert fortlebte.

In der gegenwärtigen zeitgenössischen Forschung wird das für die frühe Bundesrepublik zentrale Problem der Kontinuität der Funktionseliten der NS-Diktatur zwar erkannt. Es wird aber in seiner Brisanz zunehmend verdrängt oder mindestens bagatellisiert. In einer Studie, die der Rolle des Kontinuitätsproblems in der »Staats- und Nationalpolitik« gewidmet ist, erklärt Werner Conze den Begriff der Restauration für illegitim und unzutreffend. Dieser Begriff sei »vor allem von kommunistischer Seite (...) verwendet«[9] worden. Dabei ist er nicht zuletzt von demokratischen und christlichen Sozialisten, von Kurt Schumacher, Walter Dirks und Eugen Kogon Ende der vierziger und Anfang der fünfziger Jahre eingeführt worden,[10] um den Sieg der ökonomischen Führungsschichten und des alten Staatsapparats über die nach 1945 zunächst starken, auf gesellschaftliche – und nicht allein politische – Neuordnung zie-

---

8 Vgl. Lutz Niethammer, »Zum Verhältnis von Reform und Rekonstruktion in der US-Zone am Beispiel der Neuordnung des öffentlichen Dienstes«, in: Wolf-Dieter Narr, Dieter Thränhardt (Hg.), *Die Bundesrepublik Deutschland. Entstehung, Entwicklung, Struktur.* Königstein 1979, S. 47-59, bes. S. 52 f.; Joachim Reinhold Wenzlau, *Der Wiederaufbau der Justiz in Nordwestdeutschland 1945-1949.* Königstein 1979; Joachim Feest, »Die Bundesrichter. Herkunft, Karriere und Auswahl der juristischen Elite«, in: W. Zapf (Hg.), *Beiträge zur Analyse der deutschen Oberschicht.* 2. Aufl., München 1965, S. 95-113; Roderich Wahsner, »Das Arbeitsrechtskartell. Die Restauration des kapitalistischen Arbeitsrechts in Westdeutschland nach 1945«, in: *Kritische Justiz,* H. 4 (1974), S. 369-386; Helmut Fangmann, »Die Restauration der herrschenden Staatsrechtswissenschaft nach 1945«, in: Udo Reifner (Hg.), *Das Recht des Unrechtsstaates.* Frankfurt am Main 1981, S. 211-276; s. dazu auch meine Rezension in: *Kritische Justiz,* H. 1 (1984), S. 104-110; zum Gesamtkomplex der Rekonstruktion der Funktionseliten der NS-Diktatur s. die fundierte Studie von Lutz Niethammer, *Die Mitläuferfabrik. Die Entnazifizierung in Bayern* (1972). 2. Aufl., Berlin 1982, bes. S. 483 ff.

9 Werner Conze, »Staats- und Nationalpolitik. Kontinuität und Neubeginn«, in: ders., Rainer Lepsius (Hg.), *Sozialgeschichte der Bundesrepublik Deutschland. Beiträge zum Kontinuitätsproblem.* Stuttgart 1983, S. 441-467, bes. 462, Anm. 18.

10 Verhandlungen des Deutschen Bundestages, 1. Wahlperiode, Stenographische Berichte, 6. Sitzung 21.9.1949, S. 32; Walter Dirks, »Der restaurative Charakter der Epoche«, in: *Frankfurter Hefte,* H. 9 (1950), S. 942-954; Eugen Kogon, »Beinahe mit dem Rücken zur Wand«, in: *Frankfurter Hefte,* H. 9 (1954), S. 641-645.

lenden Kräfte zu bezeichnen. »Der Begriff der Restauration für die westdeutsche Entwicklung seit 1947 entspricht«, meint Conze, »um so weniger der Wirklichkeit, als trotz, wegen oder inmitten der Fortsetzungen und Anknüpfungen eine tiefgreifende Wandlung des politischen Verhaltens der Deutschen (...) eingetreten ist«, die sich in der »Hinwendung zur freiheitlichen Demokratie« zeige.[11]

Während Conze das Restaurationsproblem für inexistent hält, schlägt Hermann Lübbe den umgekehrten Weg ein. Ausgerechnet in einem Gedenkvortrag zur 50. Wiederkehr der Errichtung der NS-Diktatur rechtfertigt Lübbe die nahezu uneingeschränkte Übernahme der Professoren des »Dritten Reiches« als große Integrationsleistung der jungen Demokratie, die erst durch kritische Rückfragen während der Studentenbewegung wieder in Frage gestellt worden sei: »Der im Widerstand bewährte Kollege wurde Rektor (was keineswegs durchgehend galt, J. P.). Um so mehr verstand es sich (der Rektor war also politisch in der Minderheit, J. P.), daß er seinem sich gebotener Weise zurückhaltenden Ex-Nazi-Kollegen gegenüber darauf verzichtete, die Situation, die sich aus der Differenz ihrer politischen Biographien ergab, in besonderer Weise hervorzukehren oder gar (!) auszunutzen. (...) In dieser Diskretion (also der Verdrängung der intellektuellen Komplizenschaft von Professoren mit der entsetzlichsten Despotie der deutschen Geschichte, J. P.) vollzog sich der Wiederaufbau der Institution, der man gemeinsam (!) verbunden war« (als säßen die geistigen Träger der NS-Herrschaft und die ins Exil gejagten Gelehrten im selben Boot, J. P.).[12]

Selbst Hans Ulrich Wehler, der sich mit seinen Schriften und Editionen große Verdienste um die Wiederaneignung der während der Ära Adenauer fast vollständig der Vergessenheit anheimgefallenen Tradition sozialhistorischer und demokratischer Außenseiter der Geschichtswissenschaft erworben hat, nähert sich, wenn auch mit kritischen Gegenakzenten, dem ebenfalls von Lübbe entwickelten Gedanken, daß die Institutionen der Bundesrepublik sich nicht gegen das latent nationalsozialistische Potential in der Bevölkerung hätten konstituieren können. Gegenüber der Forderung einer »entschiedenen Kritik« an der »bösen Vergangenheit in der Bürokratie, in der Justiz« entwirft Wehler ein Hor-

---

11 Conze, »Staats- und Nationalpolitik«, S. 463.

12 Hermann Lübbe, »Es ist nichts vergessen, aber einiges ausgeheilt. Der Nationalsozialismus im Bewußtsein der deutschen Gegenwart«, in: *Frankfurter Allgemeine Zeitung* (24.1.1983); zur Kritik s. auch Helmut Dubiel, Günter Frankenberg, »Entsorgung der Vergangenheit«, in: *Die Zeit* (18.3.1983).

rorgemälde, angesichts dessen das »Regime der Mitläufer« (Nemitz) als akzeptable Alternative erscheint: Der »Verzicht auf einen rigorosen Bruch mit der Vergangenheit (...) verhinderte, ein rein numerisch gewaltiges Potential von Unzufriedenen, Diskriminierten, Bestraften zu schaffen, das sich zu einem unbestreitbar hochbrisanten, politischen Sprengstoff hätte verbinden können«.[13]

Anders als eine Argumentation, welche die Inkorporation der Führungsschichten der NS-Diktatur in die Bundesrepublik, entgegen den einstigen Plänen wichtiger Kräfte der politischen Emigration und des Widerstands,[14] legitimiert, sieht Hans-Peter Schwarz immerhin das – freilich vorschnell als gelöst unterstellte – Problem, daß die Übernahme der Funktionseliten des »Dritten Reiches« ohne entsprechende Gegengewichte die Demokratie beeinträchtigen konnte: »Der Abschluß der Entnazifizierung und die Rückkehr des früheren Personals brachte zwar Verschiebungen. Aber in den maßgebenden Stellen saßen nun doch vielfach Amtsinhaber, die in den ersten Nachkriegsjahren als eine Art Gegenelite zum Zuge gekommen waren und dafür Sorge trugen, daß sich die Beamtenschaft künftig auf dem Boden der freiheitlich-demokratischen Grundordnung bewegte.«[15]

Die These, daß die Übernahme der Funktionseliten des nationalsozialistischen Staates sich nicht negativ auf die Geltung der demokratischen Verfassung ausgewirkt habe, läßt sich im Blick auf bestimmte rechtliche Entwicklungen der fünfziger Jahre in Zweifel ziehen. Am Beispiel der in der Auseinandersetzung um Richard Schmid nur zugespitzten Debatte um die Rechtmäßigkeit des politischen Demonstrationsstreiks kann gezeigt werden, daß die Repräsentanten einer demokratischen »Gegenelite«, sofern sie aus der Tradition der sozialistischen Arbeiterbewegung kamen, in eine reine Außenseiterposition abgedrängt waren: In dem führenden arbeitsrechtlichen Lehrbuch von Hueck-Nipperdey(-Säcker) firmiert Richard Schmids Position zusammen mit

---

13 Hans Ulrich Wehler, »30. Januar 1933. Ein halbes Jahrhundert danach«, in: *aus politik und zeitgeschichte*, B. 4-5 (29.3.1983), S. 43-54, bes. S. 45.

14 Alfons Söllner (Hg.), *Zur Archäologie der Demokratie in Deutschland. Analysen politischer Emigranten im amerikanischen Geheimdienst. 1943-1945.* Bd. 1. Frankfurt am Main 1982, S. 149 ff., 184 ff., 226 ff.; van Roon, *Neuordnung im Widerstand*, S. 566 ff.; »Manifest der demokratischen Sozialisten des ehemaligen Konzentrationslagers Buchenwald«, in: Wolfgang Abendroth, *Aufstieg und Krise der deutschen Sozialdemokratie*, Frankfurt am Main 1964, S. 123-127, hier: 124. Vgl. auch die zusammenfassende Darstellung von Niethammer, *Die Mitläuferfabrik*, S. 68 ff.

15 Hans-Peter Schwarz, *Die Ära Adenauer 1949-1957.* Stuttgart 1981, S. 411.

der von Wolfgang Abendroth (seinerzeit Richter am Hessischen und Bremischen Staatsgerichtshof, Mitglied der Vereinigung Deutscher Staatsrechtslehrer) und Fritz Bauer (damals Generalstaatsanwalt in Braunschweig) als die einer wirkungslosen Minderheit: »a. A.«.[16] Die die Rechtmäßigkeit des politischen Demonstrationsstreiks verfechtende Minderheitsmeinung wurde aber gerade von Autoren vertreten, die einst als sozialistische Gegner der NS-Diktatur von deren Staatsapparat verfolgt, ins Konzentrationslager oder ins Zuchthaus geschickt worden waren,[17] während die in Literatur und Rechtsprechung bis heute nur wenig angefochtene h. M. zur zivilrechtlich begründeten Rechtswidrigkeit des politischen Demonstrationsstreiks wesentlich von Hans Carl Nipperdey entwickelt wurde,[18] der im »Dritten Reich« als Professor für Arbeits-

---

16 Alfred Hueck, Hans Carl Nipperdey, Horst Säcker, *Lehrbuch des Arbeitsrechts*. 7. Aufl., 2. Bd., 2. Halbbd., Berlin 1970, S. 886, Anm. 10 e, bezogen auf folgende Beiträge: Wolfgang Abendroth, »Die Berechtigung gewerkschaftlicher Demonstrationen für die Mitbestimmung der Arbeitnehmer in der Wirtschaft« (Zeitungsstreikgutachten) (1952), in: ders., *Antagonistische Gesellschaft und politische Demokratie*. 2. Aufl., Neuwied 1972, S. 203-250; Fritz Bauer, »Politischer Streik und Strafrecht«, in: *Juristenzeitung*, H. 21 (1953), S. 649-653; Richard Schmid, »Zum politischen Streik», in: *Gewerkschaftliche Monatshefte*, H. 1 (1954), S. 1-7.

17 Zur Biographie von Fritz Bauer, Wolfgang Abendroth und Richard Schmid vgl.: Richard Schmid, »Fritz Bauer 1903-1968«, in: *Kritische Justiz*, H. 1 (1968), S. 60 f.; Wolfgang Abendroth, *Ein Leben in der Arbeiterbewegung*. Gespräche, aufgezeichnet und herausgegeben von Barbara Dietrich und Joachim Perels. 3. Aufl., Frankfurt am Main 1977; »Richard Schmid, Kurzbiographie«, in: H. Grebing (Hg.), *Lehrstücke in Solidarität. Briefe und Biographien deutscher Sozialisten, 1945-1949*. Stuttgart 1983, S. 371; s. auch Joachim Perels, »Ein Jurist mit Rückgrat. Richard Schmid zum 85. Geburtstag«, in: *Vorgänge*, H. 3 (1984), S. 5-10.

18 Hans Carl Nipperdey, »Die Erstattungsansprüche für die Schäden, die durch den von den Gewerkschaften gegen das geplante Betriebsverfassungsgesetz geführten Zeitungsstreik vom 27.-28. Mai 1952 entstanden sind«, o. O. 1953 (*Schriftenreihe der Bundesvereinigung der Deutschen Arbeitgeberverbände*, Heft 9, 1953). Vgl. die zusammenfassende Darstellung und Kritik der herrschenden Meinung bei Thomas Blanke, Dieter Sterzel, *Beamtenstreikrecht*. Neuwied 1980, S. 76 ff.; Ulrich Mückenberger, »Der Demonstrationsstreik«, in: *Kritische Justiz*, H. 3 (1980), S. 258-274, bes. 263 ff. m. w. Nachw. sowie Theodor Maunz, Günter Dürig, Roman Herzog, Rupert Scholz, *Grundgesetzkommentar*. München 1983, Rdnr. 316, 375 für die herrschende Lehre im Verfassungsrecht m. w. Nachw. Zwar wird in der Kommentierung durch Scholz die Rechtmäßigkeit eines Streiks nicht durch ein tarifvertragliches Kampfziel bestimmt. Scholz siedelt jedoch den politischen Arbeitskampf außerhalb des Koalitionszwecks an und erklärt ihn damit – im Ergebnis doch übereinstimmend mit der herrschenden Arbeitskampfdoktrin – für rechtswidrig. S. hierzu Mückenberger, ebd., S. 270 f., Anm. 78. Vgl. auch Henning Zwirner, »Beamtenstreik, eine Bestandsaufnahme zum Thema: Protest- und Verweigerungsmaßnahmen von

recht das »Gesetz zur Ordnung der Nationalen Arbeit« affirmativ kommentiert hatte,[19] das die Koalitionsfreiheit gewerkschaftlicher Organisationen auf Dauer beseitigte. An der Seite von Nipperdey stand, wenn auch mit anderem theoretischen Zugriff, Ernst Forsthoff, der 1933 die Zerstörung der demokratischen Verfassung von Weimar, die »Unterstellung unter das innerlich bejahte neue totale Lebensgesetz des Staates« legitimiert hatte.[20]

Das Übergewicht der aus dem »Dritten Reich« in die Verfassungsordnung der Bundesrepublik gelangten juristischen Funktionselite sagt freilich noch nichts über die Stringenz der Argumente für oder gegen die Rechtmäßigkeit des politischen Demonstrationsstreiks aus; sie müssen immanent, insbesondere auf ihre verfassungsrechtliche Begründbarkeit untersucht werden.

III.

Richard Schmid trägt in seinem Aufsatz – ähnlich wie vor ihm schon Abendroth und Bauer – wesentlich drei Argumente dafür vor, daß ein Streik »auf keinen Fall deshalb rechtswidrig sein kann, weil er ein politisches Ziel hat«.[21]

1 . »Die Grenze von politischem und nichtpolitischem (i. S. von arbeitsrechtlichem, J. P.) Streik (...) ist kaum zu ziehen«, weil »Fragen der Arbeitszeit, der Lohnhöhe, der Lohnart (...), sobald sie ganze Industriezweige betreffen, durchaus politischer Natur (sind).«[22]

2. Der politische Demonstrationsstreik ist kein, wie Forsthoff behauptete, Angriff auf das Monopol der parlamentarischen Willensbildung. Er ist ein gewerkschaftliches Mittel, um die demokratisch nicht legitimierte Einflußnahme der Wirtschaft auf den politischen Entscheidungsprozeß über die von ihr abhängige Presse, über die Finanzierung

---

Lehrern unter dienstrechtlichen Gesichtspunkten«, in: *Im Brennpunkt. Meinungen – Modelle – Materialien aus der Arbeit der GEW.* Frankfurt am Main, November 1979, S. 5-9. Zum politischen Streikrecht allgemein vgl. Wolfgang Däubler, *Das Arbeitsrecht.* Reinbek 1976, S. 136 ff., sowie für die herrschende Meinung G. Schaub, *Arbeitsrechtliches Handbuch.* 4. Aufl., München 1980, S. 1000.

19 Alfred Hueck, Hans Carl Nipperdey, Rolf Dietz, *Gesetz zur Ordnung der nationalen Arbeit.* Kommentar. 3. Aufl., München 1939, S. 341 f.

20 Ernst Forsthoff, *Der totale Staat.* Hamburg 1933, S. 43.

21 Schmid, »Zum politischen Streik«, S. 2.

22 Ebd., S. 1.

von Parteien, über das unkontrollierte Zusammenwirken mit der hohen Bürokratie wenigstens ansatzweise auszugleichen. Wenn diese Einflußnahme legal ist, muß den Gewerkschaften ein ebenfalls legales Gegengewicht zugebilligt werden, das den politischen Demonstrationsstreik als letztes Mittel einschließt.

3. Die Konstruktion von Nipperdey, der politische Demonstrationsstreik sei als Eingriff in den eingerichteten und ausgeübten Gewerbebetrieb nach § 823 Abs. 1 BGB rechtswidrig, ist verfehlt. Schmids Erwartung, daß diese seinerzeit ungewöhnliche Konstruktion »nicht lange halten«[23] werde, hat sich allerdings als unzutreffend erwiesen.

Die Pointe der Argumentation Richard Schmids (sowie derjenigen Fritz Bauers und Wolfgang Abendroths) besteht nun darin, daß sie der Sache nach – Fritz Bauer tat dies auch ausdrücklich – an die demokratische Arbeitsrechtslehre der Weimarer Republik anknüpfte, die die politische Dimension der Koalitionsfreiheit ernst nahm, während Forsthoff und Nipperdey genau dies vermieden. Sie orientierten sich mit ihrer staatsrechtlichen und zivilrechtlichen Interpretation an einem vordemokratischen Verfassungsmodell, in dem die Koalitionsfreiheit und das mit ihr ermöglichte Streikrecht einzig als Korrelat der Tarifvertragsfreiheit zugelassen sind, die öffentliche Gewalt aber als Adressat des Streikrechts grundsätzlich nicht in Betracht kommt.

Forsthoffs Argumentation, die 1953 von einem großen Teil der erstinstanzlichen Arbeitsgerichte übernommen wurde und die der Sache nach bis heute in Rechtsprechung und Lehre fortwirkt,[24] reflektiert die strategische Bedeutung einer auf den Staat zielenden, politischen Dimension des Streikrechts. Der politische Streik werde zu einem »verfassungspolitischen Problem von besonderem Rang«, insbesondere im Blick auf die »Abhängigkeit der modernen hochindustrialisierten Gesellschaft von der Integrität der Wirtschaft«.[25] Forsthoff postuliert einen notwendigen Zusammenhang zwischen der Funktion einer von den ge-

23 Ebd., S. 6.

24 Xenia Rajewsky, *Arbeitskampfrecht in der Bundesrepublik*. Frankfurt am Main 1970, S. 37 f., LAG München, in: *Neue Juristische Wochenschrift* (1980), S. 957 ff., 959; Manfred Löwisch, »Der rundfunkpolitische Streik«, in: *Recht der Arbeit* (1982), S. 73-81, 79 ff.

25 Ernst Forsthoff, Alfred Hueck, »Die politischen Streikaktionen des Deutschen Gewerkschaftsbundes anläßlich der parlamentarischen Beratung des Betriebsverfassungsgesetzes in ihrer verfassungs- und zivilrechtlichen Bedeutung. Zwei Rechtsgutachten«, in: *Schriftenreihe der Bundesvereinigung der Deutschen Arbeitgeberverbände*, H. 6 (1952), S. 20.

sellschaftlichen Kräften gesonderten neutralen Staatsgewalt und der Gewährleistung des auf den Arbeitskampf zwischen Arbeitnehmern und Arbeitgebern begrenzten Streikrechts. Ein politischer Demonstrationsstreik, dessen Adressat der Staat bzw. die Organe staatlicher Willensbildung sind, tastet nach Forsthoff die verfassungsrechtlich verbürgte »Autonomie des Staates im Verhältnis zu allen denkbaren Sozialfaktoren« an und liefert ihn »oligarchischen Herrschaftsgruppen« (W. Weber) aus.[26]

Abgesehen davon, daß das Theorem des neutralen Staates jeweils das Dekor bildete, hinter dem sich die Parteilichkeit des Staates zugunsten der jeweiligen Oberschichten verbarg – Radbruch sprach in diesem Zusammenhang von der »Lebenslüge des Obrigkeitsstaates«[27] –, ist dies Theorem begrifflich dadurch charakterisiert, daß die durch politische Freiheitsrechte in einer parlamentarischen Demokratie verbürgten Vermittlungsformen von Gesellschaft und Staatsgewalt – mit Ausnahme des allgemeinen Wahlrechts – in ihrem verfassungsrechtlichen Stellenwert systematisch unbeachtet bleiben. Wenn eine demokratische Wahl zum Parlament stattgefunden hat, wird die Einwirkung gesellschaftlicher Kräfte auf das Parlament für illegitim erklärt, als sei die demokratische Staatsgewalt für die jeweilige Wahlperiode definitiv von den sozialen Gruppen getrennt. Da Forsthoff, befangen in obrigkeitsstaatlichem Denken, die für die Demokratie konstitutive Rolle der politischen Freiheitsrechte und damit auch der Koalitionsfreiheit wie des durch sie ermöglichten Streikrechts verkennt, muß ihm die aus verfassungsrechtlichen Garantien begründbare Rolle des politischen Demonstrationsstreiks verschlossen bleiben. Die zeitlich begrenzte Ausübung von Druck auf das Parlament, dessen Entscheidungskompetenz dabei nicht in Frage gestellt wird, erscheint dann sachwidrig als ein »Angriff auf die Staatswillensbildung«,[28] als Nötigung eines Verfassungsorgans, die als vorsätzliche sittenwidrige Schädigung des betroffenen Unternehmens nach § 826 BGB zum Schadensersatz verpflichtet.[29] Wenn dagegen die Koalitionsfreiheit auch als eine Garantie des demokratischen Prozesses begriffen wird, sind zeitlich begrenzte politische Demonstrationsstreiks wie in der Weimarer Republik der Massenstreik vom Juni 1922 aus An-

26 Forsthoff, ebd., S. 28, 30.

27 Gustav Radbruch, »Die politischen Parteien im System des deutschen Verfassungsrechts«, in: Gerhard Anschütz, Richard Thoma (Hg.), *Handbuch des Deutschen Staatsrechts*. Bd. 1, Tübingen 1930, S. 286-295, hier: 289.

28 Forsthoff, »Die politischen Streikaktionen«, S. 30.

29 Ebd., S. 30.

laß der Ermordung von Walther Rathenau, in dem eine Vielzahl politischer Forderungen an den demokratischen Gesetzgeber gerichtet wurden, oder wie der ebenfalls an den Gesetzgeber adressierte westdeutsche Generalstreik vom November 1948 grundsätzlich legale Aktionsformen im Rahmen der demokratischen Verfassungsordnung.[30]

Die – aus der Dogmatik der Koalitionsfreiheit freilich detaillierter zu entwickelnde – Rechtmäßigkeit des politischen Demonstrationsstreiks wird noch einsichtiger, wenn man sich die autoritäre Denktradition vergegenwärtigt, aus der Forsthoffs begriffliches Instrumentarium stammt. Forsthoff hatte, geprägt vom Denken Carl Schmitts, dem er in der Interpretation des Demonstrationsstreiks durch vielfaches Zitieren seiner Schriften (einschließlich eines 1940 erschienenen, den Kampf gegen die Weimarer Demokratie dokumentierenden Sammelbandes) weitgehend folgt,[31] im Jahre 1933 genaue Vorstellungen von einer neutralen Staatsgewalt. Forsthoff sah die Aufgabe einer derartigen Staatsgewalt – und er bezog sich dabei auf die Formulierung eines Soziologen – darin, als »Institution zu fungieren«, die »unabhängig von dem sozialen Antagonismus die effektiven Machtmittel besitzt, um ihn autoritär zu ordnen«.[32] Diese Aufgabe hatte nach Forsthoff die Regierung Hitler erfolgversprechend übernommen.[33] In der Option für die nationalsozialistische Diktatur kommt der Begriff des neutralen, den gesellschaftlichen Gegensätzen vorgeblich entrückten Staates zu sich selbst: In ihm ist die Trennung der öffentlichen Gewalt von den Wirkungsmöglichkeiten politischer Freiheitsrechte, nicht zuletzt durch die Beseitigung der Koalitionsfreiheit, Wirklichkeit geworden.

Was in Forsthoffs Konstruktion die demokratiewidrig von der Gesellschaft gesonderte, sogenannte neutrale Staatsgewalt ist, das ist bei Nipperdey das Recht am eingerichteten und ausgeübten Gewerbebetrieb

---

30 Vgl. Abendroth, »Die Berechtigung gewerkschaftlicher Demonstrationen«, S. 219. Zu den Kampfzielen der politischen Streiks von 1922 und 1948 vgl. Hermann Grote, *Der Streik*. Köln 1952, S. 55 ff., 59 ff., und Gerhard Beier, *Der Demonstrations- und Generalstreik vom 12. November 1948*. Frankfurt am Main 1975.

31 Forsthoff, »Die politischen Streikaktionen«, S. 12, 24 ff. Auf S. 26 scheut sich Forsthoff nicht, einen Aufsatz von Carl Schmitt (Staatsethik und pluralistischer Staat) nach dem gegen die Weimarer Demokratie gerichteten Sammelband: Carl Schmitt, *Positionen und Begriffe im Kampf mit Weimar-Genf-Versailles. 1923-1939*. Hamburg 1940, zu zitieren; Forsthoff läßt allerdings einen wesentlichen Teil des Titels von Schmitts Buch weg, nämlich die Worte: »im Kampf mit Weimar-Genf-Versailles«.

32 Forsthoff, *Der totale Staat*, S. 25.

33 Ebd., S. 29 ff.

nach § 823 Abs. 1 BGB, das als absolute Schranke eines auch auf die politische Sphäre bezogenen Streikrechts gilt.[34] Den Schutzbereich der Koalitionsfreiheit und des Streikrechts – das freilich damals noch nicht allgemein anerkannt wurde – bilden damit allein die arbeitsrechtlichen Beziehungen zwischen Arbeitgeber und Arbeitnehmer. Obgleich Nipperdey eine derartige, auf § 823 Abs. 1 BGB gestützte Konstruktion noch 1949 ausdrücklich abgelehnt hatte – im Falle eines Streiks, schrieb er, »liegt keine widerrechtliche Verletzung des sog. Rechts am eingerichteten und ausgeübten Gewerbebetrieb vor«[35] –, wählt Nipperdey vier Jahre später, in einer Wendung um 180 Grad, genau jenen § 823 Abs. 1 BGB als Haftungsgrundlage für Sanktionen gegen einen politischen Demonstrationsstreik.

Im Unterschied zu Forsthoff und auch zu Alfred Hueck hatte Nipperdey erkannt, daß § 826 BGB als Haftungsgrundlage wenig geeignet ist, weil dessen tatbestandmäßige Struktur scharf konturiert ist: nicht jede rechtswidrige Handlung ist zugleich sittenwidrig; an den Vorsatz werden erhöhte, alle Schadensfolgen einbegreifende Anforderungen gestellt; es muß ein Rechtswidrigkeitszusammenhang in der Weise bestehen, daß der Adressat des Kampfziels und des Kampfmittels nicht auseinanderfallen. Bei einem politischen Demonstrationsstreik treten diese Momente jedoch auseinander, so daß, selbst wenn man von einer rechtswidrigen Parlamentsnötigung sprechen wollte, § 826 BGB nicht als Haftungsnorm in Frage käme, weil dessen Schutzobjekt nicht die Entschließungsfreiheit des Parlaments ist.[36]

Zwischen der zivilrechtlichen Haftungsnorm des § 826 BGB und des auch auf die öffentliche Gewalt bezogenen, auf die Koalitionsfreiheit gestützten Streikrechts bestand kein struktureller Gegensatz, weil § 826 enge Haftungsgrenzen festlegte und damit die politische Dimension der Koalitionsfreiheit im Prinzip nicht tangierte. Indem aber § 826 BGB durch § 823 Abs. 1 BGB ersetzt wird, weitet sich der Haftungsumfang stark aus: Der tatbestandsmäßige Eingriff in ein absolutes Recht im Sinne des § 823 Abs. 1 BGB indiziert regelmäßig die Rechtswidrigkeit. Hatte Nipperdey früher das – nicht lösbare – Kardinalproblem eines aus

34 Nipperdey, »Die Erstattungsansprüche«, S. 33 ff.

35 Hans Carl Nipperdey, »Das Recht des Streiks in Deutschland«, in: *Süddeutsche Juristenzeitung*, (1949), S. 811-815. Zum Positionswechsel Nipperdeys s. auch Thilo Ramm, »Streik und Arbeitsvertragsbruch«, in: *Arbeit und Recht*, (1964), S. 129-134, hier: 132.

36 Nipperdey, »Die Erstattungsansprüche«, S. 32 f.

§ 823 Abs. 1 BGB abgeleiteten Rechts am eingerichteten und ausgeübten Gewerbebetrieb darin gesehen, die Widerrechtlichkeit eines Eingriffs festzustellen,[37] so meint er nun, dies Problem könne dadurch gelöst werden, daß man den von Hans Welzel für die Strafrechtsdogmatik entwickelten Begriff der Sozialadäquanz zur Bestimmung der Rechtmäßigkeit einer Handlung übernehme. Nipperdey definiert sozialadäquates Verhalten als »sozial-übliches, normales, im Rahmen der geschichtlich gewordenen und auch heute anerkannten sozialen Ordnung des Gemeinschaftslebens sich bewegendes Handeln, mit dem jeder in unserer Wirtschafts- und Gesellschaftsordnung rechnen muß«.[38] Mit dieser Formel, durch die sozial-unüblichem, aber verfassungsrechtlich durch die Koalitionsfreiheit möglicherweise garantiertem sozialem Handeln die Legalitätsbasis entzogen werden kann, wird das Problem der Rechtmäßigkeit eines Verhaltens auf die Ebene sozialer Ordnungsvorstellungen und politischer Wertungen verschoben.[39] Damit wird die rechtsstaatliche Garantiefunktion objektiver Tatbestände, welche die Handlungsfreiheit der Individuen und sozialer Organisationen schützen, ausgehöhlt. Dem wäre nur zu begegnen, wenn die Garantie der Koalitionsfreiheit einer derartigen Entgrenzung eines zivilrechtlichen Haftungstatbestands entgegenwirkte. Aber gerade dies geschieht bei Nipperdey nicht. Für ihn bilden die Ausweitung des Haftungsumfangs des § 823 Abs. 1 BGB und die Begrenzung der Koalitionsfreiheit auf die Tariferzwingungsfunktion zwei Seiten derselben Medaille. Das Grundrecht der Koalitionsfreiheit wird, wie Ulrich Mückenberger im einzelnen herausgearbeitet hat, einem in Art. 9 Abs. 3 GG hineinprojezierten, verfassungsrechtlich nicht begründbaren zivilrechtlichen Funktionsvorbehalt unterstellt.[40] Dieser Überordnung der privatrechtlichen Position des § 823 Abs. 1 BGB über die Koalitionsfreiheit erlaubt dann einen politischen Demonstrationsstreik wegen der Lahmlegung von Betrieben als sozialinadäquaten Eingriff in den eingerichteten und ausgeübten Gewerbebetrieb für rechtswidrig zu erklären, weil es sich in einem derartigen Fall »nicht um einen Streik um die Arbeitsbedingungen gegen den Arbeitgeber handelte«.[41]

37 Hueck-Nipperdey, *Lehrbuch des Arbeitsrechts.* II. Band. 3.-5. Aufl., Mannheim 1932, S. 665.

38 Nipperdey, »Die Erstattungsansprüche«, S. 44.

39 Rudolf Wiethölter, »Zur politischen Funktion des Rechts am eingerichteten und ausgeübten Gewerbebetrieb«, in: *Kritische Justiz,* H. 2 (1970), S. 121-139, bes. 132 ff.

40 Mückenberger, »Der Demonstrationsstreik«, S. 263 ff.

41 Nipperdey, »Die Erstattungsansprüche«, S. 51 f., 45.

Die Fragwürdigkeit der grundsätzlichen Abtrennung der Koalitionsfreiheit von einer politischen Aufgabenstellung durch Forsthoff und Nipperdey wird vollends deutlich, wenn man auf jene Argumente zurückgreift, die – und dies ist eine bemerkenswerte Wendung in der Interpretationsgeschichte – Nipperdey einst selber unter der Geltung der Weimarer Reichsverfassung (WRV) für die Rechtmäßigkeit des politischen Demonstrationsstreiks ins Feld geführt hatte.

In der WRV war die Koalitionsfreiheit folgendermaßen garantiert: »Die Vereinigungsfreiheit zur Wahrung und Förderung der Arbeits- und Wirtschaftsbedingungen ist für jedermann und für alle Berufe gewährleistet. Alle Abreden und Maßnahmen, welche diese Freiheit einschränken oder zu behindern suchen, sind rechtswidrig« (Art. 159). Diese Formulierung bedeutete, daß die auf Lohn- und Arbeitsbedingungen beschränkte Koalitionsfreiheit des § 152 Abs. 1 GewerbeO, die unter dem wilhelminischen Obrigkeitsstaat bis 1918 gegolten hatte, dadurch erweitert wurde, daß die Koalitionsfreiheit sich nicht mehr nur auf die Lohn- und Arbeitsbedingungen, sondern auch auf die Wirtschaftsbedingungen bezieht. Nipperdey hat 1930 die politische Dimension dieser Funktionserweiterung der Koalitionsfreiheit sehr klar erkannt. In seinem der Koalitionsfreiheit gewidmeten Beitrag in dem von ihm herausgegebenen Sammelband *Grundrechte und Grundpflichten der Reichsverfassung* schreibt Nipperdey: Aus dem in Art. 159 WRV enthaltenen Begriffspaar der »Wahrung und Förderung der Arbeits- und Wirtschaftsbedingungen« folge »unbestreitbar«, daß das Ziel der Koalitionen »die Hebung der allgemeinen Lage ihrer Mitglieder« sei, »ohne daß an konkrete Arbeitsverhältnisse angeknüpft werden müßte«. »Unter ›Arbeitsbedingungen‹ [fällt] vor allem das, was tarifvertraglich geregelt werden kann. ›Wirtschaftsbedingungen‹ ist darüber hinaus die Sammelbezeichnung für alle arbeitsrechtlich-sozialpolitischen Interessen der Koalierten.« Das aber bedeutet, daß die Koalitionen »nicht darauf beschränkt [sind], gegenüber dem sozialen Gegenspieler die Förderung der Arbeits- und Wirtschaftsbedingungen zu vertreten. Sie können und müssen die Interessen ihrer Mitglieder auch gegenüber dem Staat, vor allem hinsichtlich der zukünftigen Gesetzgebung wahrnehmen. Die Besonderheit des Art. 159 liegt (...) darin, daß er durch seine weite Wortfassung die Aufgaben der wirtschaftlichen Vereinigungen auch auf das politische Gebiet ausdehnt, soweit es sich um sozial- und wirtschaftspolitische Förderung handelt (›Wirtschaftsbedingungen‹ (...)). Diese

Wahrnehmung der Mitgliederinteressen gegenüber dem Staat ist ebenso geschützt wie gegenüber dem sozialen Gegenspieler.«[42]

Die aus der verfassungsrechtlichen Normierung hervorgehende, auch auf den politischen Bereich bezogene Aufgabenstellung der Koalitionsfreiheit hatte für Nipperdey folgerichtig unmittelbare Konsequenzen für die Bestimmung der Rechtmäßigkeit des politischen Demonstrationsstreiks. In dem gemeinsam mit Alfred Hueck verfaßten »Lehrbuch des Arbeitsrechts« von 1932 beschränkt Nipperdey das Kampfziel des Streikrechts nicht auf die »Bedrängung des sozialen Gegenspielers«, vielmehr heißt es ausdrücklich: »Mit der Bedrängung des sozialen Gegenspielers [kann aber auch] ein Druck auf Dritte, vor allem auf die Staatsgewalt (Gesetzgebung, Regierung) beabsichtigt sein, um ein politisches Ziel zu erreichen (politische Streiks, Proteststreik) .«[43] Nipperdey wendet sich zur Verdeutlichung ausdrücklich gegen die Position von Kaskel, daß der Begriff des Arbeitskampfes allein dann anwendbar sei, »wenn das Kampfziel die Erlangung günstiger Arbeitsbedingungen« sei. Er hält diese Auffassung offenbar auf Grund seiner verfassungsrechtlichen Argumentation im Blick auf die größere Reichweite des Art. 159 WRV – für »zu eng«. Denn »Arbeitskämpfe«, »die um politische Ziele geführt werden, aber auch die bloßen Demonstrationsstreiks« fallen auch unter den Begriff des Arbeitskampfes, da dieser Begriff sich allein durch das Kampfmittel, nicht aber durch das Kampfziel definiert: »Arbeitskampf ist der Kampf nicht um seiner arbeitsrechtlichen Ziele willen, sondern weil die Kampfmittel von Parteien des Arbeitslebens gegen ihre sozialen Gegenspieler angewendet werden (...).«[44]

Diese Position hinsichtlich der begrifflichen Bestimmung des Arbeitskampfes bzw. des Streiks ist – im Gegensatz zu Nipperdeys nachträglicher Interpretation in der 6. Auflage seines Lehrbuchs von 1957 – keine bloße Beschreibung tatsächlicher Vorgänge, aus der sich für die

---

42 Hans Carl Nipperdey, »Koalitionsrecht«, in: ders (Hg.), *Die Grundrechte und Grundpflichten der Reichsverfassung*. Bd. III. Berlin 1930 (Reprint Kronberg 1975), S. 397-399. Hervorhebungen von Nipperdey. Fritz Bauer hat bereits 1953 auf diese Interpretation hingewiesen (Bauer, »Politischer Streik und Strafrecht«, S. 651), ohne daß die herrschende Meinung, vor allem Nipperdey selbst, darauf eingegangen wäre.

43 Hueck, Nipperdey, *Lehrbuch Arbeitsrecht*, S. 651 f.

44 Ebd., (Fn. 9). In der Neubearbeitung des arbeitsrechtlichen Lehrbuchs von Walter Kaskel von 1932 wird die Ansicht Kaskels, daß allein die Erkämpfung günstigerer Arbeitsbedingungen Ziel des Arbeitskampfes sein könne, ausdrücklich aufgegeben: auch politische Streiks werden für möglich erklärt. Walter Kaskel, Hermann Dersch, *Arbeitsrecht*. 4. Aufl. Berlin 1932, S. 421.

Bestimmung der Rechtmäßigkeit von Streiks keine Folgerung ergebe.[45] Vielmehr macht Nipperdey den Begriff des Arbeitskampfes allein am Kampfmittel fest, um die politische Komponente des Streikrechts im Rahmen der Koalitionsgarantie der WRV zu halten; nicht umsonst wendet sich Nipperdey mit Hilfe seines weiten Begriffs des Arbeitskampfes gegen eine Entscheidung des Reichsarbeitsgerichts, die nur den Kampf um kollektivrechtliche Ziele als Arbeitskampf ansah.[46] Wie sehr mit einem derartigen Begriff des Arbeitskampfes die Rechtmäßigkeit des politischen Demonstrationsstreiks bejaht wird, zeigt sich schließlich auch daran, daß Nipperdey in dem Abschnitt über rechtswidrige Arbeitskämpfe und ihre Folgen im Blick auf die Möglichkeit eines Verstoßes gegen die guten Sitten nach § 826 BGB ausdrücklich feststellt: »Auch ideelle Ziele, namentlich die Bekundung eines Solidaritätsbewußtseins (... politischer Streik (...)) (...) sind in der Regel nicht zu beanstanden.«[47]

Mit der Schaffung des Grundgesetzes hat sich an der gegenüber der Rechtslage unter dem Obrigkeitsstaat erweiterten Garantie der Koalitionsfreiheit nichts geändert. Auch das GG sichert in Art. 9 Abs. 3 die Koalitionsfreiheit im Blick auf die Wahrung und Förderung der Arbeits- und Wirtschaftsbedingungen. Diese Garantie wird im GG gegenüber der Rechtslage unter der Weimarer Verfassung noch verstärkt. Konnte die Koalitionsfreiheit nach der WRV noch durch einfaches Gesetz wegen der fehlenden Grundrechtsbindung des Gesetzgebers sehr weitgehend eingeschränkt werden, so ist diese Möglichkeit im Grundgesetz versperrt: Art. 9 Abs. 3 GG ist gegenüber den exekutiven, legislativen und judikativen Gewalten als unmittelbar geltendes Recht besonders geschützt (Art. 1 Abs. 3 GG). Mittlerweile ist das Streikrecht im Blick auf die Wahrung und Förderung der Arbeits- und Wirtschaftsbedingungen auch verfassungsrechtlich ausdrücklich verbürgt (Art. 9 Abs. 4 GG), jenes Streikrecht, das im Grundgesetz von 1949 noch nicht explizit gewährleistet war, obgleich es durch Nichterwähnung – wie selbst Forst-

---

45 Alfred Hueck, Hans Carl Nipperdey, *Lehrbuch des Arbeitsrechts*. II. Band. 6. Aufl. Berlin 1957, S. 609, Anm. 11.

46 Hueck, Nipperdey, *Lehrbuch Arbeitsrecht*, S. 652, Anm. 9 mit Bezug auf RAG Bensh. Sammlung, Bd. 13, S. 569; s. dazu die kritische Anmerkung von Nipperdey, ebd., S. 576 f.

47 Hueck, Nipperdey, *Lehrbuch Arbeitsrecht*, S. 667 f. Zur Position von Nipperdey in der Weimarer Republik vgl. auch Andreas Kaiser, »Arbeitsrechtswissenschaft und Gewerkschaften gegen Ende der Weimarer Zeit«, in: Reifner (Hg.), *Das Recht des Unrechtsstaates*, S. 130 ff., 135 f.

hoff erkannte[48] – nicht ausgeschlossen werden sollte. Jedenfalls kann die Reichweite des Streikrechts nicht enger sein als die Garantie der Koalitionsfreiheit zur Wahrung und Förderung der Arbeits- und Wirtschaftsbedingungen.

Nun heißt es allerdings bei Forsthoff und in der späteren Literatur und Rechtsprechung zum politischen Demonstrationsstreik, daß entsprechend den Beratungen im Parlamentarischen Rat im Grundgesetz kein allgemeines politisches Streikrecht garantiert werden sollte.[49] Daran ist so viel richtig, daß ein rein politischer Streik, der sich nicht auf die Wahrung und Förderung der Wirtschaftsbedingungen richtet und der – wie Zinn seinerzeit argumentierte – insofern gegen die Rechtsordnung verstößt, nicht zugelassen werden sollte.[50] (Ein Streik zur Verteidigung der demokratischen Verfassungsordnung wird hiervon, vor allem angesichts des inzwischen in Art. 20 Abs. 4 GG eingefügten Widerstandsrechts, nicht berührt.) Eine darüber hinausgehende Begrenzung des politischen Demonstrationsstreikrechts hätte, auch wenn dies die Intention von einzelnen Mitgliedern des Parlamentarischen Rates gewesen war – Th. Heuss wollte z. B. das Streikrecht auf den Bereich der Lohn- und Arbeitsbedingungen beschränken[51] –, verfassungsrechtlich normiert werden müssen, um rechtswirksam zu werden. Der Rückgriff auf Einzelmotive aus dem Parlamentarischen Rat kann nicht an die Stelle der konkreten verfassungsrechtlichen Regelung treten. Angesichts der auf Wirtschaftsbedingungen bezogenen Erweiterung der Koalitionsfreiheit durch die Weimarer Verfassung und ihrer im Grundgesetz noch verstärkten Übernahme ist somit ein politischer Demonstrationsstreik, der auf die Förderung der Wirtschaftsbedingungen zielt, rechtmäßig.[52] Es ist kein Zufall, daß in arbeitsrechtlichen Interpretationen, die das politische Demonstrationsstreikrecht *a limine* abweisen, der Begriff der Wirtschaftsbedingungen einfach unerwähnt bleibt:[53] als beschränke sich die Koalitionsfreiheit allein auf die Wahrung und Förderung der Arbeitsbedingungen. Umgekehrt war die verfassungsrechtliche Erkenntnis, daß durch die Garantie des Schutzbereichs der Wirtschaftsbedingungen in

48 Forsthoff, »Die politischen Streikaktionen«, S. 16.

49 Ebd. Hugo Seiter, *Streikrecht und Aussperrungsrecht*. Tübingen 1975, S. 69.

50 *Jahrbuch des öffentlichen Rechts der Gegenwart*. Neue Folge, Bd. 1. Bearb. v. Klaus-Bert v. Doeming, Rudolf Werner Füßlein, Werner Matz. Tübingen 1951, S. 118.

51 Ebd., S. 121.

52 Vgl. auch Mückenberger, »Der Demonstrationsstreik«, S. 272, Anm. 84.

53 Wolfgang Zöllner, *Arbeitsrecht*. 3. Aufl., München 1983, S. 364.

Art. 9 Abs. 3 GG die Möglichkeit eröffnet wird, daß der Adressat des Kampfmittels und der Adressat des Kampfziels im Fall von politischen Demonstrationsstreiks legal auseinanderfallen, im Tarifvertragsrecht noch ungebrochen – entgegen der seit den fünfziger Jahren herrschenden Arbeitskampfdoktrin.[54] Im § 14 Ziff. 2 des Manteltarifvertrages für das Graphische Gewerbe vom 28. 5. 1949 – der Vertrag wurde also kurz nach Inkrafttreten des Grundgesetzes abgeschlossen – hieß es unzweideutig: »Die vertragsschließenden Organisationen verpflichten sich (...), keine im Widerspruch mit den getroffenen Abmachungen ausbrechenden Streiks oder Aussperrungen zu unterstützen. Ausgenommen sind Generalstreiks und Demonstrationen, die in Gemeinschaft oder unter Leitung der Gewerkschaftsbünde oder des Gewerkschaftsbundes durchgeführt werden und sich nicht ausschließlich auf den Tarifkontrahenten beziehen.«[55]

Indem nun Nipperdey in seinem Gutachten zum Zeitungsstreik von 1952 und die ihm – bis auf das LAG Berlin – folgenden Landesarbeitsgerichte das Recht am eingerichteten und ausgeübten Gewerbebetrieb als ungeschriebene Schranke in den Art. 9 Abs. 3 GG hineinprojezierten,[56] wurde die 1919 kodifizierte und durch das Grundgesetz übernommene (und bestandsfester ausgestaltete) Erweiterung der Koalitionsfreiheit entgegen dem eindeutigen Wortlaut der Verfassung durch restaurative Umdeutung rückgängig gemacht. So zeigt der Ausgang der Auseinandersetzung um die Legalität des politischen Demonstrationsstreiks, daß die Garantie der Koalitionsfreiheit auf das Niveau des kaiserlichen Obrigkeitsstaates zurückgeschraubt werden konnte. Denn im wilhelminischen Rechtssystem war die in § 152 Gewerbeordnung gewährleistete Koalitionsfreiheit zur Erlangung günstigerer Lohn- und Arbeitsbedingungen so ausgelegt worden, daß sie sich allein auf die Beziehungen von Arbeitern und Unternehmern, nicht aber auf die Tätigkeit der Staatsorgane erstreckt: Gegenüber einem angeklagten Arbeiter, der an den Reichstag eine Petition auf Beschränkung der Arbeitszeit, der Frauen- und Kinderarbeit gerichtet hatte, wies das Reichsgericht im Jahre 1887

---

54 Vgl. Blanke, Sterzel, *Beamtenstreikrecht.*

55 Zit. bei Nipperdey, »Die Erstattungsansprüche«, S. 60. S. hierzu auch Abendroth, »Die Berechtigung«, S. 224 f.

56 Nipperdey, »Die Erstattungsansprüche«; LAG Frankfurt am Main, in: *Recht der Arbeit*, H. 5 (1953), S. 195, LAG München, in: *Recht der Arbeit*, H. 7 (1953), S. 278, LAG Freiburg, in: *Neue Juristische Wochenschrift*, H. 3 (1953), S. 1278; abweichend LAG Berlin, in: *Neue Juristische Wochenschrift*, H. 34 (1954), S. 124.

die Ansicht ausdrücklich zurück, daß alles, was in Gesetzgebung und Verwaltung darauf abzielt, die materiell-wirtschaftlichen Verhältnisse der lohnarbeitenden Klassen zu verbessern, von der Koalitionsfreiheit geschützt sei: »Der § 152 GewerbeO hat es absolut nicht mit irgendwelchen Gegenständen allgemein-politischer Natur, sondern ausschließlich mit den konkreten Arbeitsverträgen zwischen Arbeitgebern und Arbeitnehmern, mit der unmittelbar durch diese Verträge geregelten Lohn- und Arbeitsbedingungen (...) zu tun. (...) Sobald (...) Koalitionen behufs Erlangung günstigerer Lohn- und Arbeitsbedingungen das Gebiet des gewerblichen Lebens mit seinen Interessen verlassen, sobald sie hinübergreifen in das staatliche Gebiet, sobald sie die Organe und die Tätigkeit des Staates in Anspruch nehmen, hören sie auf, gewerbliche Koalitionen zu sein und wandeln sich in politische Vereine um, die als solche den Beschränkungen des Vereins- und Versammlungsrechts unterliegen.«[57]

Angesichts der Interpretationsherrschaft der einstigen juristischen Funktionselite des »Dritten Reiches«, die sich nun an der obrigkeitsstaatlichen Einfriedung der Koalitionsfreiheit orientierte, konnte der Einfluß von Vertretern demokratischer »Gegeneliten«, die an der ungeschmälerten verfassungsmäßigen Koalitionsfreiheit festhielten, nicht zu Buche schlagen.

IV.

Parallel zu der in den fünfziger Jahren durchgesetzten Begrenzung der Koalitionsfreiheit auf ihre tarifvertragliche Funktion wurde – das sei hier nur knapp angedeutet – die Eigentumsgarantie entgegen dem Wortlaut des Art. 14 GG stark ausgeweitet: durch die weitgehende Nichtachtung der gesetzgeberischen Bestimmungsbefugnisse über Schranken und Inhalt des Eigentums (Art. 14 Abs. 1 S. 2), durch das tendenzielle Überspielen der Gemeinwohlbindung (Art. 14 Abs. 2 S. 2) und durch die faktische Ausschaltung der Abwägungsklausel (Art. 14 Abs. 3 S. 3).[58] In der

57 RGSt 16, S. 383, 384 f.; s. hierzu die Analyse von Richard Schmid, »Die Isolierung der Schwachen«, in: ders., *Das Unbehagen an der Justiz*. München 1975, S. 28-56, hier: 40 f.

58 Alexander v. Brünneck, »Die Ausweitung der Eigentumsgarantie durch Richterrecht«, in: Joachim Perels (Hg.), *Grundrechte als Fundament der Demokratie*. Frankfurt am Main 1979, S. 215-248, hier: 221 ff.; vgl. auch die umfassende Untersuchung: Alexander v. Brünneck, *Die Eigentumsgarantie des Grundgesetzes*. Baden-Baden 1984.

Beschneidung der Koalitionsfreiheit der abhängig Beschäftigten und der Ausdehnung privater Eigentumspositionen fügt sich das Bild zu einer interpretativen Blockade jener auf gesellschaftliche Neuordnung gerichteten Kräfte der Arbeiterbewegung zusammen, die, von der Diktatur-Regierung Hitlers zerschlagen, nach 1945 einen kurzen Aufschwung erlebt hatten, um sodann wieder ins Abseits gedrängt zu werden: nicht allein auf Grund der demokratischen Mehrheitsverhältnisse von 1949, sondern auch wegen des bald mit Hilfe der westlichen Besatzungsmächte gestärkten Gewichts der alten Machtträger im Staatsapparat, in den Universitäten und in der Wirtschaft.

Ausgerechnet in den fünfziger Jahren, in denen in der Rechtslehre die ehemaligen juristischen Funktionsträger des »Dritten Reiches« gegenüber einer demokratischen »Gegenelite« dominierten[59] (obgleich dieses Kräfteverhältnis durch die oftmals liberaldemokratische Rolle des Bundesverfassungsgerichts teilweise korrigiert wurde), wurden Weichenstellungen für die Interpretation der Koalitionsfreiheit festgelegt, die für die Rechtsordnung der Bundesrepublik vielfach bis heute bestimmend geblieben sind. Noch der Versuch der Gewerkschaft Rundfunk-, Fernseh- und Film-Union vom Dezember 1979, durch einen auf vier Stunden befristeten politischen Demonstrationsstreik gegen die geplante Auflösung des NDR zu protestieren, wurde, nachdem das Arbeitsgericht München zunächst eine Bresche in die h. M. geschlagen hatte, vom LAG München im wesentlichen mit den von Nipperdey und z. T. auch von Forsthoff entwickelten Argumentationsmustern vom Beginn der fünfziger Jahre ein Ende gesetzt. Das Gericht hatte sich nicht einmal ansatzweise die Mühe gemacht, die weitreichende Folge der Sprengung der obrigkeitsstaatlichen Schranken der Koalitionsfreiheit durch die Weimarer Verfassung und vor allem durch das Grundgesetz auch nur wahrzunehmen.[60]

Die Lebendigkeit der Demokratie in der Bundesrepublik wird durch das im Restaurationsprozeß der Ära Adenauer übermäßig gestärkte Gewicht konservativer Interpretationseliten beeinträchtigt, die politische Freiheitsrechte wegen ihrer Garantiefunktion für gesellschaftliche Konflikte kaum vorbehaltlos anerkennen können, da für sie die Sicherung des Staatsapparats und gesellschaftlicher Herrschaftsverhältnisse im Mit-

59 Vgl. Wahsner, »Das Arbeitsrechtskartell«; Fangmann, »Die Restauration«.
60 LAG München, in: *Neue Juristische Wochenschrift*, H. 17 (1980), S. 957 ff., 958 f. Zur Kritik s. eingehend Mückenberger, »Der Demonstrationsstreik«.

telpunkt steht. Es wäre einiges gewonnen, wenn die juristischen Arbeiten der großen demokratischen Außenseiter der Ära Adenauer wie die Richard Schmids[61] systematisch aufgegriffen und in rechtliche Realität verwandelt würden. Die Bundesrepublik sähe anders aus.

61 Vgl. etwa Richard Schmid, *Einwände. Kritik an Gesetzen und Gerichten*. Stuttgart 1965, ders., *Justiz in der Bundesrepublik*. Pfullingen 1967.

Der Kampf gegen die Notstandsgesetze als Aneignung der Verfassung

I.

Welchen verfassungspolitischen Stellenwert hat die Verabschiedung der Notstandsgesetze im Jahre 1968? Die Regierung der Großen Koalition sprach davon, daß sich nach der systematischen Regelung des Ausnahmezustands keine tatsächlichen Konsequenzen ergeben werden; der SPD-Vorsitzende und Bundesaußenminister Brandt drückte dies im Deutschen Bundestag am 30. Mai 1968 so aus: »Durch das Inkraftsetzen der Notstandsverfassung und der Vorsorgegesetze ändert sich in der deutschen Innenpolitik und in der deutschen Außenpolitik im Grunde nicht das Geringste.«[1] Einer der führenden Köpfe der Studentenbewegung, Hans-Jürgen Krahl vom SDS, erklärte dagegen am 27. Mai 1968 auf einer vom hessischen DGB veranstalteten Kundgebung gegen die Notstandsgesetze auf dem Frankfurter Römerberg bündig: »Die Demokratie in Deutschland ist am Ende (...). Trotz der massenhaften Proteste aus den Reihen der Arbeiter, Studenten und Schüler, trotz der massiven Demonstrationen der APO (...) sind dieser Staat und seine Bundestagsabgeordneten entschlossen, unsere letzten demokratischen Rechtsansprüche in diesem Land auszulöschen. Gegen alle diejenigen (...), die es künftig wagen werden, ihre Interessen selbst zu vertreten, werden Zwang und Terror das legale Gesetz des Handelns der Staatsgewalt bestimmen.«[2] Von dieser endzeitlichen Bewertung unterschied sich die von Jürgen Seifert, der von 1960 bis 1968 als Notstandsexperte des oppositionellen Flügels der Gewerkschaften in der vordersten Linie der Auseinandersetzung gestanden hatte. In einer Rede, gehalten am 28. Mai

---

1 Willy Brandt, Deutscher Bundestag, Sten. Berichte, 178. Sitzung, 30. Mai 1968, S. 9630 B.

2 Hans-Jürgen Krahl, »Römerbergrede«, in: ders., *Konstitution und Klassenkampf.* Frankfurt am Main 1971, S. 149-154.

1968 in Darmstadt, analysierte er die rechtliche und politische Situation. Seifert sagte: »Das Gefährliche der Notstandsgesetze ist, daß diese Gesetze nicht übermorgen unmittelbar und für jedermann sichtbar die politische Wirklichkeit der Bundesrepublik verändern. Denn die Notstandsgesetze sind zwar Ermächtigungsgesetze, aber es sind Ermächtigungsgesetze mit Zeitzünder.«[3] Die Notstandsverfassung war für Seifert Ausdruck einer durch die Kampflage bedingten Ambivalenz: »Die Opposition gegen die Notstandsgesetzgebung hat in dem jahrelangen Kampf gegen die Vorhaben der Bundesregierung Erfolge erzielt. Wir haben Entschärfungen durchsetzen können, aber wir sollten nichts beschönigen. Es ist eine Niederlage.«[4] Die Anwendung der Notstandsgesetze erscheint – anders als bei dem damaligen Sprecher des SDS – nicht als unvermeidlich, sondern sie hängt für Seifert von beeinflußbaren, künftigen politischen Kräftekonstellationen ab.

II.

Der Kampf um die Notstandsgesetze, die größte verfassungspolitische Auseinandersetzung der Bundesrepublik, kann in mancher Beziehung als nachholende Aneignung des Grundgesetzes begriffen werden. Die Verfassung der zweiten Republik ist nicht aus einer unmittelbaren Entscheidung des Volkes, die – wie nach der Revolution 1919 – in einer verfassunggebenden Nationalversammlung ihren Ausdruck gefunden hätte, hervorgegangen; sie ist auch nicht durch eine Volksabstimmung bestätigt worden. Das Grundgesetz bezog seine indirekte demokratische Legitimation aus dem Mandat der – freilich für eine Verfassunggebung gar nicht gewählten – Abgeordneten des Parlamentarischen Rates. Die Verknüpfung der Konstituierung des Grundgesetzes mit Elementen des unmittelbaren Volkswillens, die 1949 noch fehlte und durch die aktive Beteiligung der Bevölkerung an den ersten allgemeinen Wahlen des westdeutschen Teilstaates nur implizit ersetzt wurde, bildete sich im gewissen Sinne in der praktischen Kritik an den Notstandsplänen der

---

3 Jürgen Seifert, »Rede am 28. Mai 1968 in Darmstadt«, unveröffentl. Manuskript, S. 1; vgl. auch Hans Matthöfer, Deutscher Bundestag, Sten. Berichte, 178. Sitzung, 30. Mai 1968, S. 3631 und Joachim Perels, »Blinde Staatsgläubigkeit«, in: *Stimme der Gemeinde*, 11 (1968), Sp. 351-352.

4 Seifert, »Rede am 28. Mai 1968 in Darmstadt«, S. 1 f.

von der CDU/CSU geführten Bundesregierungen heraus: in der Verteidigung der diktaturfeindlichen Prinzipien der Verfassung.

Diese Position, die von den Gewerkschaften, vor allem von der IG Metall, von einzelnen Vertretern der SPD, von Verfassungsjuristen, Historikern und Politikwissenschaftlern entwickelt wurde, richtete sich zunächst gegen die beiden ersten Entwürfe für ein Notstandsverfassungsgesetz der Innenminister Schröder (CDU) und Höcherl (CSU) von 1960 und 1962.[5] Während die Bundesregierung die Notwendigkeit der Schaffung von Ausnahmebefugnissen damit begründete, daß dies der letzte Schritt zur vollen – nach der Wehrverfassung von 1956 noch ausstehenden – Inkorporation der Bundesrepublik in das System eines westlichen Verfassungsstaates sei[6], zeigte sich, daß das verfassungsgesetzliche Regelwerk jene Verfassungstradition der westlichen Demokratie gerade negierte und traditionell exekutivstaatliche Herrschaftsformen propagierte. Die Konfliktkonstellation hatte paradoxe Züge: die verfassungspolitische Westbindung wurde nicht von der Bundesregierung, die 1955 die militärische Integration in den Nordatlantikpakt durchgesetzt hatte, sondern von der Opposition gegen die Notstandsgesetze eingefordert. Dies ergibt sich aus den jeweiligen Begründungsmustern.

III.

In der amtlichen Begründung und der sie unterstützenden juristischen und historischen Literatur wird die Frage der Regelung des Ausnahmezustandes der Sache nach in den Kategorien der Problemwahrnehmung Carl Schmitts behandelt. In immer neuen Varianten taucht die Grundthese von Carl Schmitts 1922 erschiener »Politische(r) Theologie« auf (die nach dem Sieg der nationalsozialistischen Gegenrevolution 1934 in 2. Auflage als Programmschrift einer »Auseinandersetzung mit dem liberalen Normativismus«[7] erneut publiziert wurde), daß die Geltungsvoraussetzung der Rechtsordnung die Existenz einer Normallage sei, deren Wegfall mit logischer Konsequenz zur Aufhebung der Legalität in

5 Jürgen Seifert, »Die Entwürfe zum verfassungsändernden Notstandsgesetz. Eine synoptische Darstellung«, in: Eugen Kogon u. a., *Der totale Notstandsstaat*. Frankfurt am Main 1965, S. 69-70 und Anhang.

6 Gesetzentwurf zur Ergänzung des Grundgesetzes v. 13. Januar 1960, Begründung, Bulletin der Bundesregierung Nr. 12 v. 20. Januar 1960, S. 98.

7 Carl Schmitt, *Politische Theologie* (1922). Berlin 1934, Vorbemerkung zur 2. Aufl., S. 8.

Gestalt des Ausnahmezustands führe, der die Ordnung gerade dadurch aufrecht erhalte, daß die Rechtsordnung suspendiert wird: »Die Existenz des Staates (...) bewährt (...) eine zweifellose Überlegenheit über die Geltung der Rechtsnorm. Die Entscheidung macht sich frei von jeder normativen Gebundenheit und wirkt im eigentlichen Sinne absolut. Im Ausnahmefall suspendiert der Staat das Recht kraft seines Selbsterhaltungsrechts (...) die zwei Elemente des Begriffes ›Rechts-Ordnung‹ treten hier einander gegenüber und beweisen ihre begriffliche Selbständigkeit.«[8]

An diesen Gedanken knüpft das Bundesinnenministerium in einer Publikation von 1961 an: »Eine rechtsstaatliche Verfassung ist«, heißt es programmatisch, »(...) grundsätzlich auf normale Verhältnisse ausgerichtet.«[9] In der Begründung des Höcherl-Entwurfs wird diese Grundthese näher expliziert: »Für Normalzeiten geschaffene Vorschriften der Verfassung können sich in Notzeiten als verhängnisvolle Fesseln erweisen. Kommt es unter normalen Verhältnissen darauf an, die Freiheit des Einzelnen vor einem Zuviel an Staatsgewalt zu schützen (...), so kann es in außergewöhnlichen Lagen gerade umgekehrt geboten sein, die Staatsgewalt zu stärken und zusammenzufassen.«[10] Diese Blickrichtung war notwendig mit einer exekutivstaatlichen Regelung des Ausnahmezustands verknüpft. Innenminister Schröder formulierte sie 1960 mit großer, gegen die Legislative und gegen die Grundrechte gerichteten Offenheit: »Die Ausnahmesituation ist die Stunde der Exekutive, weil in diesem Augenblick gehandelt werden muß.«[11]

Die in der Bundesregierung fortwirkenden Begriffspositionen Carl Schmitts lassen in ihrer abstrakt-allgemeinen Entgegensetzung von Ordnung und Rechtsordnung das Problem rechtlicher Sicherungen im Ausnahmezustand verschwinden. In der Ideologie einer von grundrechtlichen Schranken nicht behinderten Entfesselung der Staatsgewalt hat ein historisch-konkreter Vergleich mit liberaldemokratischen Normierun-

8 Ebd., S. 19.

9 Bundesministerium des Inneren (Hg.), *Das Gesetz für die Stunde der Not*. Bonn 1961, S. 10, zit. nach: Jürgen Seifert, *Der Notstandsausschuß*. Frankfurt am Main 1968, S. 16.

10 Entwurf eines Gesetzes zur Ergänzung des Grundgesetzes v. 11. März 1963. Begründung, BT-Drucks. IV/91, S. 5; ähnlich Georg Flor, »Staatsnotstand und rechtliche Bindung«, in: *Deutsches Verwaltungsblatt*, H. 3 (1958), S. 149-152; Friedrich-August Freiherr v. d. Heyde, *Festschrift für Wilhelm Laforet*, München 1952, S. 59-81.

11 Gerhard Schröder, Deutscher Bundestag, Sten. Berichte, 124. Sitzung, 28. September 1960, S. 7777 C.

gen des Notstands keinen Platz. Nicht umsonst hatte Carl Schmitt seine legalitätsfeindliche Position mit der Bemerkung gerechtfertigt, daß »alle Tendenzen der modernen rechtsstaatlichen Entwicklung dahin gehen, den Souverän zu beseitigen.«[12] Die Bindung der frühen Entwürfe für eine Notstandsgesetzgebung an das Denken Carl Schmitts hat mit der Kontinuität des aus dem NS-Regime weitgehend übernommenen Staatsapparats zu tun, der der Gedankenwelt eines autoritären Staates in bestimmtem Maß verhaftet blieb.[13]

IV.

Die Notstandsopposition gegen eine systematische Aushöhlung der rechtlichen Begrenzung der Staatsgewalt bezog sich nicht zuletzt auf die Verfassungstradition der klassischen westlichen Demokratien Englands, Frankreichs (mit Ausnahme der Fünften Republik) und der Vereinigten Staaten. Für sie ist der Gedanke konstitutiv, daß im Ausnahmezustand nicht die demokratischen Vertretungskörperschaften, die Freiheitsrechte und die Garantiefunktion der Justiz für die Rechtsordnung autoritär beiseitegeschoben, sondern im Kern erhalten bleiben, um die Transformation der Verfassung in ein schrankenloses Exekutivsystem institutionell zu verhindern.[14] Auch im Ausnahmezustand sollen die Selbstbestimmungs- und Selbstdisziplinierungskräfte der demokratischen Gesellschaft nicht einfach von oben lahmgelegt werden. Für die USA etwa heißt dies, daß es keine von rechtsstaatlichen Sicherungen abgekoppelte Struktur des Ausnahmezustands geben darf: Sonderbefugnisse des Präsidenten sind an die Mitwirkung des Kongresses gebunden; ein richterliches Prüfungsrecht im Blick auf die Erforderlichkeit der Notstandsmaßnahmen existiert.[15]

Der diesen Regelungen zugrundeliegende verfassungstheoretische

12 Schmitt, *Politische Theologie*, S. 13.

13 Arnold Brecht, »Personel Management«, in: Edward H. Litchfield (Hg.), *Governing Postwar Germany*. Ithaca 1953, S. 263-293; vgl. auch Wolfgang Abendroth, »Die politisch-soziale Problematik der Notstandsgesetzgebung«, in: *Stimme der Gemeinde*, 2 (1968), Sp. 45-50.

14 Karl Otmar Freiherr von Aretin, »Historische und politische Belastungen der Ausnahmegesetzgebung«, in: Helmut Schauer (Red.), *Notstand der Demokratie*. Frankfurt am Main 1967, S. 27-41; Seifert, *Der Notstandsausschuß*, S. 17 f.

15 Ernst Fraenkel, »Martial Law und Staatsnotstand in England und USA«, in: ders. (Hg.), *Der Staatsnotstand*. Berlin 1965, S. 138-146, hier: 146 f., 162 f.

Gedanke wird vom Supreme Court schon 1866 formuliert: »Die Verfassung der Vereinigten Staaten ist ein Gesetz für Herrscher und Volk, das gleichzeitig in Kriegs- und Friedenszeiten gilt (...). Kein Menschengeist hat je eine schändlichere Lehre entwickelt, als die, daß eine Vorschrift der Verfassung während einer für die Regierung kritischen Zeit außer Wirkung gesetzt werden könnte. Diese Lehre führt unmittelbar zur Anarchie oder Despotie; aber die These der Staatsräson, auf der sie aufbaut, ist falsch: die Regierung erhält im Rahmen der Verfassung alle Befugnisse, die notwendig sind, um ihren Bestand zu wahren (...)«.[16] So ist es konsequent, wenn Ernst Fraenkel resümiert: »Sehr viel bedeutsamer als die normative Ordnung des Staatsnotstandes (...) [ist] die Tradition der common law-Länder (...), den Staatsnotstand mit äußerster Skepsis zu betrachten und dafür Sorge zu tragen, daß er zum erstmöglichen Termin beseitigt wird, falls sein Erlaß sich als notwendig herausstellen sollte.«[17] Der Blick auf die westlichen Demokratien zeigt, daß der einfache Dualismus von Normallage und Ausnahmezustand, in dem die Rechtsordnung zu Gunsten der Exekutive beiseitegeschoben werden muß, eine obrigkeitsstaatliche Ideologie ist, die dazu führt, die demokratischen Varianten einer Regelung des Ausnahmezustands der Wahrnehmung zu entziehen.

V.

Die von der Bundesregierung intendierte Zentrierung des Notstands um die Handlungsfreiheit der Exekutive, die dem Verfassungsverständnis des Grundgesetzes widersprach, das den Staatsapparat prinzipiell an die Achtung der Grundrechte bindet (Art. 1 Abs. 3 GG), eröffnet die Möglichkeit, die öffentliche Gewalt als Partei in gesellschaftlichen Konflikten einzusetzen. Dies gelingt um so eher, wenn die Differenz von Staatsapparat und Verfassung eingeebnet und ihre Identität behauptet wird,[18] durch die ein Legalitätsdefizit staatlichen Handelns scheinbar gar nicht möglich ist.

Die historischen Belege für die Einsetzung von Ausnahmebefugnis-

16 Nachweise bei Seifert, *Der Notstandsausschuß*, S. 17.

17 Fraenkel, »Martial Law«, S. 163.

18 Wolfgang Abendroth, »Zusätzliche Notstandsermächtigungen?« (1962), in: ders., *Antagonistische Gesellschaft und politische Demokratie*. Neuwied 1972, S. 175-202, hier: 201.

sen für Herrschaftsinteressen, die unter demokratischen Bedingungen nicht durchgesetzt werden können, sind bekannt. Karl Dietrich Bracher hat sie für Deutschland prägnant resümiert: »In der Tat wäre (...) [die] verwirrend pseudo-legale Form der nationalsozialistischen Machtergreifung, die zynisch berühmte ›legale Revolution‹, ohne den massierten Einsatz des Art. 48 nicht möglich gewesen. Die Auflösung des Reichstags und die endgültige Gleichschaltung Preußens, die Terrorisierung der öffentlichen Meinung, die Beseitigung der Grundrechte, schließlich die Gleichschaltung aller nicht-nationalsozialistisch regierten Länder samt dem Reichsrat waren nicht auf parlamentarische Mehrheiten, sondern allein auf die Manipulierung der Ausnahmegewalt gegründet.«[19]

Anknüpfend an die verfassungspolitische Struktur des Art. 48 der Weimarer Reichsverfassung eröffnete der Entwurf der Bundesregierung für ein Notstandsverfassungsgesetz von 1960 mit der geplanten Kompetenz der Exekutive zur Verhängung des Ausnahmezustands und umfassenden Eingriffsbefugnissen der Exekutive in die Grundrechte der Meinungsfreiheit, der Versammlungsfreiheit, der Vereinigungs- und Koalitionsfreiheit, der Freizügigkeit, der Freiheit der Berufswahl und der grundgesetzlichen Verfahrenssicherung bei Freiheitsentziehungen die Möglichkeit zur Veränderung gesellschaftlicher Machtlagen (§ 1, 1, 2a) außerhalb des Rahmens der demokratischen Legalität.

Daß die Verschiebung sozialer Kräftekonstellationen zu Lasten der Organisationen der abhängig Beschäftigten einer der verfassungspolitischen Hauptgefahren der Notstandspläne der Bundesregierung war, wurde gerade auch von einem der reflektiertesten Theoretiker der Struktur des NS-Regimes, von Ernst Fraenkel, erkannt. Fraenkel, der einst den permanenten Ausnahmezustand einer souveränen, vor allem gegen die Arbeiterbewegung gerichteten Diktatur des NS-Regimes herausgearbeitet hatte,[20] konstatierte, daß die deutschen Gewerkschaften »nicht ohne Grund der Befürchtung Ausdruck geben, daß eine Notstandsgesetzgebung denkbarer Weise zur Beeinträchtigung ihrer Aktionsfähigkeit zu führen vermag.«[21]

---

19 Karl Dietrich Bracher, »Parlamentarische Demokratie und Staatsstreich«, in: *Demokratie vor dem Notstand. Protokoll des Bonner Kongresses gegen die Notstandsgesetze am 30. Mai 1965*. Frankfurt am Main 1965, S. 19-21, hier: 21.

20 Ernst Fraenkel, *Der Doppelstaat* (1941). Frankfurt am Main 1974.

21 Fraenkel, »Martial Law«, S. 154 f. So lag es nahe, daß Fraenkel Jürgen Seifert - in einem Brief v. 11. Februar 1965 - um Rat wegen einer Verbreitung des Buches *Der*

Neben der Suspendierung der gewerkschaftlichen Organisations- und Operationsfreiheit stand die geplante Verfügung über die Meinungsfreiheit und die Aufhebung von Rechtsschranken bei Freiheitsentziehungen im Vordergrund (§ 1, 2a). Was die Bundesregierung mit dem – schließlich 1961 durch eine Entscheidung des Bundesverfassungsgerichts vereitelten – Fernsehen in Regierungshand intendierte,[22] war in der Notstandsgesetzgebung angelegt: die Aushöhlung der öffentlichen Kontrollfunktion einer freien Presse, wie sie dann die von der konservativen Exekutive initiierte Aktion gegen den SPIEGEL wegen angeblichen Landesverrats vom Oktober 1962 bestimmte.[23]

Die individuelle Handlungsfreiheit schließlich war dadurch bedroht, daß, wie es der hessische Ministerpräsident Zinn auf der Sitzung des Bundesrates vom 26. Februar 1960 ausdrückte, »der Träger der Notstandsvollmachten – na, sagen wir – Konzentrationslager einrichten (kann), um politische Gegner zu beseitigen, ohne daß diese sich auf die aus den bitteren Erfahrungen der Vergangenheit geborene Freiheitsgarantie der Verfassung berufen (könnten).« Zinn fuhr fort: »Man wende nicht ein, daß auch nach dem Entwurf noch eine richterliche Überprüfung von Freiheitsentziehungen geleistet werden soll. Denn das Wesen des geltenden Freiheitsschutzes besteht ja darin, daß diese richterliche Überprüfung innerhalb bestimmter, kurzer Fristen erfolgen muß. Nach dem Entwurf können gerade diese Schutzfristen durch Notverordnungen beseitigt werden, die richterliche Überprüfung der Freiheitsentziehung kann also so lange hinausgeschoben werden, daß sie mehr oder weniger wirkungslos wird. Darin liegt ein klarer Verstoß gegen das Rechtsstaatsprinzip, das auch in Zeiten des Ausnahmezustands nicht angetastet werden darf.«[24]

Der Entwurf des Innenministers Schröder stand in vollständigem Gegensatz zu den Prinzipien des Grundgesetzes, die der Parlamentarische Rat – aufgrund eines gemeinsamen Antrages von CDU, FDP und SPD –

Staatsnotstand im Bereich der Gewerkschaften bat. Notstandsarchiv des Instituts für Politische Wissenschaft der Universität Hannover.

22 BVerfGE 12, 205 ff.

23 Alfred Grosser, Jürgen Seifert, *Die SPIEGEL-Affäre. Die Staatsmacht und ihre Kontrolle*. Olten 1966; s. a. den Beitrag von Gert Schäfer, »Die SPIEGEL-Affäre – Erinnerung an einen Wendepunkt«, in: Michael Buckmiller, Joachim Perels (Hg.), *Opposition als Triebkraft der Demokratie*. Festschrift für Jürgen Seifert. Hannover 1998, S. 51-68.

24 Georg August Zinn, Verhandlungen des Bundesrates, Sten. Berichte, 215. Sitzung, 26. Februar 1960, S. 307 f.

in Form der Ablehnung einer Neuauflage des exekutivisch strukturierten Artikels 48 der Weimarer Reichsverfassung diktaturfest gestaltet hatte.[25]

VI.

Nachdem der Schröder-Entwurf vor allem wegen der Ablehnung der SPD als Diskussionsgrundlage wegfiel und durch Entwürfe des neuen Innenministers Höcherl und des Rechtsausschusses, in denen eine kompromißhafte Verbindung von exekutivischen Befugnissen und parlamentarischen Kontrollmöglichkeiten im Ausnahmezustand vorgesehen war, gelangte die Auseinandersetzung um die Notstandsgesetze im Frühjahr 1965 an einen Wendepunkt. Eine wichtige Weichenstellung erfolgte, als die sozialdemokratischen Vertreter zunächst – entsprechend ihrer grundsätzlichen Akzeptanz einer zusätzlichen Notstandsregelung – einer Vorlage des Rechtsausschusses des Bundestages vom 15. März 1965 zustimmten, in der insbesondere die Informationsfreiheit für die Dauer des Zustands der äußeren Gefahr (Art. 115b Abs. 2) und die Koalitionsfreiheit durch eine Dienstpflicht »für Zwecke der Verteidigung«, auch und gerade in Friedenszeiten, zur Disposition gestellt war (Art. 12 Abs. 2) und die Bundesregierung unter bestimmten Voraussetzungen ermächtigt wird, von sich aus Notverordnungen zu erlassen (Art 115c Abs. 2).

Die in diesen Regelungen zum Ausdruck kommende Gefahr für den demokratischen Prozeß, für die grundrechtlichen Garantien und für die Organisationsfreiheit der abhängig Beschäftigten löste eine verstärkte, vor allem von Professoren und führenden Gewerkschaftsvertretern getragene Welle des Protests aus, der rechtsstaatlich-demokratischen Verfassungspositionen Nachdruck verlieh. In dieser Situation entwarf Jürgen Seifert für den Vorsitzenden der IG Metall, Otto Brenner, den wohl wichtigsten Exponenten der Notstandsopposition, einen Brief an den sozialdemokratischen Bundestagsabgeordneten Schmitt-Vockenhausen, in dem die Preisgabe von Verfassungspositionen am Beispiel einer möglichen exekutivstaatlichen Fesselung der Gewerkschaftsbewegung herausgearbeitet wird. In dem Briefentwurf heißt es im Blick auf die nach der Vorlage des Rechtsausschusses eröffnete Möglichkeit, Dienstverpflichtungen »für Zwecke der Verteidigung« (Art. 12 Abs. 2) zu verfügen: »Bei der Abhängigkeit der Produktion von Vorprodukten wird

25 Parlamentarischer Rat, Verhandlungen des Hauptausschusses, Bonn 1948/49, 57. Sitzung v. 5. Mai 1949, S. 755.

man gegen jeden Streik (...) mit dem Argument vorgehen können, dadurch würden Zwecke der Verteidigung gefährdet (...). Die Formel ›für Zwecke der Verteidigung‹ muß geradezu als die ideale Generalklausel bezeichnet werden, um das demokratische Grundrecht des Art. 12 unter dem Vorwand eines Notstands einzuschränken.«[26]

Die in der geplanten Regelung zum Ausdruck kommende Verwischung der Grenzen von Normalzustand und Ausnahmezustand, die zum innenpolitischen Machtmißbrauch zu Lasten der Arbeitnehmer geradezu einlud, wurde dank der entschiedenen Intervention der Notstands-Opposition im Bundestag nicht beschlossen, nachdem die SPD-Führung ihre ursprüngliche Position wegen des öffentlichen Drucks großer Teile der Gewerkschaften am 29. Mai 1965 aufgegeben hatte.[27] Die Auseinandersetzung war ein verfassungspolitisches Lehrstück. Die Nichtverabschiedung der Notstandsgesetze war selber ein weiterer Schritt der Aneignung der demokratischen Verfassungstradition des Westens.

VII.

Die Differenz zwischen der Ausgangsposition der Bundesregierung von 1960 und der unter der Regierung der Großen Koalition schließlich verabschiedeten Notstandsverfassung von 1968[28] zeigt, in welcher Weise die exekutivstaatlichen Potentiale im Zuge der politischen Auseinandersetzung partiell oder grundlegend verändert wurden. Die Notstandsregelung von 1968 ist das Resultat eines Kompromisses zwischen der CDU/CSU und der SPD. Der Kompromiß hat eine widersprüchliche Gestalt, in der sich autoritäre und rechtsstaatlich-demokratische Regelungsformen zu einer unverbundenen Gemengelage zusammenfügen.

Auf der einen Seite ist die obrigkeitsstaatliche, gegen das Parlament und die Handlungsfreiheit der Individuen und der politischen Kräfte gerichtete Konzeption des Schröder-Entwurfs mit den umfassenden Eingriffsvollmachten der Exekutive in alle wesentlichen Grundrechte weit-

26 Ein Durchschlag des Briefentwurfs vom Mai 1968 befindet sich im Notstandsarchiv des Instituts für Politische Wissenschaft der Universität Hannover.

27 Michael Schneider, *Demokratie in Gefahr? Der Konflikt um die Notstandsgesetze.* Bonn 1986, S. 124 ff.

28 Abgedruckt in: Dieter Sterzel (Hg.), *Kritik der Notstandsgesetze.* Frankfurt am Main 1968, S. 210-219.; vgl. auch ders., »Entstehungsgeschichte der Notstandsgesetze«, in: ebd., S. 7-23.

gehend nicht zum Zuge gekommen. Dies zeigt sich vor allem an zwei zentralen Punkten: der Fall des äußeren und inneren Notstands ist nicht mehr die Stunde der Exekutive, sondern im Prinzip die eines Ausschusses des Parlaments (Art. 53a). Zentrale Grundrechte, die im Schröder-Entwurf und zum Teil auch noch nach Entwurf des Rechtsausschusses vom April 1965 beschnitten werden konnten, bleiben notstandsfest. Das gilt insbesondere für die Meinungs- und Informationsfreiheit, für die Wissenschaftsfreiheit und für die Versammlungsfreiheit. Die Einschränkung der Berufsfreiheit durch Dienstverpflichtungen kann im Spannungsfall nur bei einem mit Zweidrittelmehrheit gefaßten Beschluß erfolgen (Art. 12a Abs. 2, Art. 80 Abs. 1). Die Rolle des Bundesverfassungsgerichts bleibt unangetastet (Art. 115g). Zugleich wird ein, freilich inkonsistent gegen die rechtswidrig handelnde öffentliche Gewalt wie gegen den rechtswidrig handelnden Bürger gerichtetes Widerstandsrecht gewährleistet, das auch gegen den Mißbrauch von Notstandsbefugnissen in Anspruch genommen werden kann (Art. 20 Abs. 4).

Dieser Strukturierung des Ausnahmezustands in Form von Vorkehrungen gegen eine Verselbständigung der Exekutive durch die Sicherung der Kompetenz eines parlamentarischen Ersatzorgans und der Begrenzung der Eingriffsbefugnisse stehen freilich gegenteilige Prinzipien einer Schwächung des Parlaments und fehlender rechtsstaatlicher Sicherungen gegenüber. Im Spannungsfall kann »zur Vorbereitung des Vollzugs« Notstandsrecht geschaffen werden, das der Zustimmung des Parlaments nicht bedarf (Art. 115c Abs. 4). Auch im Fall einer Bündnisentscheidung verbleibt dem Parlament keinerlei Entscheidungskompetenz (Art. 80a Abs. 2); schließlich besteht die Gefahr, daß der Gemeinsame Ausschuß besonders, da er – anders als das Gesamtparlament – nicht öffentlich tagt und damit vom allgemeinen politischen Meinungsbildungsprozeß abgekoppelt ist, real nicht ein verkleinertes Parlament wird, sondern sich zu einer Hilfsinstitution der Exekutive aus Spitzenvertretern der Parteien zurückbildet.[29]

Das Fehlen von Sicherungen gegen eine machtstaatliche Verselbständigung des Ausnahmezustands zeigt sich wesentlich in drei Punkten. Der innere Notstandsfall und die in ihm getroffenen Maßnahmen unter-

29 Die Nichtöffentlichkeit der Sitzungen des Gemeinsamen Ausschusses ist in § 10 seiner Geschäftsordnung festgelegt; vgl. auch Wolfgang Abendroth, »Der Notstand der Demokratie«, in: Kogon u. a., *Der totale Notstandsstaat*, S. 11-30, hier: 25 f.; Konrad Hesse, *Grundzüge des Verfassungsrechts der Bundesrepublik Deutschland*. 8. Aufl., Karlsruhe 1975, S. 302.

liegen keinerlei Befristung.[30] Damit ist die Möglichkeit einer Ausdehnung des Ausnahmezustands in den Normalzustand hinein eröffnet. Für den wahrscheinlichsten Fall des inneren Notstands ist keinerlei – parlamentarisch legitimierter – Feststellungsbeschluß vorgesehen, der die Grenzziehung von Normal- und Ausnahmezustand markierte. Der subsidiär mögliche Einsatz des Militärs im Fall eines inneren Notstands – der bei der Einführung der Wehrverfassung auf Betreiben der SPD ausdrücklich ausgeschlossen wurde[31] – birgt objektiv die Gefahr in sich, daß der Einsatz nicht der Wiederherstellung der Verfassungsordnung, sondern der Etablierung eines neuen, auf eine autoritäre Kommandogewalt gestützten Staates dient. So konstatiert Konrad Hesse: »Was im Wege militärischen Einsatzes ›wiederhergestellt‹ wird, kann in aller Regel nur eine Militärdiktatur (sein) (...) Indem das Grundgesetz in Artikel 87a Abs. 4 Mittel zu einer solchen Lösung bereitstellt, gefährdet es seinen eigenen Bestand, anstatt ihn zu schützen.«[32]

VIII.

Daß die Notstandsgesetze bis heute nicht angewandt wurden – wie dies schon Justizminister Heinemann 1968 prognostiziert hatte[33] – hat gewiß mehrere Gründe. Die politischen Voraussetzungen für eine etwaige Anwendung der Notstandsgesetze – Kriegsgefahr und Krieg in Europa und innere Unruhen und Naturkatastrophen – waren jahrezehntelang nicht gegeben. Mit der 1969 beginnenden neuen Ostpolitik wurde die außenpolitische Situation gegenüber der Sowjetunion und den von ihr abhängigen Staaten grundlegend im Sinne einer völkerrechtlichen Anerkennung des territorialen Status quo verändert. Das führte zu einer Pazifizierung der außenpolitischen Beziehungen gegenüber dem ehemaligen »Gegner« im Osten. Der Verteidigungsfall und der Spannungsfall haben, erst recht nach dem Zusammenbruch des Ostblocks, für absehbare Zeit keine geschichtliche Bedeutung.

Als Fraktionsvorsitzender der SPD hatte Helmut Schmidt in der Bundestagsdebatte über die Notstandsgesetze vom 30. Mai 1968 mit

30 Vgl. Hesse, *Grundzüge des Verfassungsrechts,* S. 302; Joachim Perels, »Die Beendigung des Notstandsfalls«, in: Sterzel, *Kritik der Notstandsgesetze*, S. 181-186.

31 Reinhard Hoffmann, »Innerer Notstand, Naturkatastrophen und Einsatz der Bundeswehr«, in: Sterzel, *Kritik der Notstandsgesetze*, S. 97.

32 Hesse, *Grundzüge des Verfassungsrechts*, S. 302.

33 Schneider, *Demokratie in Gefahr?*, S. 272.

großer Verve erklärt: »Wir haben zu wählen entweder den Rückfall der Schubladengesetzgebung, in den sogenannten übergesetzlichen Notstand, den Rückfall in eine kontrollose Bevollmächtigung der Exekutive oder wir haben zu wählen (...) die Stabilisierung des Schutzes der Grundrechte unserer Bürger, die Stabilisierung der Rechte und der Verantwortlichkeit des Parlaments und die Stabilisierung des Verfassungsgerichts – auch und gerade – in Notzeiten.«[34]

Die Vorstellung, daß eine abschließende Regelung des Ausnahmezustands extralegale Handlungen des Staatsapparates zwingend ausschließen würde und damit ein Mehr an Rechtsstaatlichkeit herbeiführen würde, erwies sich freilich als illusionär. Es war die Regierung Helmut Schmidt, die in drei Fällen – der Aufhebung der Unverletzlichkeit der Wohnung des Atomwissenschaftlers Traube von 1977, des Abhörens von Gesprächen von Verteidigern und Mandanten entgegen § 148 StPO und der Verfügung von Kontaktsperren gegenüber Häftlingen und Untersuchungshäftlingen trotz entgegenstehender Entscheidungen von Haftrichtern von 1977 – Konstruktionen (vom rechtfertigenden bis zum sogenannten übergesetzlichen Notstand) entwickelte, um die Durchbrechung der gegebenen Rechtsordnung durch die Exekutive zu rechtfertigen.[35] Mögen die Notstandsgesetze gegenwärtig nur auf dem Papier existieren – die Gefahren einer Schein-Legitimation einer verselbständigten Staatsgewalt bleiben bestehen. Die verfassungstheoretischen Instrumentarien, die im Kampf gegen die Notstandsgesetze entwickelt wurden, sind nach wie vor relevant.

34 Helmut Schmidt, Deutscher Bundestag, Sten. Berichte, 178. Sitzung, 30. Mai 1968, S. 9648 B.

35 Jürgen Seifert, »Die Abhör-Affäre 1977 und der überverfassungsgesetzliche Notstand«, in: *Kritische Justiz*, H. 2 (1977), S. 105-125; Ernst Wolfgang Böckenförde, »Der verdrängte Ausnahmezustand«, in: *Neue Juristische Wochenschrift* 38 (1978), S. 1881-1890, insb. S. 1884 Anm. 28.

Der Umgang mit Tätern und Widerstandskämpfern in der Ära Adenauer*

I. Abwehr der »Todesfuge«

Auf Gedichte Paul Celans reagieren Feuilletons der frühen Bundesrepublik oftmals abwehrend. 1945 schrieb Celan – er hatte zwei nationalsozialistische Arbeitslager überlebt – das außerordentliche, mittlerweile fast zu bekannt gewordene Gedicht »Todesfuge«. In ihm heißt es: »Ein Mann (...) pfeift seine Juden hervor läßt schaufeln ein Grab in der Erde (...) der Tod ist ein Meister aus Deutschland (...) er hetzt seine Rüden auf uns und schenkt uns ein Grab in der Luft.«[1] Für dieses Gedicht wählte der Literaturkritiker Günther Blöcker im Berliner *Tagesspiegel* vom 22. Oktober 1959 die Charakterisierung: »Kontrapunktische Exerzitien auf dem Notenpapier«[2] – ein Vergleich, der die Mordvorgänge, die Celan in Worte faßt, schlecht ästhetisierend beiseite schiebt, auf ein Notenpapier verbannt. Auf diese Abwehr der Wahrnehmung des Grauens, die Celan im Innersten traf, antwortete er wenige Tage später mit dem Gedicht »Wolfsbohne«.[3] Es findet sich in seinem Nachlaß. Celan ruft seine Eltern als Zeugen gegen ein vom Gehalt abstrahierendes Verständnis der »Todesfuge« an. Am Beginn heißt es in einer Zeile: »Weit, in Michallowka, in Gaissin, in der Ukraine, wo sie mir Vater und Mutter erschlugen.« Celan adressiert das Gedicht an seine Mutter. Es zeigt, wie die Abwehr der Erinnerung die Toten gleichsam ein zweites Mal auslöscht. Celan schreibt: »Gestern kam einer von ihnen und tötete Dich zum anderen Mal.« Celan fährt fort: »Du, die Du Wolfsbohne sagtest, sie, die die Wolfsschanze bauten. – Wer lebt?« Die Frage ist hart: Leben

* Vortrag in der Staatsbibliothek Berlin am 19. Juli 1997 auf Einladung der Gedenkstätte Deutscher Widerstand. Der Vortrag wurde leicht überarbeitet.

1 Paul Celan, »Todesfuge« (1945), in: Klaus Wagenbach (Hg.), *Lesebuch. Deutsche Literatur zwischen 1945 und 1959*. Berlin 1980, S. 29.

2 Ders., »Die Gedichte aus dem Nachlaß«. Hg. v. Bertrand Badiou, Jean-Claude Rambach, Barbara Wiedemann. Frankfurt am Main 1997, S. 359.

3 Ebd., S. 306 ff.

die, die den Führerbunker bauten, in dem Stauffenberg den Diktator auszuschalten suchte, weiter? Welche Bedeutung hat es, daß sich nach einer Umfrage Mitte der fünfziger Jahre fast die Hälfte der Bevölkerung dagegen ausspricht, eine Schule nach Stauffenberg zu nennen?[4] Celan gibt in dem Gedicht eine zugespitzte Antwort. »Mutter, keiner fällt den Mördern ins Wort.«

II. Stellung des Widerstands und der Emigration zu Staatsverbrechen

Zur Verdrängung des Systems des Schreckens existierte vor allem auf rechtlichem Gebiet eine Alternative. Die Ahndung der Staatsverbrechen der Trägerschichten des »Dritten Reiches« – die schwerste Erblast, mit der die Bundesrepublik über Jahrzehnte konfrontiert wird – ist von führenden Juristen des deutschen Widerstands und der Emigration im Kern in gleicher Weise konzipiert worden. Ihre Sichtweise wurde mit manchen Erweiterungen und Veränderungen in der Gesetzgebung der Alliierten und ihrer Nachkriegsjudikatur im bestimmten Maße aufgenommen. In einem von Paulus van Husen im Juni und Juli 1943 verfaßten Text des Kreisauer Kreises wird die grundsätzliche Position markiert, die »Rechtsschändung des Regimes« – dies Wort sucht die Dimension der großen, von »gewöhnlicher« Einzelkriminalität verschiedenen Verbrechen in Worte zu fassen – systematisch zu ahnden, weil nur so das Regime von Grund auf in Form der Neukonstituierung einer humanen Rechtsordnung überwunden werden kann: »Im Zusammenhang mit dem Kriege sind zahlreiche Verletzungen des Rechts begangen worden. Sie sind nach Art, Ausmaß und Willensrichtung schwerwiegend und verabscheuenswert. Ihre Bestrafung ist nur zur Wiederaufrichtung der Herrschaft des Rechts und damit des Friedens in Deutschland und in der Völkergemeinschaft ein dringendes Gebot.«[5] Unter diesem Gesichtspunkt ist es konsequent, daß den technischen Entwürdigungs-, Diskriminierungs- und Tötungsermächtigungen des Regimes – von der Reichstagsbrandverordnung bis zur Polenstrafrechtsverordnung – keine Rechtsqualität zugemessen wird. Diese Regelungen sollen von Anbeginn

4 Joachim Perels, *Wider die ›Normalisierung‹ des Nationalsozialismus*. Hannover 1996, S. 74 m. w. Nachw.

5 »Deutsche Beteiligung an der Bestrafung von Schandtaten«, in: Ger van Roon, *Neuordnung im Widerstand. Der Kreisauer Kreis innerhalb der deutschen Widerstandsbewegung*. Dokumentenanhang. München 1967, S. 553 f.

außer Kraft gesetzt werden: »Es ist (...) die Schaffung einer rückwirkenden deutschen Strafbestimmung nötig, welche im ordentlichen Strafrechtszuge den Rechtsschänder mit Freiheitsstrafe oder Todesstrafe belegt. (...) Bei einer auf Befehl begangenen Rechtsschändung ist der Befehl kein Strafausschließungsgrund, es sei denn, daß es sich um eine unmittelbare Bedrohung von Leib und Leben des Täters handelt oder ein sonstiger Zwang vorliegt. (...) Insbesondere ist der Befehl kein Strafausschließungsgrund, wenn der Täter durch sein Verhalten vor, bei oder nach der Tat erwiesen hat, daß er den Befehl billigt.«[6] (In einem späteren Entwurf hat van Husen seine Haltung verändert und die Außerkraftsetzung von NS-Recht auf eine deklaratorische Ebene zurückgenommen.)[7]

Die ursprüngliche Position van Husens findet ihre weitgehende Entsprechung in einem Intellektuellenkreis der Emigration, der Gruppe um Franz Neumann. Er war in der letzten Phase der Weimarer Demokratie Justitiar der SPD und publizierte in den USA die epochemachende Gesamtanalyse des NS-Systems, den *Behemoth*.[8] Seit 1943 ist diese Gruppe in die Deutschlandplanung der amerikanischen Regierung einbezogen. Für sie hat die Ahndung der Staatsverbrechen den gleichen Stellenwert wie für den Kreisauer Kreis. Nachdem die Neumann-Gruppe die systematische Aufhebung von Rechtsschranken, die »gesetzlose Aktion der öffentlichen Behörden«, vor allem anhand der Schriften des Justitiars der SS, Werner Best, als Herrschaftsprinzip des Regimes herausgearbeitet hat, kommt sie zu dem folgerichtigen Ergebnis, daß die Anwendung der von der überwiegenden Mehrheit der Völker anerkannten Grundregeln von Recht und Moral auf die Naziführer »nicht Rechtlosigkeit bedeutet, sondern das Einklagen von Gerechtigkeit«.[9] Diese Erkenntnis führte zur Forderung der Außerkraftsetzung der Nazi-Gesetze von Beginn an – wie in einem Entwurf des Kreisauer Kreises. In der Begründung heißt es: »Interpretiert man die Nazi-Gesetze entsprechend der Nazi-Ideologie, so kann kein Mord in einem Konzentrationslager als Verbrechen gelten; denn es ist der Kern der Politik und Verfassungstheorie der Nazis, daß die

6 Ebd., S. 554.
7 Ebd., S. 557.
8 Franz Neumann, *Behemoth. Struktur und Praxis des Nationalsozialismus* (1942/44). Köln 1977.
9 Alfons Söllner (Hg.), *Zur Archäologie der Demokratie in Deutschland. Analysen politischer Emigranten im amerikanischen Geheimdienst. 1943-1945*. Bd. 1. Frankfurt am Main 1982, S. 168 f., S. 172.

Handlungen der Parteiorgane als souveräne Handlungen keiner gerichtlichen Überprüfung unterliegen.«[10]

III. Legalität des Widerstands und Verfolgung von NS-Taten

In der durch die alliierte Suprematie bestimmten Nachkriegsperiode wird die doppelte Zielsetzung der Verfolgung und Ahndung der größten Staatsverbrechen der deutschen Geschichte – die in ihrer Ungeheuerlichkeit selbst strafrechtlich kaum zureichend zu erfassen sind[11] – und der Qualifizierung des Widerstands als legalem Handeln (unabhängig von den juristischen Repressionsnormen des Regimes) rechtlich fixiert. Während im Kontrollratsgesetz Nr. 10 vom Dezember 1945 insbesondere der Tatbestand der Verbrechen gegen die Menschlichkeit geschaffen wird, der die Diskriminierungs- und Terrornorm des Regimes – wie schon durch die Einzelgesetzgebung der Alliierten – von Anfang an außer Kraft setzt,[12] so wird durch die von den Alliierten inspirierte Landesgesetzgebung den politischen Widerstandskämpfern ausdrücklich zuerkannt, daß ihr Handeln vollständig legal war. Das Gesetz zur Wiedergutmachung des nationalsozialistischen Unrechts in der Strafrechtspflege, das in der amerikanischen Zone 1946 erlassen wurde, stellt fest: »Politische Taten, durch die dem Nationalsozialismus oder Militarismus Widerstand geleistet wurde, sind nicht strafbar.«[13] Diese Feststellung ist in einer Bemerkung von Eugen Rosenstock-Huessy, die die nationalsozialistische Machtrealität hinter sich läßt und die Begründung für den gesamten politischen Widerstand exemplarisch festhält, treffend konkretisiert worden: »James von Moltke und Dietrich Bonhoeffer waren im Augenblick ihrer Hinrichtung die legitime deutsche Staatsgewalt, und zwar die einzige.«[14]

Die normativen Antworten auf eine schrankenlose Staatsgewalt, die von deutscher Seite bekanntlich Gustav Radbruch auf den Begriff des

10 Ebd., S. 185.

11 Vgl. Hannah Arendt, »Brief vom 17.8.1946 an Karl Jaspers«, in: Hannah Arendt, Karl Jaspers, *Briefwechsel 1926-1969*. München 1985, S. 90 f.

12 Art. II Ziff. I c.

13 Zit. nach Gustav Radbruch, »Gesetzliches Unrecht und übergesetzliches Recht« (1946), in: ders., *Der Mensch im Recht*. Göttingen 1961, S. 111-124, hier: 121.

14 Zit. nach Ger van Roon, »Helmut James von Moltke«, in: J. Schultz (Hg.), *Liebhaber des Friedens*. Stuttgart 1982, S. 196-201, hier: 200.

gesetzlichen Unrechts brachte,[15] wurde vor allem im Nürnberger Prozeß und in den zwölf Nürnberger Nachfolgeprozessen der USA gegen die Funktionseliten des NS-Regimes – von den Einsatzgruppen über die Justizbürokratie bis zum Oberkommando der Wehrmacht – wirksam. In der Entscheidung zu den Einsatzgruppen vom 18. April 1948, jener mit der Wehrmacht – aufgrund einer vor Beginn des Rußlandfeldzuges getroffenen Übereinkunft – kooperierenden Tötungskommandos,[16] tritt der erzhumane Impuls der Urteile der amerikanischen Richter besonders deutlich zutage: »Hier sind Verbrechen, die infolge der Tiefe und Weite ihrer Verkehrtheit der Beschreibung trotzen. Hier erreicht die Erbarmungslosigkeit ihren Tiefpunkt, und nichts in Dantes imaginärem Inferno kann den Schreckenstaten gleichen, die sich, wie wir gefunden haben, in den Jahren 1941, 1942 und 1943 in Weißruthenien, der Ukraine, Litauen, Estland, Lettland und der Krim ereigneten.«[17] An anderer Stelle des Urteils wird das Verhältnis von Opfer und Mörder so beschrieben: »Was erwarteten die Henker, das die Opfer sagen sollten? Wer hätte Worte finden können, um zu diesem unsäglichen Angriff auf die Menschlichkeit, dieser ungeheuren Vergewaltigung der Würde des Lebens und des Daseins etwas zu sagen? Sie schwiegen, hier gab es nichts mehr zu sagen.«[18]

Einer der Verurteilten ist der SS-Führer Dr. Martin Sandberger, Leiter des Einsatzkommandos Ia in Estland. Er ist für die Ermordung der Juden in diesem baltischen Land verantwortlich. Das amerikanische Gericht konstatiert: »Es ist (...) (eine) Tatsache, daß für besondere Aktionen die estnische Miliz Sandbergers Zuständigkeit und Kontrolle unterstellt war.«[19] In einer offiziellen Ereignismeldung hieß es: »Die Festnahme aller männlichen Juden über 16 Jahre ist fast abgeschlossen. Mit Ausnahme der Ärzte und der vom Sonderkommando eingesetzten Judenältesten werden sie durch den estnischen Selbstschutz unter Kontrolle des Sonderkommandos Ia exekutiert.«[20] Im Verhör erklärt Sandberger auf die Frage, ob er damals in Estland war. »Ja, aber sie (die Er-

15 Radbruch, »Gesetzliches Unrecht«.
16 Raul Hilberg, *Die Vernichtung der europäischen Juden* (1961). Bd. 2. Frankfurt am Main 1990, S. 298, 287 ff.; Helmut Krausnick, *Hitlers Einsatzgruppen* (1981). Frankfurt am Main 1985.
17 *Das Urteil im Einsatzgruppenprozeß*. Berlin (-Ost) 1963, S. 134.
18 Ebd., S. 67.
19 Ebd., S. 173.
20 Ebd.

mordeten) sind nicht unter meiner Verantwortung erschossen worden. Unter meiner Verantwortung waren es etwa 350.«[21]

IV. Aushöhlung der Rechtspositionen der Regime-Gegner

Mit Beginn der fünfziger Jahre geraten die Positionen der Nachkriegsperiode – die Ahndung von Staatsverbrechen und die Anerkennung der Legalität des Widerstandes – ins Wanken. Dies hängt mit zwei, sich verstärkenden Prozessen zusammen: der weitgehenden Inkorporation des Staats- und Justizapparats der NS-Diktatur und der Ausbildung und Zuspitzung des Kalten Krieges im Zuge der Wiederbewaffnung, durch den die plakativ antikommunistischen Ideologien modifiziert wieder erstehen konnten.[22] Diese Ideologien fanden in der autoritären Realität des Staatssozialismus – trotz gewisser Ansätze eines demokratischen Marxismus unter Intellektuellen und der Arbeiterschaft – einen Anhalt. Die Funktion des regierungsamtlichen Antikommunismus bestand aber wesentlich darin, gerade das vom stalinistischen Herrschaftsmodell verschiedene Denken in Kategorien gesellschaftlicher und staatlicher Diskontinuität gegenüber dem »Dritten Reich«, das amerikanische Deutschlandplaner, Gruppen des politischen Widerstands, linke Christdemokraten und die Sozialdemokratie entwickelt hatten,[23] zu blockieren.

Unter dem Druck der weitgehenden institutionellen und ideologischen Kontinuität nimmt die Distanz zu den Funktionseliten des NS-Regimes unterhalb der politischen Spitze ab. Es wurde gedanklich in einen tendenziell normalen Staat transformiert. Selbst der Hitlergruß enthielt für den Bundesdisziplinarhof von 1955 einen rechtsstaatlichen Kern im Sinne der Achtung der legalen Autorität. Ohne Bedeutung sei es gewesen, dekretiert das Gericht, daß »die damals vorgeschriebene Form des Grußes die des Hitlergrußes war«.[24]

21 Ebd., S. 174.

22 Zur Interpretation vgl. Eugen Kogon, »Die Funktion des Antikommunismus in der Bundesrepublik Deutschland«, in: ders., *Die restaurative Republik. Zur Geschichte der Bundesrepublik Deutschland.* Berlin 1996, S. 190-250.

23 Söllner, *Archäologie*; »Manifest der demokratischen Sozialisten des ehemaligen Konzentrationslagers Buchenwald vom 13.4.1945«, in: Wolfgang Abendroth, *Aufstieg und Krise der deutschen Sozialdemokratie.* Frankfurt am Main 1964, S. 123-127; Arkadij R. L. Gurland, *Die CDU/CSU. Ursprünge und Entwicklung bis 1953.* Frankfurt am Main 1980; Ernst Ulrich Huster u. a., *Determinanten der westdeutschen Restauration 1945-1949.* Frankfurt am Main 1972, Dokumentenanhang, S. 363 ff.

24 BDHE 2, S. 178 f.; s. hierzu Michael Kirn, *Verfassungsumsturz oder Rechtskontinuität?.* Berlin 1972, S. 279.

Es ist kein Zufall, daß in der frühen Bundesrepublik kein Gedenktag zur Installierung des Nazi-Regimes – etwa am 30. Januar – eingerichtet wurde. Arnold Brecht, bis 1933 Ministerialdirektor im preußischen Staatsministerium, später Professor in den Vereinigten Staaten, hatte angeregt, den 30. Januar jeden Jahres zum nationalen Bußtag zu erklären.[25] Auch ein Gedenktag für den deutschen politischen Widerstand – etwa am 20. Juli – ist nicht eingeführt worden – ungeachtet der jährlichen Feiern zur Wiederkehr des Tags des Attentats von Stauffenberg. Gedenktage signalisieren die Selbstfindung eines Gemeinwesens. Das Fehlen eines auf das NS-Regime gerichteten Gedenktages hat selber symbolische Bedeutung. Erst jetzt ist dieser Bann gebrochen – mit der auf Initiative von Ignatz Bubis getroffenen Entscheidung, des Tags der Befreiung von Auschwitz am 27. Januar zu gedenken.

V. Weitgehende Straffreiheit für Staatsverbrechen

Die Abwehr der Erinnerung entsprach der Tendenz zur Zurückdrängung der Ahndung von Staatsverbrechen. Für die an diesen Verbrechen beteiligten Täter setzt Anfang der fünfziger Jahre, angeführt von der Bundesregierung und von Verteidigern der Nürnberger Prozesse, weitgehend gestützt durch die öffentliche Meinung und durch führende Repräsentanten der evangelischen und katholischen Kirche, eine Begnadigungskampagne ein. Das Ziel war, die überwiegende Mehrzahl der verurteilten NS-Täter – nicht zuletzt auch der der Nürnberger Nachfolgeprozesse – auf freien Fuß zu setzen. In schlechter Allgemeinheit wurden die Täter als »Kriegsverbrecher«, manchmal lediglich als »Kriegsverurteilte« bezeichnet, obwohl die meisten Gewaltakte mit Kriegshandlungen nicht das Geringste zu tun hatten. Der Sinn der Kampagne steckt im Wort »Amnestie«; es heißt: vergessen.[26]

Welche Verankerung die Forderung nach Begnadigung von NS-

25 Arnold Brecht, Brief an Hermann Kesten v. 14. Januar 1963, in: Hermann Kesten (Hg.), *Ich lebe nicht in der Bundesrepublik*. München 1963, S. 31-33, hier S. 32.

26 In diesem gesellschaftlichen Klima wurde die Regelung, im »Gesetz zur Versorgung der Opfer des Krieges«, geschaffen, daß auch NS-Täter Anspruch auf Kriegsopferrenten haben. Die Ausschlußregelung, daß Kriegsverbrecher keinen derartigen Anspruch besitzen sollten, wurde nach einer Intervention des FDP-Abgeordneten Mende, der gegen eine sogenannte »Prolongierung der Entnazifizierung« Front machte, gestrichen. Thomas Kleine-Brockhoff, »Zuschlag für die Täter«, in: *Die Zeit* (31.1.1997). Vgl. insgesamt Norbert Frei, *Vergangenheitspolitik. Die Anfänge der Bundesrepublik und die NS-Verbrechen*. München 1996, S. 133 ff.

Mordtätern in den Spitzen der jungen Bundesrepublik selbst bei dezidiert antinazistischen Politikern, Kirchenleuten, Professoren, besaß, zeigt der Fall Sandberger. Seine Verurteilung wegen Einsatzgruppenverbrechen ist schon erwähnt worden. Für die Begnadigung Sandbergers, der vor Gericht zugegeben hatte, 350 Menschen getötet zu haben, setzten sich der evangelische Landesbischof von Württemberg, Haug, das FDP-Vorstandsmitglied Mayer, der Vizepräsident des Deutschen Bundestages, Carlo Schmid, und am Ende auch Bundespräsident Heuss ein.[27] Carlo Schmid, der 1955 in seiner Rede zur Woche der Brüderlichkeit in der Frankfurter Paulskirche so treffend davon sprach, daß »den Opfern der Rang des Menschen aberkannt«[28] wurde, intervenierte zwei Jahre zuvor zugunsten von Sandberger: Er wolle und könne, »heute so wenig wie anläßlich meiner einstigen Bemühungen um gnadenweise Umwandlung der ursprünglichen Todesstrafe in eine lebenslängliche Freiheitsstrafe, die Gerechtigkeit der Verurteilung Sandbergers in Frage stellen«. Carlo Schmid aber erklärte, daß »dieser Mann kein blindwütiger Fanatiker gewesen sein kann. (...) Er war ein fleißiger, intelligenter und begabter Jurist, der auf der einen Seite dem geistigen Nihilismus der Zeit verfallen war, auf der anderen Seite aber sich krampfhaft an der Formenwelt der Bürgerlichkeit festklammerte. (...) Man sollte Martin Sandberger eine Chance geben, sich im Leben neu (!) zu bewähren.«[29] Was Carlo Schmid, ohne wohl das Urteil gegen Sandberger zu kennen, als seine positiven, von seinem Handeln als Einsatzgruppentäter abtrennbaren Eigenschaften heraushebt, sind gerade jene Charaktermerkmale, die von einem kühlen Einsatzgruppenkommandeur verlangt wurden.[30] In der Personalbeurteilung Sandbergers durch die SS heißt es: »Sehr großer Fleiß und überdurchschnittliche Arbeitsintensität zeichnen ihn (...) aus. In fachlicher Hinsicht hat sich Sandberger sowohl im Reichs- wie auch im sicherheitspolizeilichen Osteinsatz bewährt.«[31] Theodor Heuss, der 1952 in Bergen-Belsen die »Pedanterie des Mordens als schier automatischen Vorgang ohne das bescheidene Bedürfnis nach einem (...) quasi moralischen Maß« in den Blick gerückt hatte, der sogar Adenauer in einem Gespräch nahe legte, seinen Staatssekretär Globke wegen der Vor-

27 Frei, *Vergangenheitspolitik*, S. 299 ff.
28 Carlo Schmid, Zur Woche der Brüderlichkeit (1955), in: ders., Politik und Geist, München 1964, S. 80-87, hier: 84.
29 *Frei, Vergangenheitspolitik*, S. 300.
30 Hilberg, *Die Vernichtung der europäischen Juden*, S. 335.
31 *Das Urteil im Einsatzgruppenprozeß*, S. 176.

würfe gegen ihn gegebenenfalls Konsequenzen ziehen zu lassen,[32] schaltete sich nach längerem Zögern zugunsten von Sandberger ein: Die Gnade sei, schrieb Heuss 1955, als »schönste(r) Teil« »dem Recht beigeordnet«.[33] Ob Gnade, die ohne privilegierende Intervention gewiß ihre Rechtfertigung besitzt, für einen hundertfachen Mörder unschuldiger Menschen mit dem Begriff des Rechts, das die Ohnmächtigen schützt und die Bewahrung des Lebens einschließt, zusammengebracht werden kann – diese Frage beantwortet sich selbst.

In der unaufgelösten Spannung zwischen einer Wahrnehmung der Terror-Struktur des Regimes und einer fast gleichzeitigen Laxheit im Umgang mit der Rolle bestimmter Täter zeigt sich, selbst bei den großen liberalen und humanen Gründungsvätern unserer Republik, welche Tiefenwirkung das allgemeine gesellschaftliche Bewußtsein einer teilweisen Umwertung der Schuldfrage, deren Beantwortung Karl Jaspers schon 1946 als Basis eines Neubeginns ansah,[34] hatte.

Die Intervention führender Repräsentanten der Bundesrepublik zugunsten der Begnadigung eines ranghohen Einsatzgruppentäters hat vielfältige, hier nur knapp zu benennende Ursachen. Das Vorgehen von Schmid und Heuss war keine Einzelaktion. Sie stand im Zusammenhang einer mächtigen gesellschaftlichen Tendenz. Eine wichtige Rolle spielte die Schichtzugehörigkeit des Täters. Im Unterschied zu anderen NS-Tätern, etwa KZ-Verbrechern, für die sich keine Gnadeninitiative von Honoratioren einsetzte, stammte der promovierte Jurist und SS-Führer Sandberger aus dem wohlhabenden württembergischen Bürgertum.[35] Noch als Mörder im Staatsauftrag blieb er in bestimmtem Maße dessen Teil. Dies war möglich, weil Sandbergers Massentötungen für die Begründung des Gnadengesuchs von seiner Person separiert und damit nahezu entwirklicht wurden. Derart wurde die Identifikation mit seiner so »gereinigten« Person möglich – von Akademiker zu Akademiker. Sie findet ihre Grundlage in den bei Sandberger ausdrücklich hervorgehobenen Sekundärtugenden, die aus dem gemeinsamen bürgerlichen Moralkodex entspringen. Das Eintreten für den einst im Dienst des Reichssi-

32 Theodor Heuss, »Das Mahnmal« (1952), in: ders., *Geist der Politik*. Frankfurt am Main 1964, S. 39-43, hier: 41; Konrad Adenauer, Theodor Heuss, *Unter vier Augen. Gespräche aus den Gründerjahren*. Bearb. v. H. P. Mensing. Berlin 1997, S. 197.

33 Frei, *Vergangenheitspolitik*, S. 301.

34 Karl Jaspers, *Die Schuldfrage* (1946). München 1987; ähnlich Martin Niemöller, *Der Weg ins Freie*. Stuttgart 1946.

35 Frei, *Vergangenheitspolitik*, S. 298.

cherheitshauptamts tätigen Kommandeur des Sonderkommandos Ia war für Schmid und Heuss umso leichter möglich, als dies nicht-öffentlich geschah.[36] In der Öffentlichkeit wäre dies Vorgehen – trotz ähnlicher Positionen in liberalen und konservativen Blättern – kritisch thematisiert worden – von der *Neuen Zeitung* oder der *Frankfurter Rundschau*.[37]

Die allgemeine Begründung für eine Begnadigung, die mit einigen Verzögerungen und Einschränkungen in bestimmten (wenn auch nicht im vollen) Maße etwa für leitende Funktionsträger des Auswärtigen Amtes, der Justizbürokratie, der Einsatzgruppenleiter von den Alliierten schließlich erfolgte,[38] variierte unter den politischen Protagonisten. Konrad Adenauer und der der CDU angehörende Staatssekretär im Justizministerium, Walter Strauß, vertraten die These, daß unter den Kriegsverbrechern zwar ein gewisser Prozentsatz »richtiggehender Verbrecher«, die meist vorbestraft seien, festzustellen sei – Strauß bezifferte ihn auf 10 Prozent.[39] Die überwiegende Mehrzahl der Verurteilten wurde jedoch als nicht zu Recht verurteilt angesehen. Diese Wertung von Strauß, die er von Anwälten der Nürnberger Verfahren übernahm,[40] war einigermaßen willkürlich; sie gründete sich nicht auf eine detaillierte juristische Auseinandersetzung mit den Nürnberger Entscheidungen, die zudem – bis auf zwei Ausnahmen –[41] nicht in westdeutschen Verlagen veröffentlicht wurden. Wenn man das Nürnberger Juristenurteil oder das Einsatzgruppenurteil liest,[42] wirkt die Vorstellung, daß 90 Prozent der für Mordaktionen, Terrorurteile und Ausmerzungsnormen Verant-

---

36 Ebd., S. 299 ff.

37 Ebd., S. 189, 151, 214, 233, 246 f., 276; Hans-Jürgen Döscher, *Verschworene Gesellschaft. Das Auswärtige Amt unter Adenauer zwischen Neubeginn und Kontinuität*. Berlin 1995, S. 155 ff.

38 Albert Rückerl, *NS-Verbrechen vor Gericht*. Karlsruhe 1982, S. 131; Kurt Bästlein, »Der Nürnberger Juristenprozeß und seine Rezeption in Deutschland«, in: Lore Maria Peschel-Gutzeit (Hg.), *Das Nürnberger Juristenurteil von 1947*. Baden-Baden 1996, S. 9-35, hier: 29 ff.; Heribert Ostendorf, Heino ter Veen, *Das »Nürnberger Juristenurteil«. Eine kommentierte Dokumentation*. Frankfurt am Main 1985, S. 32 f.

39 Frei, *Vergangenheitspolitik*, S. 271; Ulrich Herbert, *Best. Biographische Studien über Radikalismus, Weltanschauung und Vernunft*. Bonn 1996, S. 456.

40 Frei, *Vergangenheitspolitik*, S. 271.

41 *Der Wilhelmstraßenprozeß*. Schwäbisch Gmünd 1950; *Das Urteil im IG-Farben-Prozeß*. Offenbach 1948.

42 Vgl. Joachim Perels, »Verpaßte Chancen. Zur Bedeutung der Nürnberger Nachfolgeprozesse«, in: *Beiträge zur Geschichte der nationalsozialistischen Verfolgung in Norddeutschland*, H. 3 (1997), S. 30-37.

wortlichen zu Unrecht verurteilt wurden, wie ein amtliches Augenschließen vor dem einstigen staatlichen Schrecken.

Die Argumentation Adenauers unterschied sich von einer radikaleren Position, die auf eine Generalamnestie für alle Staatsverbrecher gerichtet war. Diese Position wurde von dem schon erwähnten ehemaligen Justitiar der SS, Werner Best, einst Stellvertreter Heydrichs im Reichssicherheitshauptamt, 1952 systematisch und nachhaltig wirksam entwickelt.[43] Best war in der Bundesrepublik kein Außenseiter. Er war eine wichtige Figur im nationalistischen Flügel der FDP. Er arbeitete bald nach seiner Rückkehr aus dänischer Gefangenschaft seit Beginn der 50er Jahre in der Anwaltskanzlei des FDP-Abgeordneten Achenbach und besaß gute Verbindungen zum Justizministerium.[44] Best hatte im NS-Regime den juristischen Herrschaftsmechanismus entwickelt, mit dem rechtliche Schranken nach politischer Opportunität gegenüber Juden, politischen Oppositionellen und anderen Gruppen nach Belieben durchbrochen werden konnten. Seine einstige, den Staatsterror rechtstechnisch legitimierende Grundposition behielt Best unter veränderten politischen Umständen einer rechtsstaatlich demokratischen Ordnung bei: In einer Denkschrift unter dem bezeichnenden, scheinsachlichen Titel »Gesichtspunkte zur Liquidation politischer Strafsachen einer abgeschlossenen Epoche« vertrat er, auch zur Selbstverteidigung, in scharfer Frontstellung gegen die sogenannte »nachtragende Unversöhnlichkeit der Alliierten« die Auffassung, daß kriminelle Akte – sogenannte politische Straftaten –, »die durch das Fehlen privater Motive und egoistischer Zwecke« charakterisiert seien, »vom gemeinen Verbrechen unterschieden seien«.[45] Da eine Wiederholung ausgeschlossen sei, bestehe kein Strafbedürfnis. Eine Bestrafung sei »unvernünftig und unsittlich«.[46] Diese Position von Best, die das durch und durch ideologische Selbstbild der NS-Täter reproduziert, die lediglich einen völkischen politischen Plan kühl vollstreckt hätten,[47] dient der Legitimation zur vollständigen Abtrennung des Staatsapparats von rechtsstaatlichen Bindungen. Best wußte, wovon er sprach. Er hatte in Bayern die Röhm-Morde von 1934 organisiert, er führte später die Aufsicht über die Konzentrationslager, er organisierte die ersten Einsatzgruppen im Polenfeldzug, er entwarf in

43 Herbert, *Best*, S. 454 ff.
44 Ebd.; Frei, *Vergangenheitspolitik*, S. 106, 114 f.
45 Herbert, *Best*, S. 458. Zu Bests NS-»Rechts«-Position s. ebd., S. 163 ff., 196 ff., 275 ff.
46 Ebd.
47 Ebd., S. 205 f., 225 ff., 238 ff., 240 ff.; Hilberg, *Die Vernichtung*, S. 335, 345.

einem 1942 in der *Zeitschrift für Politik* erschienenen Artikel in aller Öffentlichkeit das Programm der »Vernichtung und Verdrängung fremden Volkstums«.[48]

Das von Best entwickelte Exkulpationsschema zugunsten sogenannter altruistischer Staatsverbrecher hatte – auch wenn das Ziel einer Generalamnestie nicht erreicht wurde – für die Argumentation gegenüber den Alliierten eine gewisse Bedeutung. Für die überwiegend akademischen Täter konnte ihre Charakterisierung als nicht gewöhnliche Kriminelle eingesetzt werden.[49]

Wichtig wurden Bests Argumentationsfiguren auch für die innere Entwicklung der Bundesrepublik. Sie trugen zur Blockierung der juristischen Aufarbeitung von NS-Verbrechen bei. In einem von Best entworfenen Schreiben an Vizekanzler Blücher (FDP) vom 3. November 1952 wird die Forderung der Einstellung aller deutschen NS-Verfahren mit den Kategorien der Exkulpationskonstruktion begründet, daß es sich nicht um Handlungen aus persönlichen Motiven oder zum eigenen Vorteil, sondern auf Befehl oder aus politischer Überzeugung handele.[50] Ein gleiches Schreiben erhielt Bundesjustizminister Dehler (FDP). Ihm wurde nahegelegt, »die Länderjustizverwaltungen zum Kurztreten hinsichtlich der fraglichen Prozesse zu veranlassen«.[51] Dieses Ansinnen eines Spitzenfunktionärs der SS führte für mehrere Jahre zum Erfolg. Der SPD-Abgeordnete Menzel, Mitglied des Parlamentarischen Rates, später Innenminister von Nordrhein-Westfalen, berichtete 1960 im Deutschen Bundestag von einer Darstellung des Vertreters des Justizministeriums über den Stand der Strafverfolgung von NS-Verbrechen im Rechtsausschuß. Aufgrund der damaligen Erörterungen (der Jahre 1950/52) über eine Generalamnestie für alle in der Hitlerzeit begangenen Verbrechen hätten die Länder »›an eine Art Trend in der Öffentlichkeit geglaubt, auf die Verfolgung jener Delikte nicht mehr so viel Wert legen zu müssen‹. Sie hätten (...) ›auf eine systematische Durchforschung der Vorgänge verzichtet.‹«[52] Die Folgen sind in der Statistik ablesbar. Von 1952 bis

48 Herbert, *Best*, S. 143 ff., 147 ff., 237 ff., 283.

49 In einer Erklärung des Deutschen Bundestages vom Februar 1952 wurden bewußt oder unbewußt Kategorien von Best aufgenommen. Gefordert wurde, »daß die Deutschen, die unter der Beschuldigung des Kriegsverbrechens entweder von alliierten Gerichten bereits verurteilt oder noch ohne Urteil festgehalten sind, freigelassen werden, soweit es sich nicht um von den einzelnen zu verantwortende Verbrechen im hergebrachten Sinne des Wortes handelt« (ebd., S. 455).

50 Ebd., S. 460.

51 Ebd.

1957 nimmt die Verfolgung von NS-Gewaltverbrechern – mit Ausnahme von KZ-Verbrechen, für die die privilegierenden Kategorien des sogenannten persönlich-korrekten Staatskriminellen üblicherweise nicht zutreffen – drastisch ab.[53]

VI. Neu-Legitimation von NS-Recht

Parallel zur Amnestie von Kriegsverbrechern und Verbrechern gegen die Menschlichkeit und der vielfachen Blockierung der Verfolgung von NS-Verbrechen in der zweiten Hälfte der fünfziger Jahre wird der politische Widerstand gegen das »Dritte Reich« – bis auf die Wiedergutmachungsgesetzgebung – rechtlich überwiegend anders bewertet.

Hierfür sind wesentlich zwei Grundentscheidungen, die die Rechtspositionen des Widerstands, der Emigration und der Nachkriegsperiode zurückdrängen, maßgebend. Als Reaktion auf rechtsradikale Aktivitäten legte die SPD-Fraktion 1950 im Deutschen Bundestag einen Gesetzentwurf »Zur Wiedergutmachung nationalsozialistischen Unrechts in der Strafrechtspflege« vor, der den Widerstand gegen die NS-Gewaltherrschaft ausdrücklich als rechtmäßiges Handeln qualifiziert und alle Strafurteile, die auf politisch oder rassisch diskriminierenden Gesetzen beruhen, für nichtig erklärt.[54] Dieser Gesetzentwurf wurde von Justizminister Dehler als »Gefahr für das ganze Gefüge der Rechtsordnung«[55] verworfen. Diese Haltung der Bundesregierung war von bestürzender Paradoxie, die aber der Logik der Umdeutung des nationalsozialistischen Normensystems entsprach: Die Entlegitimierung der nationalsozialistischen Rechtsordnung galt als Gefahr für die liberal-demokratische Rechtsordnung.

Zwei Jahre später ging die Bundesregierung noch einen Schritt weiter. Nicht nur die gesetzliche Feststellung des rechtsstaatlich legalen Handelns der Widerstandskämpfer unterblieb, weil damit die politischen Urteile des rekonstruierten Justizapparats in Frage gestellt worden wären. Auch dem Schlüsselbegriff zur Aufarbeitung des nationalsozialistischen Justizterrors, dem schon erwähnten Begriff des »gesetzlichen

52 *Verhandlungen des Deutschen Bundestages.* 3. Wahlperiode, Stenographische Berichte, 117. Sitzung, 24.05.1960, S. 6682; s. hierzu Falko Kruse, »NS-Prozesse und Restauration«, in: *Kritische Justiz*, H. 2 (1978), S. 120-134.

53 Ebd., S. 126.

54 Frei, *Vergangenheitspolitik*, S. 319.

55 Ebd., S. 320.

Unrechts«, der der Sache nach in der Europäischen Menschenrechtskonvention seinen Niederschlag fand, wurde seine Geltungsbedeutung ausdrücklich entzogen. Art. 7 II der Europäischen Menschenrechtskonvention lautete: »Durch diesen Artikel (der das Rückwirkungsverbot enthielt) darf die Verurteilung oder Bestrafung einer Person nicht ausgeschlossen werden, die sich einer Handlung oder Unterlassung schuldig gemacht hat, welche im Zeitpunkt ihrer Begehung nach den allgemeinen, von den zivilisierten Völkern anerkannten Rechtsgrundsätzen strafbar war.« 1952 lehnte es die Bundesregierung – wiederum im Sinne des reetablierten Staatsapparats – ab, diesen Satz in unsere Rechtsordnung aufzunehmen.[56] Er hätte es – wie schon das Kontrollratsgesetz Nr. 10 – möglich gemacht, in technisch-juristische Formen gekleidete Staatshandlungen der NS-Diktatur an rechtsstaatlichen Maßstäben zu messen und gegebenenfalls für strafbar zu erklären. Damit schloß sich die Bundesregierung der Position der Verteidiger in den Nürnberger Prozessen – mit denen sie in Amnestiefragen ohnehin kooperierte – an und erklärte Akte der NS-Diktatur, sofern sie auf das nationalsozialistische Rechtssystem gestützt wurden, programmatisch für strafrechtlich irrelevant.

VII. Gesetzliches Unrecht – Grundlage des Bundesentschädigungsgesetzes

Die Legitimierung des NS-Rechtssystems galt allerdings nicht absolut. Die Infragestellung der rechtlichen Legitimität des Widerstands wurde durch die nach vielen Auseinandersetzungen geschaffene Wiedergutmachungsgesetzgebung von 1956 in bestimmter Beziehung durchbrochen. Möglicherweise auch beeinflußt durch Theodor Heuss' große Rede vom »Recht auf Widerstand« von 1954, die freilich den Soldaten auch nach dem 20. Juli 1944 zuerkannte, »Deutschland vor dem Äußersten« – offenbar der Niederlage Nazi-Deutschlands – zu bewahren,[57] enthält die Präambel des Bundesentschädigungsgesetzes der Sache nach den Begriff des gesetzlichen Unrechts; mit der Folge, daß Opfer und Angehörige von Opfern des NS-Regimes, auch und gerade wenn sie mit technisch-juristischen Instrumentarien der Diktatur verfolgt wurden, Entschädigungsansprüche geltend machen konnten. Ausdrücklich heißt es

56 »Bekanntgabe über das Inkrafttreten der Konvention zum Schutz der Menschenrechte und Grundfreiheiten«, in: BGBl., II (1954), S. 14, 1. Ziff. 1.

57 Theodor Heuss, »Vom Recht zum Widerstand. Gedenkrede zum 20. Juli 1944«, in: ders., *Geist der Politik*, S. 45-55, hier: 47.

in § 2 II des Bundesentschädigungsgesetzes: »Der Annahme nationalsozialistischer Gewaltmaßnahmen steht nicht entgegen, daß sie auf gesetzlichen Vorschriften beruht haben oder in mißbräuchlicher Anwendung gesetzlicher Vorschriften gegen den Verfolgten gerichtet worden sind.«

Die Summe der Entschädigungszahlungen nach dem Bundesentschädigungsgesetz ist hoch, sie beträgt nach einer Statistik von 1994 94 Milliarden Mark.[58] Ungeachtet dessen setzte sich unter den Bedingungen des Kalten Krieges selbst in der Entschädigungsgesetzgebung, in der ohnehin viele Opfergruppen wie Zwangssterilisierte, Zwangsarbeiter und Homosexuelle nicht berücksichtigt wurden,[59] eine normative Ausgrenzung des politischen Widerstands von Kommunisten durch, die ja zum Teil auch mit Männern des 20. Juli kooperiert hatten.[60] Anders als in der Nachkriegsperiode, in der die späteren politischen Ziele der Oppositionellen als Anknüpfungspunkt nicht in Frage kamen,[61] besaß von 1956 an ein Kommunist, nach dem Verbot der KPD, sofern er die freiheitlich-demokratische Grundordnung bekämpfte, keinen Entschädigungsanspruch.[62] Das aber hieß, daß Widerstand von Kommunisten im »Dritten Reich« – im Unterschied zu anderen politischen Kräften – keine Grundlage für eine Entschädigung bildete. Repressionshandlungen des NS-Regimes gegenüber Kommunisten wurden insoweit rechtlich nicht mehr hinterfragt, wie es ein Lüneburger Staatsanwalt in einem Staatsschutzverfahren tat, als er einem Kommunisten in seinem Plädoyer vorhielt, daß er schon im »Dritten Reich« wegen Wehrkraftzersetzung zweimal verurteilt worden war.[63]

VIII. Verwandlung von Tätern in Gehilfen

Sieht man von der Entschädigungsgesetzgebung und ihrer, allerdings zum Teil restriktiven Interpretation ab, zeigt sich in der Justiz ein überwiegend problematischer Umgang mit NS-Gewaltakten.

58 Karl Brozik, »Einmal und voller Lücken. Entschädigung und Rückerstattung«, in: *Täter, Opfer, Folgen*. Bonn 1995, S. 188.

59 Christian Pross, *Wiedergutmachung*. Frankfurt am Main 1988, S. 103.

60 Dorothea Beck, *Julius Leber. Sozialdemokrat zwischen Reform und Widerstand*. Berlin 1983, S. 195 ff.

61 Wilhelm Raimund Beyer, »Vom Ende der Wiedergutmachung«, in: *Demokratie und Recht*, H. 3 (1980), S. 273-282, bes. S. 276.

62 Alexander v. Brünneck, *Politische Justiz gegen Kommunisten in der Bundesrepublik Deutschland*. Frankfurt am Main 1978, S. 296 ff.

63 Ebd., S. 230.

Die Rechtsprechung wird durch wesentlich zwei Argumentationsfiguren bestimmt, die die sachgerechte juristische, aber auch historische Wahrnehmung der Staatsverbrechen des »Dritten Reiches« zumindest beeinträchtigen. Zur Bestimmung der Verantwortlichkeit bei den Mordaktionen der Einsatzgruppen, bei der NS-»Euthanasie« und bei den KZ-Verbrechen wird in der Mehrzahl der Fälle die Rechtsfigur der Beihilfe eingesetzt. Die These von der Gehilfenstellung bedeutet, daß der Handelnde, selbst wenn er eigenhändig getötet hat und eine umfassende Kommandogewalt besaß, die Tat nicht als eigene gewollt habe.[64] Die Täterschaft wurde so in der Spitze des Regimes bei Himmler, Hitler und Heydrich angesiedelt,[65] die alle nicht mehr lebten. In den amerikanischen und deutschen Entscheidungen zu NS-Gewaltverbrechen vor der Gründung der Bundesrepublik zeigte sich noch eine umgekehrte Tendenz. Die für Morde Verantwortlichen wurden fast ausschließlich als mit dem Regime identifizierte Täter angesehen.[66]

Für die Bundesrepublik ergibt eine Statistik des Bundesjustizministeriums vom 31. Dezember 1993 für die Zeit von 1948 bis 1993 folgendes Bild: Bis Ende 1993 wurden gegen 105.688 Personen Ermittlungsverfahren wegen NS-Verbrechen eingeleitet. Rechtskräftig verurteilt wurden 6494 Angeklagte. Nur in 178 Fällen wurden NS-Verbrecher zu Höchststrafen verurteilt – zu Todesstrafe (bis 1949 zwölf Mal) und zu lebenslänglicher Haft (166 Mal). Für den gleichen Zeitraum betrug das Verhältnis von Täterschaft und Beihilfe bei Einsatzgruppen 1:10, bei Morden in Vernichtungslagern 1:3 und bei KZ-Morden 1:2.[67]

Was diese Statistiken im einzelnen bedeuten, können nur umfassende Urteilsanalysen zeigen.[68] Ein kurzer Blick auf typische Entscheidungen,

---

64 Vgl. Bettina Nehmer, »Die Täter als Gehilfen? Zur Ahndung von Einsatzgruppenverbrechen«, in: Redaktion Kritische Justiz (Hg.), *Die juristische Aufarbeitung des Unrechts-Staats*. Baden-Baden 1998, S. 635-668; Jürgen Baumann, »Die strafrechtliche Problematik der nationalsozialistischen Gewaltverbrechen«, in: Rainhard Henkys, *Die nationalsozialistischen Gewaltverbrechen. Geschichte und Gericht*. Stuttgart 1964, S. 267-320; Claus Roxin, »Straftaten im Rahmen organisatorischer Machtapparate«, in: *Goltdamer Archiv*, (1963), S. 193-207.

65 Nehmer, »Täter als Gehilfen«.

66 Susanne Benzler, Joachim Perels, »Justiz und Staatsverbrechen. Über den juristischen Umgang mit der NS-»Euthanasie«, in: Hanno Loewy, Bettina Winter (Hg.), *NS-»Euthanasie« vor Gericht*. Frankfurt am Main 1996, S. 15-34, bes. S. 21 f., 25; Perels, »Verpaßte Chancen«.

67 Stefan Wittke, »Teilexkulpation von KZ-Tätern?«, in: Redaktion Kritische Justiz (Hg.), *Die juristische Aufarbeitung des Unrechts-Staats*, S. 547-594 m. w. Nachw.; Nehmer, »Täter als Gehilfen«.

bei denen überzeugte Karriere-Nationalsozialisten, die leitende SS-Ränge innehatten, als Gehilfen in einem ihnen äußeren, fremden Geschehen eingruppiert wurden, muß an dieser Stelle genügen. Der Führer des Einsatzkommandos 8, Dr. Otto Bradfisch, den das Gericht als »Anhänger der NS-Weltanschauung« bezeichnete, war für den Mord an 15.000 Menschen auch durch eigene Tötungshandlungen verantwortlich.[69] Das Schwurgericht des Landgerichts München I verurteilte den SS-Führer am 21. Juli 1961 nicht als Täter, sondern als Gehilfen, und vermied es dabei, die auch bei Beihilfe mögliche Höchststrafe von lebenslangem Zuchthaus zu verhängen. Es hieß, daß es an Anhaltspunkten für eine eigene feindselige Einstellung von Bradfisch zur Judenfrage fehle –[70] die organisatorische und praktische Lenkung der Ermordung von 15.000 Juden durch einen SS-Führer hat, in einem objektiven Zynismus, für das Gericht mit einer feindseligen Einstellung gegen die Juden nichts zu tun.[71]

Wie die Mehrzahl der Einsatzgruppentäter wurden auch leitende Funktionäre der NS-»Euthanasieaktion«, Reinhold Vorberg und Dietrich Allers, die nach Feststellungen des Gerichts eigene Vorstellungen zur besseren Tarnung der Krankentötungen entwickelt hatten,[72] in einem Urteil des Landgerichts Frankfurt vom 20. Dezember 1968 ebenfalls als Gehilfen, die nur den Willen der Staatsführung realisiert hätten, vorgestellt. Sie wurden wegen Beihilfe zum Mord zu Freiheitsstrafen von sieben und zehn Jahren verurteilt. Auch hier hieß es, »daß sich nicht feststellen ließ, daß sie gegenüber den Opfern feindselig gesonnen gewesen wären«.[73] Die administrative Vorbereitung und Durchführung der Tötung hilfloser und unschuldiger Menschen hat in dieser teilexkulpierenden Umdeutung nichts mit einer feindseligen Einstellung zu tun – als ob die Tötung der psychisch Kranken nicht die äußerste Form der

68 Vgl. Redaktion Kritische Justiz (Hg.), *Die Aufarbeitung des Unrechts-Staats.*

69 Falko Kruse, »Zweierlei Maß für NS-Täter?«, in: *Kritische Justiz*, H. 3 (1978), S. 236-252, bes. S. 251 m. w. Nachw.

70 Ebd.

71 Hannah Arendt bemerkte: »Eine so finstere Figur wie Dr. Otto Bradfisch (...) erklärte (...) 1961 vor einem Münchner Gericht, er sei ›innerlich‹ stets dagegen gewesen. Offenbar brauchte er den Tod von 15.000 Menschen, um sich äußerlich ein Alibi in den Augen der wirklichen Nazis zu verschaffen.« in: dies., *Eichmann in Jerusalem. Ein Bericht von der Banalität des Bösen.* München 1964, S. 164.

72 Susanne Benzler, »Justiz und Anstaltsmord nach 1945«, in: Redaktion Kritische Justiz (Hg.), *Die Aufarbeitung des Unrechts-Staats*, S. 383-411 m. w. Nachw.

73 Ebd.

Feindseligkeit war. Zwischen den Morden und den wirklichen Tätern wurde eine Wand errichtet, die das wirkliche Geschehen weitgehend unsichtbar machte. Die – nur von einem geringen Teil der Justiz nicht mitgetragene – Tendenz der Verdrängung der aktiven und überzeugten Teilnahme an den Verbrechen des Regimes ist von führenden Strafrechtlern – von Jürgen Baumann, Fritz Bauer, Claus Roxin und Herbert Jäger – in einer Stellungnahme vor dem Deutschen Juristentag im Jahre 1966 eingehend kritisiert worden, ohne daß sich dadurch eine wesentliche Änderung der Judikatur ergab. In der Stellungnahme, der eine ähnliche des Rates der EKD vorausging,[74] hieß es: »Die Kommission hat mit Besorgnis von Urteilen Kenntnis genommen, in denen NS-Gewaltverbrechen nach den in den Urteilen getroffenen Feststellungen mit auffallend niedrigen Strafen geahndet worden sind. In einem wesentlichen Teil dieser Fälle beruht das darauf, daß Täter des Mordes als Gehilfen verurteilt worden sind.«[75] In der Haltung der Justiz verkörperte sich exemplarisch die weitgehende Abwehr der Wahrnehmung der Täterrolle in der Nachkriegsgesellschaft.

IX. Widerstand zwischen Ausgrenzung und Anerkennung

Der Privilegierung von Tätern durch ihre Verwandlung in Gehilfen stand die vielfache rechtliche Entwertung des Widerstands durch die Justiz gegenüber. Allerdings folgte die Justiz keinem einheitlichen Interpretationsrahmen. Auf der einen Seite wurde der Widerstand, ganz im Sinne der Rechtspositionen der Nachkriegsperiode, durch die Justiz ausdrücklich rechtlich legitimiert, auf der anderen Seite aber wurde, und dies war in der Judikatur des Bundesgerichtshofs die vorherrschende Tendenz, der Widerstand durch die Exkulpation der NS-Justiz juristisch ins Unrecht gesetzt.

Für die eine Tendenz stand ein Verfahren von 1952: Das vom Braunschweigischen Generalstaatsanwalt Fritz Bauer – der bedeutendste juristische Kopf der Bundesrepublik in Sachen der Aufarbeitung der Unta-

74 »Wort des Rates der EKD zu den NS-Verbrecherprozessen vom 13.3.1963«, in: Henkys, *Die nationalsozialistischen Gewaltverbrechen*, S. 339 ff.

75 Barbara Just-Dahlmann, Helmut Just, *Die Gehilfen. NS-Verbrechen und die Justiz nach 1945*. Königstein 1988, S. 263 m. w. Nachw. In der Wiedergabe der Stellungnahme (ebd.) hat sich ein sinnentstellender Druckfehler eingeschlichen. Im folgenden, hier nicht wiedergegebenen Satz muß das Wort »vielleicht« durch »vielfach« ersetzt werden.

ten des Hitler-Regimes – 1952 vor dem Landgericht Braunschweig in Gang gesetzte Verfahren gegen den zweiten Vorsitzenden der Sozialistischen Reichspartei, Major Remer, der die Widerstandskämpfer des 20. Juli als Landes- und zum Teil auch als Hochverräter verunglimpft hatte, bot die Gelegenheit, das Recht auf Widerstand in aller Öffentlichkeit zu begründen und durch die Justiz bestätigen zu lassen. Die Konstellation war, auch wenn die Haltung der Bevölkerung zum Widerstand von vielen Vorbehalten gekennzeichnet war, günstig. Von Innenminister Lehr (CDU), der zum Goerdeler-Kreis gehört hatte, Angehörigen des Widerstands, bis zum ehemaligen Emigranten und Sozialdemokraten Fritz Bauer, bestand Einigkeit darin, der rechtsradikalen Diffamierung der politischen Opposition gegen Hitler entgegenzutreten.[76]

In einer Zeit, in der die rechtsradikale Ächtung des Widerstands in der Justiz nicht mehr in Zweifel gezogen wurde – das erste Urteil des Landgerichts München von 1951 sprach beispielsweise den Ankläger im Scheinverfahren gegen Canaris, Oster, Bonhoeffer u. a. unter Bezugnahme auf die NS-Rechtsordnung bereits frei –,[77] hob Fritz Bauer den Prozeß auf eine prinzipielle Ebene. Er gewann renommierte Gutachter, die das Recht des Widerstands gegen eine tyrannische Staatsgewalt systematisch begründeten. Besonderes Gewicht hatten zwei theologische Gutachter, die der in ihren Kirchen überwiegenden Fixierung auf die Treue zu jedweder Obrigkeit die halb verschüttete Tradition des biblischen Denkens gegen eine Unterordnung unter das staatliche Tier aus dem Abgrund entgegenstellten. Während der katholische Moraltheologe Rupert Angermair das System staatlich organisierter Rechtlosigkeit als nicht hochverratsfähig bezeichnete, weil der Tyrann selber zum Verräter am Gemeinwohl wurde, arbeitete der evangelische Theologe Hans Joachim Iwand die in Vergessenheit geratenen Ansätze eines Widerstandsrechts, das sich gerade auch auf Luther stützt, heraus.[78] In dem Augenblick, in dem die Herrschaft des Anomos, des gesetzlosen Menschen, etabliert ist, entsteht das Widerstandsrecht. Gegenüber dem im zweiten Thessalonicherbrief erwähnten gesetzlosen Menschen »haben alle Träger ir-

76 Gutachten zum Rehmer-Prozeß, in: Bundeszentrale für Heimatdienst (Hg.), *20. Juli 1944*. Bearb. v. Hans Royce. Geleitwort von Robert Lehr. Bonn o. J. (1952), S. 121-146; Rudolf Wassermann, »Zur juristischen Bewertung des 20. Juli. Der Braunschweiger Remerprozeß als Meilenstein der Nachkriegsgeschichte«, in: *Recht und Politik*, H. 2 (1984), S. 68-80.

77 Joachim Perels, »Die schrittweise Rechtfertigung der NS-Justiz«, in diesem Band.

78 Rupert Angermair, »Darf ein Tyrann getötet werden?«; Hans Joachim Iwand, »Gott mehr gehorchen als den Menschen«, in: *20. Juli 1944*, S. 134-144, hier: 135 ff., 141 f.

gendwelcher Autorität die Pflicht, von ihrer Gewalt aus das Recht neu aufzurichten.«[79] Mit Luther sagt Iwand: »Die Gegenwehr wider die Bluthunde kann nicht aufrührerisch sein.«[80]

Fritz Bauer, der in einem Stuttgarter Gymnasium Mitschüler von Graf Stauffenberg war, zieht in seinem Plädoyer die Summe aus den Gutachten. In der trockenen Sprache des Juristen heißt es: »Ein Unrechtsstaat, der täglich Zehntausende Morde begeht, berechtigt jedermann zur Notwehr. (...) Jedermann war berechtigt, den bedrohten Juden oder den bedrohten Intelligenzschichten des Auslandes Nothilfe zu gewähren. Insoweit sind alle Widerstandshandlungen durch den § 53 StGB gedeckt.«[81]

Das Gericht folgte weitgehend der Argumentation von Fritz Bauer; der Vorwurf des Hochverrats schien dem Gericht vom Sachverhalt her nicht geklärt. Das Landgericht wies aber den Vorwurf des Landesverrats gegenüber den Widerstandskämpfern zurück und verurteilte Remer wegen der Verunglimpfung des Andenkens Verstorbener und entzog, ganz im Sinne der unmittelbaren Nachkriegsgesetzgebung, der NS-Judikatur ihre scheinlegale Stütze.[82]

Diese rechtsstaatliche Legitimation des Widerstands wurde von der höchstrichterlichen Rechtsprechung und der ihr folgenden untergerichtlichen Judikatur nicht aufgegriffen. Bis auf zwei Einzelentscheidungen des Bundesgerichtshofs von 1952[83] wurde schon die Fragestellung verworfen, ob die nationalsozialistische Rechtsordnung nicht im Kern ein System gesetzlichen Unrechts ist, weil sie Menschen als Untermenschen behandelt und den Gleichheitssatz systematisch zerstörte.[84] In mehreren Urteilen des Bundesgerichtshofs wurde der Widerstand rechtlich entlegitimiert. 1956 wurde der SS-Richter Thorbeck von der Beihilfe zum Mord an Dietrich Bonhoeffer, Admiral Canaris, Hans Oster und anderen Widerstandskämpfern mit Blick auf ein angebliches legales Selbstbehauptungsrecht des nationalsozialistischen Staates freigesprochen;[85] ein

79 Iwand, ebd., S. 142.
80 Ebd., S. 144; Martin Luther, »Warnung an seine lieben Deutschen« (1531). in: Werke Bd. 4. Hg. v. Otto Clemen. Berlin 1950, S. S. 194-228, hier: 201.
81 Fritz Bauer, »Der Generalstaatsanwalt hat das Wort«, in: *20. Juli 1944*, S. 147-157, hier: 155.
82 Wassermann, »Zur juristischen Bewertung«.
83 Ebd.
84 Radbruch, »Gesetzliches Unrecht«, S. 120.
85 BGH, in: C. F. Rüter u. a. (Hg.), *Justiz und NS-Verbrechen*. Bd. XIII. Amsterdam 1975, S. 352.

anderes Mal wurde ebenfalls 1956 der SS-General Simon, der unter anderem das Urteil gegen den Bauern Hanselmann bestätigt hatte, der kurz vor Kriegsende Hitlerjungen die Panzerfäuste weggenommen hatte und wegen Wehrkraftzersetzung in den Tod geschickt wurde, mit der Begründung freigesprochen, »daß die Sinnlosigkeit einer Fortsetzung des Krieges auf deutscher Seite denkgesetzlich nicht die Feststellung ausschloß, daß Hanselmann durch seine Tat mindestens mit bedingtem Vorsatz den Wehrwillen des deutschen Volkes zu zersetzen suchte.«[86] In beiden Entscheidungen wurde die Frage nach einer Praktizierung gesetzlichen Unrechts durch die NS-Justiz gar nicht erst aufgeworfen. Schließlich verweigerte der Bundesgerichtshof 1960 einem sozialdemokratischen Kriegsdienstverweigerer die Anerkennung als Widerstandskämpfer, weil sein Handeln keine Aussicht auf Erfolg besessen habe. Seinen Anspruch auf Entschädigung nach dem Gesetz über die Wiedergutmachung verwarf der Bundesgerichtshof.[87]

Im Rehse-Urteil des Landgerichts Berlin von 1968, in dem der Beisitzer Freislers für die Mitwirkung an über zweihundert Todesurteilen nicht zur Verantwortung gezogen, sondern freigesprochen wurde, kommt die juristische Negation des Widerstandskampfes für eine rechtsstaatliche Ordnung zu sich selbst. Ganz auf der Linie des Bundesgerichtshofs wurde zum Beispiel der 1944 hingerichtete katholische Pazifist Max Josef Metzger – in Annelore Lebers Band von 1954 *Das Gewissen steht auf* ist schon ein Porträt von ihm enthalten –[88] indirekt ein zweites Mal wegen seines Memorandums für eine neue deutsche Staatsordnung von 1942 ins Unrecht gesetzt und Oberreichsanwalt Lautz, der Ankläger der Männer des 20. Juli, als sog. sachlicher juristischer Interpret des NS-Rechts herausgestellt.[89] So wurde die Geltung des nationalsozialistischen Normensystems zur Exkulpation des führenden NS-Richters eingesetzt.

Ein halbes Menschenalter später – nachdem die personellen Träger der frühen bundesdeutschen Justiz nicht mehr im Amt sind – hat der Bundesgerichtshof am 16. November 1995 die Straffreiheit für NS-Richter und deren rechtliche Ausgrenzung von Widerstandskämpfern

86 BGH, in: Jörg Friedrich, *Freispruch für die Nazi-Justiz*. Reinbek 1983, S. 355.
87 BGH, in: *Neue Juristische Wochenschrift* (1962), S. 195 f.
88 Anedore Leber (Hg.), *Das Gewissen steht auf*. In Zusammenarbeit mit Willy Brandt und Karl Dietrich Bracher. Berlin 1954, S. 184 f.
89 Friedrich, *Freispruch*, S. 469 f., S. 485.

grundsätzlich kritisiert.[90] In einzelnen Entscheidungen des Landgerichts Berlin sind, in später Anknüpfung an die Gedankenwelt der ersten Nachkriegsperiode, die Verurteilungen von Bonhoeffer, Metzger und Jägerstätter inzwischen aufgehoben bzw. ihre Aufhebung erneuert worden.[91]

X. Gesellschaftliche Determinanten von Schuldabwehr

In der Bundesrepublik bildete sich ein extrem widersprüchlicher Umgang mit dem Widerstand aus. Jedes Jahr finden Feiern aus Anlaß der Wiederkehr des 20. Juli 1944 statt. In vielen Reden kommt das Selbstverständnis des neuen, demokratischen Gemeinwesens zum Ausdruck, das in der Negation der grenzenlosen Diktatur seinen wesentlichen Sinn erfährt. Zugleich aber sprach die Justiz, die doch an die Grundrechte gebunden ist und nicht an die machttechnischen Normen des NS-Systems, in ihrer Mehrheit Widerstandskämpfern gegen das NS-Regime mindestens implizit die rechtliche Legitimation ab. Dieser zwischen den Polen der Verdrängung und der Erkenntnis der NS-Despotie angesiedelte Dualismus hat tiefe gesellschaftliche Gründe.

Ein Grund besteht darin, daß in der Gesellschaft der frühen Bundesrepublik das NS-Regime vielfach in einen traditionellen, von Verbrechen nur äußerlich berührten Staat umgedeutet wurde, gegenüber dem dann auch ein Recht auf Widerstand nicht angezeigt war. Dies war die Sicht des größten Teils der traditionellen Eliten. Es ist symptomatisch, daß die Betrachtung der Rolle der beamteten Führungsschichten als mitverantwortliche Träger der Diktatur im rechtswissenschaftlichen und politischen Spektrum der Bundesrepublik in keinster Weise mehrheitsfähig war. Das Bundesverfassungsgericht hatte sie – im scharfen Gegensatz zum Bundesgerichtshof, der den Staatsapparat des Nationalsozialismus von den politischen Zielen des Regimes künstlich abtrennte – in seinen Gestapo-Entscheidungen von 1953 und 1957 entwickelt. Die Vertreter der Staatsrechtslehre standen bis auf ganz wenige Ausnahmen an der Seite des Bundesgerichtshofs und unterstützten die These der politisch wertneutralen Rolle der Beamtenschaft im »Dritten Reich«.[92]

Die Bewertung der Struktur des NS-Regimes durch die traditionellen Eliten konnte sich in weitem Maße auf Tendenzen in der Bevölkerung

90 BGH in: *Neue Justiz* (1996), S. 156.
91 Vgl. Joachim Perels, »Späte Entlegitimierung der NS-Justiz«, in diesem Band.
92 Kirn, *Verfassungsumsturz*, S. 231 ff., 253 ff.

stützen. In einer differenzierten, auf über fünfzehnhundert Probanden gestützten empirischen Studie des Instituts für Sozialforschung vom Beginn der fünfziger Jahre, die unter dem Titel »Gruppenexperiment« erschien, wurden untergründige Einstellungen – Franz Böhm prägte dafür in seinem Vorwort den Begriff der »nicht-öffentlichen Meinung« – mit Blick auf das NS-Regime und seine Aufarbeitung ermittelt.[93] Dabei ergab sich, daß die Schuld für die begangenen Untaten überwiegend – wie in der späteren Gehilfen-Rechtsprechung zugunsten von NS-Tätern – den obersten Führern zugeschoben wurde. Die politische Spitze des Regimes wurde von der Gesellschaft radikal abgetrennt. Quantitativ stellte sich dies so dar: 60 Prozent nahmen eine ablehnende Einstellung zur Mitverantwortung an KZ- und Kriegsgreueln ein. Lediglich 21 Prozent äußerten sich zustimmend zu einer Mitverantwortung an den KZ- und Kriegsgreueln.[94] Die mit diesen Meinungsäußerungen verbundene Konstellation bezeichnet in gewisser Beziehung auch das gesellschaftliche Kräfteverhältnis, aus der sich eine gravierende Konsequenz ergibt. Sie wird in der Frankfurter Studie so formuliert: »Das vorgelegte Material ermächtigt wohl zu dem Schluß, daß zwar die nationalsozialistische Ideologie als in sich einheitlich organisierter Denkzusammenhang nicht mehr existiert, da ihr insbesondere durch den Mißerfolg ihre stärkste integrierende Kraft entzogen war, daß aber zahlreiche Einzelelemente des faschistischen Denkens, herausgebrochen aus ihrem Zusammenhang und darum oft doppelt irrational, noch gegenwärtig sind.«[95] Theodor W. Adorno, der an der Ausarbeitung des »Gruppenexperiments« beteiligt war, übersetzt diese empirischen Befunde der Studie wenige Jahre später in den sozialpsychologischen Tatbestand, daß »insgeheim, unbewußt schwelend und darum besonders mächtig jene Identifikationen (mit dem Hitlerregime) gar nicht zerstört wurden, sondern fortbestehen«.[96]

Dies belegen auch Meinungsumfragen, nach denen die Zeit von 1933 bis 1939, also ein Hitler-System ohne Krieg, von über 40 Prozent der Bevölkerung nach wie vor affirmiert wurde.[97] Alltägliche politische Ent-

93 *Gruppenexperiment. Ein Studienbericht*. Bearb. v. Friedrich Pollock. Geleitwort v. F. Böhm. Frankfurt am Main 1955.

94 Ebd., S. 154 f.

95 Ebd., S. 397.

96 Theodor W.Adorno, »Was bedeutet: Aufarbeitung der Vergangenheit« (1959), in: ders., *Eingriffe*. Frankfurt am Main 1963, S. 125-146, hier: 135.

97 Perels, *Wider die ›Normalisierung‹*, S. 74 m. w. Nachw. In einem Brief an Heinrich Blücher aus Bonn v. 14.12.1949 macht Hannah Arendt eine ähnliche Beobachtung: »Die Deutschen leben von der Lebenslüge (...) Nicht wahr ist, daß es hier viele Nazis

scheidungen stehen ebenfalls unter dem Bann halb-nazistischer Stimmungen in der Bevölkerung. Im Oktober 1957 erwähnt Konrad Adenauer im Gespräch mit Theodor Heuss den Fall eines SS-Mannes, der in Frankreich eine Fülle »schauerlicher Verbrechen« begangen habe. Nachdem Adenauer die Verbrechen in dieser Weise charakterisiert hatte, bemerkt er: »Die Vollstreckung des Urteils werde (...) zwölf Jahre nach Kriegsende doch zu einer erheblichen Beunruhigung in Deutschland führen müssen. Er (Adenauer) müsse deshalb einen Urlaub in Frankreich unbedingt vermeiden.«[98]

XI. Fortexistenz der Logik des Maßnahmenstaates

Das Resümee schmerzt. Durch eine weitgehende, mehrjährige Unterbindung der Strafverfolgung von NS-Verbrechern, durch die juristische Legitimierung von Terrorurteilen gegen Widerstandskämpfer und durch die vorherrschende Tendenz, überzeugte nationalsozialistische Gewalttäter zu Gehilfen in einem ihnen fremden Geschehen zu machen, wirkt in der Bundesrepublik im bestimmten Maße der Mechanismus des »Maßnahmenstaates« (Fraenkel), der sämtliche Rechtsgarantien unter den Vorbehalt der politischen Verfolgungs- und Vernichtungsziele der Exekutive stellte,[99] weiter. Durch eine erhebliche Ahndungsblockade

gibt. Sie sehnen sich halt nach Hitlern ohne Krieg zurück.« *Hannah Arendt – Heinrich Blücher. Briefe 1936-1968.* München 1996, S. 175; vgl. auch Hannah Arendt, »Besuch in Deutschland« (1950), in: dies., *Zur Zeit. Politische Essays.* Berlin 1986, S. 43-70.

98 Adenauer, Heuss, *Unter vier Augen*, S. 232.

99 Ernst Fraenkel, *Der Doppelstaat* (1941). Frankfurt am Main 1974, insb. S. 26 ff. In seinem Vorwort zur deutschen Ausgabe dieses Buchs berichtet Fraenkel über einen Kontakt seines Freundes Martin Gauger, Justitiar des Lutherischen Rates, mit Werner Best: »Als es Martin Gauger nach vielen Mühen gelungen war, bis zu Best vorzudringen, um die Freigabe von beschlagnahmten Geldern der Bekennenden Kirche zu erreichen, nahm er die Gelegenheit wahr, gleichsam im Plauderton Best die Theorie des Doppelstaats klarzumachen. Wir haben es als makabre Bestätigung unserer theoretischen Bemühungen angesehen, daß in einem Beitrag zum ›Jahrbuch der Akademie für Deutsches Recht‹ [1937, S. 132 ff.] Best weitgehend Gedankengänge entwickelt, die Gauger ihm dargelegt hatte.« (Ebd., S. 17) Daß sich diese Konstellation in gewisser Weise fortsetzte und Best in der Lage war, den kritischen Zentralbegriff Fraenkels, den des Maßnahmenstaates, positiv zu wenden und als Exkulpationsinstrument für staatskriminelle NS-Täter einzusetzen, wirft ein besonderes Licht auf die fünfziger Jahre. Zwar hat Fraenkel ihre Struktur nicht systematisch untersucht. Aber seine Beobachtungen waren eindeutig: »Da (...) alles, was sich seit dem 30. Januar 1933 abgespielt hat, weitgehend tabu ist, da niemand bereit ist, das Hitler-Regime öffentlich zu verteidigen, fühlen nur allzu viele sich zu ihrer inneren Befriedigung der Aufgabe

von Straftaten des NS-Regimes gegen das Leben wird die Aufhebung subjektiver Schutzrechte noch einmal vollzogen.

Die gerühmte Stabilität der frühen Bundesrepublik beruhte wesentlich darauf, daß die Ahndung von NS-Verbrechen oftmals nur halbherzig, zu Zeiten gar nicht erfolgte. Die Massenloyalität gegenüber der neuen Republik beruhte wesentlich auf der vielfältigen Praxis der Verdrängung der gerade vergangenen Wirklichkeit des nationalsozialistischen Schreckenssystems, für den verschiedene Gruppen der Gesellschaft und des Staates, die in ihre Stellungen zurückkehrten, direkte, indirekte oder ideologische Verantwortung trugen. Es wirkt wie ein Menetekel, daß das von der Berliner Generalstaatsanwaltschaft zu Beginn der sechziger Jahre vorbereitete Verfahren gegen 300 Beschuldigte des Reichssicherheitshauptamts – des Lenkungszentrums für den Massenmord – vollständig im Sande verlief.[100] Möglich ist – das können aber erst genauere Forschungen zeigen –, daß die Tendenz zur nur begrenzten Verfolgung von NS-Staatsverbrechen nicht im Gegensatz zur Mehrheitsstimmung in der Bevölkerung stand. Zu denken gibt, daß die Prozesse der Alliierten gegen die Spitzen und Funktionsträger des Regimes nach Umfragen zunächst breite Unterstützung fanden, die dann zu Beginn der fünfziger Jahre in eine überwiegende Ablehnung umschlug.[101] Dann aber wäre dies ein bisher kaum wahrgenommenes Exempel für das Auseinandertreten von rechtsstaatlichem Anspruch und Demokratie.

XII. Verdrängung der Ermordung der Juden

Max Horkheimer, der große Organisator und philosophische Exponent der intellektuellen Emigration in den USA, in der frühen Bundesrepublik zwei Jahre Rektor der Universität Frankfurt/M, wegen der Äußerung von Judenhaß durch einen Kollegen schon 1956 zur vorzeitigen Emeritierung entschlossen,[102] zog eine bittere Bilanz seiner Erfahrungen in den fünfziger Jahren. Seine Aufgabe hatte er so bestimmt: »Wir jüdischen Intellektuellen, die dem Martertod unter Hitler entronnen sind, haben nur eine einzige Aufgabe, daran mitzuwirken, daß das Ent-

---

enthoben, es zu kritisieren.« Ernst Fraenkel, *Deutschland und die westlichen Demokratien*. 7. Aufl., Stuttgart 1964, S. 51.

100 Herbert, *Best*, S. 498 ff., 507 ff.; Ingo Müller, *Furchtbare Juristen*. München 1987, S. 246 ff.

101 Herbert, *Best*, S. 438; Frei, *Vergangenheitspolitik*, S. 136, Anm. 7.

102 Rolf Wiggershaus, *Die Frankfurter Schule*. München 1986, S. 521.

setzliche nicht wiederkehrt und nicht vergessen wird, die Einheit mit denen, die unter unsagbaren Qualen gestorben sind. (...) Ihre Verzweiflung und ihre Sehnsucht auszudrücken, sind wir da.«[103] Im Gegensatz zur Rechtfertigung des Schweigens gegenüber den einstigen, geistigen Exponenten der NS-Herrschaft, bezeichnete Horkheimer in verzweifelter, möglicherweise auch selbstkritischer Schärfe die moralischen Kosten der Verdrängung: »Daß er (der Jude) (...) da bleibt, nachdem er wahrnimmt, wie das Nachkriegsdeutschland auf den Leichenbergen bloß Geschäfte macht, politische und kommerzielle (...), wie die Obermörder ihre Pensionen verzehren und die Anstifter und Nutznießer aufs neue ihren Rebbach machen – daß er das sieht und nicht so aufschreit, daß man ihn gleich mundtot oder ganz tot macht, sondern dabei noch mittut, ist der letzten Verachtung wert.«[104]

Horkheimers Erfahrung ist mit der Celans verwandt. In der *Frankfurter Allgemeinen Zeitung* vom 2. Mai 1964 spricht Hans-Egon Holthusen in einer Rezension Celans realitätsgenauem Wort von den »Mühlen des Todes«, das er in dem Gedicht »Spät und Tief« verwendet, jeglichen Gehalt ab. Dies sei eine in »X-Beliebigkeiten schwelgende Genitivmetapher«.[105] Eichmann selber hatte schon – Peter Szondi weist in einem Leserbrief darauf hin[106] – von der »Mühle in Auschwitz« gesprochen, und der Film, den die amerikanische Besatzungsmacht nach Kriegsende in vielen Städten zeigte, trug den Titel: »Die Todesmühlen«.[107] Er vergegenwärtigte das Grauen in den Konzentrationslagern in Bilddokumenten. Mit der Auflösung des Epochenworts von den »Mühlen des Todes« gelingt die Verdrängung.

Es ist an der Zeit, sich der Erkenntnisse der überwiegend mißlungenen Aufarbeitung des nationalsozialistischen Schreckenssystems in der jungen Bundesrepublik zu stellen. Die kritische Reflexion dieser großen Blockierung gehört zur Selbstfindung unserer rechtsstaatlichen Demokratie.

---

103 Max Horkheimer, *Notizen 1950-1969.* Hg. v. Werner Brede. Frankfurt am Main 1974, S. 213.

104 Horkheimer, *Notizen*, S. 161 f.

105 Peter Szondi, *Briefe*. Hg. v. Christian König und Thomas Sparr. Frankfurt am Main 1993, S. 163, Anm. 2.

106 Szondi, »Brief v. 13.5.1964 an die Frankfurter Allgemeine Zeitung« ebd., S. 162; vgl. auch den ausführlichen Brief von Szondi an Rolf Michaelis von der FAZ, ebd., S. 168 ff. sowie den Brief von Szondi an Rudolf Hirsch vom Insel Verlag, ebd., S. 171 ff.

107 Vgl. die Besprechung dieses Films: Erich Kästner, »Was in den Konzentrationslagern geschah« (1946), in: ders., *Kästner für Erwachsene.* Frankfurt am Main 1966, S. 473-475.

Die schrittweise Rechtfertigung der NS-Justiz

Der Huppenkothen-Prozeß

1. Schlüsselverfahren zur NS-Justiz

Die Tatsache, daß bis auf zwei Fälle kein NS-Richter wegen seiner Tätigkeit für die nationalsozialistische Terrorjustiz nach 1945 in der Bundesrepublik rechtskräftig verurteilt wurde, ist inzwischen allgemein bekannt. Weniger bekannt aber sind die gesellschaftlichen und juristischen Durchsetzungsmechanismen, die zu der Exkulpation der NS-Justiz in ihrer Gesamtheit geführt haben. Eine Schlüsselrolle spielte hierbei der Huppenkothen-Prozeß. Der Ankläger Huppenkothen und der Vorsitzende Richter Thorbeck waren dafür verantwortlich, daß noch im April 1945 in zwei eilig durchgeführten, sogenannten Standgerichtsverfahren gegen die Widerstandskämpfer von Dohnanyi, Bonhoeffer, Canaris, Oster, Gehre und Sack Todesurteile verhängt und die Angeklagten in besonders entwürdigenden Formen zu Tode gebracht wurden.

Der Prozeß gegen diese der SS angehörenden Juristen, der von 1951 bis 1956 dauerte, hatte mehrere Besonderheiten. Bei den Opfern des Systems perfekter Rechtlosigkeit handelte es sich durchgehend um exponierte Vertreter des bürgerlichen Widerstands, die konzeptionell und praktisch in der vordersten Linie der geplanten Ausschaltung der NS-Führungsclique standen. Für die Bundesrepublik bildete, wie die frühen Veröffentlichungen der Bundeszentrale für Heimatdienst zum Widerstand des 20. Juli zeigen, gerade die moralische und politische Qualität des bürgerlichen Widerstands einen Bezugspunkt ihres Selbstverständnisses.[1] Das galt aber nicht für das oberste deutsche Strafgericht. Die Gründe hierfür sind bisher nicht zureichend aufgehellt worden, auch wenn wir mit der juristischen Analyse der Huppenkothen-Entschei-

---

1 Bundeszentrale für Heimatdienst (Hg.), *20. Juli 1944*. Bonn 1960.

dungen durch Spendel eine wichtige rechtliche Fundamentalkritik besitzen.[2]

Zugleich trat kaum ins Bewußtsein, daß es gerade in diesem Verfahren, anknüpfend an die auch in rechtlichen Kategorien sich ausdrückende antinazistische Gedankenwelt der ersten Nachkriegsperiode, eine rechtsstaatliche Prinzipien achtende Argumentation zur Frage der strafrechtlichen Haftung von NS-Juristen existierte, die Schritt für Schritt ins Abseits der Wirkungslosigkeit gedrängt wurde.

2. Rechtspositionen des bürgerlichen Widerstands

Die Zielsetzung der beiden sogenannten SS-Standgerichtsverfahren gegen Dohnanyi, Bonhoeffer, Canaris und andere wird deutlich, wenn man sich in Umrissen die politischen Ziele vor Augen führt, für die die Widerstandskämpfer eintraten. Exemplarisch sind hierfür die Positionen von Hans von Dohnanyi und Dietrich Bonhoeffer. Dohnanyi, lange Jahre persönlicher Referent des Reichsjustizministers Gürtner, von der Geheimen Staatspolizei als »Urheber und geistige(s) Haupt der Bewegung zur Beseitigung des Führers«[3] angesehen, hatte nicht nur zu Beginn des Krieges den Aufruf an das deutsche Volk entworfen, der nach einer gelungenen Entmachtung Hitlers das Programm der Befreiung Deutschlands von der allmächtigen Diktatur enthielt, er hatte vor allem, schon seit 1933, eine Vielzahl von Dokumenten über die systematischen Rechtsverletzungen – von den kriminellen Taten der NSDAP-Führer, den Morden und Mordversuchen in den Konzentrationslagern, der Mißhandlung der Polen, der Anweisungen von Goebbels zur Verfolgung der Juden – im Geheimen gesammelt, um dem deutschen Volk nach der Beseitigung Hitlers die Augen über die Verbrechen des Regimes zu öffnen und dem Ausland zu zeigen, daß die Widerstandskämpfer von Anfang an die Herrschaft planmäßiger Willkür verwarfen.[4] In der Dokumentation Dohnanyis war schon das wichtigste Ziel der bürgerlichen Widerstandsbewegung, die »Wiederherstellung der voll-

2 Günter Spendel, »Die »Standgerichtsverfahren« gegen Admiral Canaris u. a. in der Nachkriegsrechtsprechung«, in: ders., *Rechtsbeugung durch Rechtsprechung*. Berlin 1984, S. 89-115.

3 Annedore Leber (Hg.), *Das Gewissen steht auf*. Berlin 1956, S. 111.

4 Christian v. Dohnanyi, »Zu den Zossener Akten. Aufzeichnungen 1945/46«, Anhang zu Eberhard Bethge, *Dietrich Bonhoeffer. Eine Biographie*. München 1967, S. 1096.

kommenen Majestät des Rechts«[5], wie es in dem Entwurf einer Regierungserklärung der Männer des 20. Juli heißt, vorgezeichnet.

Dietrich Bonhoeffer, der die Begründung eines politischen Kampfes gegen Hitler theologisch wohl am folgerichtigsten entwickelt hatte, gab schon 1933 die den späteren humanen Umsturz legitimierende Formel aus, daß es angesichts des Charakters des NS-Regimes nicht allein darauf ankäme, die Opfer des Staatswagens zu verbinden, sondern dem Wagen selber in die Speichen zu fallen.[6] Er gehörte zu den wenigen Widerstandskämpfern, die – wie in einer gemeinsam mit Friedrich Justus Perels verfaßten, an die oppositionellen Militärs adressierten Denkschrift vom Oktober 1941 – gegen die Deportation der Juden, ihre vollständige und entwürdigende Entrechtung, eindeutig Stellung bezogen und damit den wichtigsten Herrschaftsmechanismus des NS-Staates, die Beseitigung sämtlicher zum Schutz der Individuen existierenden Rechtsgarantien, außer Kraft zu setzen versuchten.[7] Das hatte für Bonhoeffer als christlichen Theologen zur Konsequenz, daß er seine eigene evangelische Kirche dazu anhielt, ihre obrigkeitsfromme Rolle aufzugeben und an die Seite der Verfolgten des Regimes zu treten: »Die Kirche bekennt«, schrieb Bonhoeffer 1940, »die willkürliche Anwendung brutaler Gewalt, das leibliche und seelische Leiden Unschuldiger, Unterdrückung, Haß und Mord gesehen zu haben, ohne ihre Stimme für sie zu erheben, ohne Wege gefunden zu haben, ihnen zu Hilfe zu eilen.«[8]

Insgesamt also waren, wie Dohnanyi und Bonhoeffer bezeugen, die Ziele jener Widerstandskämpfer, die in den KZ-Verfahren Anfang April 1945 zu Tode gebracht wurden, auf die Schaffung des zivilisatorischen Minimums rechtsstaatlicher Strukturen gerichtet, die die öffentliche Gewalt an die unverbrüchliche Achtung der Freiheitssphäre eines jeden binden sollten.

In dem Prozeß gegen die beiden Hauptverantwortlichen für die justitielle Tötung von Dohnanyi, Bonhoeffer, Canaris und andere ging es darum, ob – wie es der Ankläger Huppenkothen schon bei seiner ersten Vernehmung im Jahre 1947 durch den stellvertretenden amerikanischen Hauptankläger Robert M. W. Kempner postuliert hatte –[9] der äußerlich

5 Bundeszentrale für Heimatdienst, *20. Juli 1944*, S. 167.
6 Vgl. die Darstellung bei Bethge, *Dietrich Bonhoeffer*, S. 325.
7 Ebd., S. 836 f.
8 Georg Denzler, Volker Fabricius (Hg.), *Die Kirchen im Dritten Reich*. Bd. 2: Dokumente. Frankfurt am Main 1984, S. 232 f.
9 Robert W. Kempner, *SS im Kreuzverhör*. Hamburg 1987, S. 337.

in Rechtsformen gehüllte, willkürliche Maßnahmenstaat als Anknüpfungspunkt für die rechtliche Bewertung dienen oder ob die auf eine unverbrüchliche rechtliche Begrenzung des Staates gerichtete Position der Widerstandskämpfer als Grundlage für die juristische Qualifikation nationalsozialistischer Justiz fungieren sollte.

3. Festlegungen der Nachkriegsperiode: Keine Gültigkeit der NS-Rechtsordnung

Die Frage der Gültigkeit der nationalsozialistischen Rechtsordnung wurde nach 1945 sowohl von den Alliierten als auch von Strafrechtstheoretikern wie Gustav Radbruch in der Weise behandelt, daß eine Legitimationsvermutung für das nationalsozialistische Normensystem und seine Justiz grundsätzlich ausgeschlossen wurde. Aus der Blickrichtung der entschiedenen Gegner des Regimes trat dessen Realität eines allein der perfekten Machterhaltung dienenden juristischen Gefüges ans Licht.

Schon die Deutschlandplanung der USA während des Zweiten Weltkrieges zielte darauf, von der grundsätzlichen Prämisse auszugehen, daß »die Nazi-Gesetze (...) nicht rechtsgültig (waren)«.[10] Denn »das Gesetz, nach dem die Nazi-Führer gehandelt haben, war in Wahrheit die Abwesenheit jeder rechtlichen Schranke. Ihre Handlungen standen im Gegensatz zu dem, was die überwiegende Mehrheit der Völker und Nationen für die Grundlagen von Recht und Moral halten.«[11] Angesichts dieser Struktur des nationalsozialistischen Normensystems, das in den wegweisenden, in der amerikanischen Emigration publizierten Studien von Otto Kirchheimer und Franz Neumann bereits auf den Begriff einer die Garantien der Individuen niederreißenden, lediglich technischen Herrschafts-Rationalität gebracht worden war,[12] schien es den Alliierten konsequenterweise angezeigt, die Verletzung rechtsstaatlicher Normen durch den nationalsozialistischen Staatsapparat und seiner Justiz der Ahndung zugänglich zu machen.

---

10 Alfons Söllner, *Zur Archäologie der Demokratie in Deutschland. Analysen politischer Emigranten im amerikanischen Geheimdienst. 1943-1945*. Bd. 1. Frankfurt am Main 1982, S. 185.

11 Ebd., S. 172.

12 Otto Kirchheimer, »Die Rechtsordnung des Nationalsozialismus« (1941), in: Redaktion Kritische Justiz (Hg.), *Der Unrechts-Staat. Recht und Justiz im Nationalsozialismus*. Frankfurt am Main 1979, S. 9-23.; Franz Neumann, *Behemoth. Struktur und Praxis des Nationalsozialismus 1933-1945* (1942/44). Köln 1977, S. 509 ff.

Diesem Zweck diente ein wesentlicher Teil der alliierten Gesetzgebung. Bahnbrechend wirkte das Kontrollratsgesetz Nr. 10 vom 20. Dezember 1945, das die formelle Geltung von NS-Normen von Anbeginn außer Kraft setzte. Es legte in Artikel II Ziff. 1c fest, daß insbesondere Mord, Zwangsverschleppung, Freiheitsberaubung, Folterung sowie Verfolgung aus politischen, rassischen oder religiösen Gründen geahndet werden können, ohne – und mit diesem Satz wurde die nationalsozialistische Rechtsordnung von Anbeginn außer Kraft gesetzt – »Rücksicht darauf, ob sie das nationale Recht des Landes, in welchem die Handlung begangen worden ist, verletzen«.[13] Dieser Grundgedanke, das NS-System an rechtsstaatlichen Grundsätzen zu messen, lag auch einem in der amerikanischen Zone erlassenen »Gesetz zur Wiedergutmachung des nationalsozialistischen Unrechts in der Strafrechtspflege« zugrunde. Handlungen von Widerstandskämpfern, die formell gegen das NS-Recht verstießen, wurden ausdrücklich gerechtfertigt: »Politische Taten, durch die dem Nationalsozialismus oder Militarismus Widerstand geleistet wurde, sind nicht strafbar.«[14]

Der von den Alliierten herbeigeführte rechtliche Bruch mit dem NS-System fand seine theoretische Entsprechung in den bekannten Aufsätzen von Gustav Radbruch zum Begriff »gesetzlichen Unrechts«, der die technische Normgeltung außer Kraft setzte, wenn Menschen als Untermenschen behandelt wurden oder der Gleichheitssatz systematisch verletzt wurde.[15] Parallel dazu und wohl auch angestoßen durch Radbruch entwickelte sich in der Rechtspraxis, vor allem in der Judikatur des Obersten Gerichtshofs der britischen Zone[16] eine Argumentation, durch die Entscheidungen, die mit Gerichtsurteilen nur die äußere Form ge-

---

13 »Amtsblatt des Kontrollrats«, Nr. 3 (1946), S. 22.

14 Zit. nach Gustav Radbruch, »Gesetzliches Unrecht und übergesetzliches Recht« (1946), in: ders., *Der Mensch im Recht*. Göttingen 1961, S. 111-124, hier: 121.

15 Gustav Radbruch, »Rechtsphilosophische Besinnung« (1945), in: ders., *Der Mensch im Recht*. Göttingen 1961, S. 105-110; ders., »Erneuerung des Rechts« (zuerst 1946), in: ebd., S. 107-111; ders., *Gesetzliches Unrecht und übergesetzliches Recht*, S. 111-124; s. hierzu Clea Laage, »Die Auseinandersetzung um den Begriff des gesetzlichen Unrechts nach 1945«, in: Redaktion Kritische Justiz (Hg.), *Die juristische Aufarbeitung des Unrechts-Staats*. Baden-Baden 1998, S. 265-297.

16 Der Oberste Gerichtshof der Britischen Zone war überwiegend mit eindeutigen Nazi-Gegnern besetzt, vgl. Joachim Reinhold Wenzlau, *Der Wiederaufbau der Justiz in Nordwestdeutschland 1945-1949*. Königstein 1979, S. 308 f.; Martin Broszat, »Siegerjustiz oder strafrechtliche »Selbstreinigung«, in: *Vierteljahreshefte für Zeitgeschichte*, H. 4 (1981), S. 477-544, bes. S. 534.

meinsam hatten, die aber in Wahrheit die »Merkmale der nazistisch gelenkten Terrorjustiz« erfüllten,[17] die Rechtsqualität abgesprochen wurde.

Gegen die rechtliche Infragestellung der juristischen Funktionsmechanismen des NS-Systems wurde bereits in der zweiten Hälfte der vierziger Jahre die Position eines unkritischen, ja apologetischen Nachvollzugs der Rechtspraxis des Nationalsozialismus formiert. Nicht nur der Präsident des OLG-Celle, von Hodenberg, und sein Berater Eberhard Schmidt,[18] sondern vor allem die Verteidiger im Nümberger Prozeß suchten rechtsstaatliche Kriterien für die Beurteilung des Nazi-Staates beiseite zu schieben und dessen immanente Ordnung zum unüberschreitbaren Maßstab zu deklarieren. Hermann Jahrreiß, Verteidiger im Nürnberger Kriegsverbrecherprozeß und später führender Völkerrechtler der Bundesrepublik, formulierte diese Position 1946 so: »Müssen nicht diejenigen Menschen, die nach dieser Ordnung ihre Pflicht erfüllten, die Verurteilung wegen einer Handlung oder Unterlassung, die der Führer befohlen hatte, als ein ihnen angetanes Unrecht empfinden? (...) Wer sich als Funktionär der Hierarchie auf den Befehl des Führers beruft, will nicht für eine rechtswidrige Handlung einen Strafausschliessungsgrund angeben, sondern er bestreitet die Behauptung, sein Verhalten sei rechtswidrig«.[19]

Noch weiter ging Reinhart Maurach, später einer der führenden Strafrechtler der Bundesrepublik, in einem Gutachten für den Einsatzgruppenleiter Ohlendorf, der in einem Nürnberger Nachfolgeprozeß der USA vor Gericht stand. Maurach vertrat die Auffassung, daß der Massenmord der Einsatzgruppen an den Juden im Osten dadurch gerechtfertigt war, daß auch die Gegner des NS-Regimes totale Kriegsziele hatten, denen gegenüber die Einsatzgruppentäter sich auf Notwehr oder Notstand berufen konnten – mit der Folge, auch Massentötungen durchführen zu können.[20] Dem Maßnahmenstaat, der das Recht auf Le-

---

17 OGHSt 1, 217 ff., 220, s. dazu Ingo Müller, *Furchtbare Juristen*. München 1987, S. 275.

18 Vgl. Joachim Perels, *Demokratie und soziale Emanzipation*. Hamburg 1988, S. 44 f.

19 *Der Prozeß gegen die Hauptkriegsverbrecher vor dem Internationalen Militärgerichtshof*. Bd. XVII. Nürnberg 1948, S. 531, 530.

20 Kazimierz Lesczynski (Hg.), *Fall 9. Das Urteil des amerikanischen Militärgerichtshofs Nr. 11*. Berlin(-Ost) 1963, S. 91; Bettina Nehmer, »Täter als Gehilfen? Zur Ahndung von Einsatzgruppenverbrechen«, in: Redaktion Kritische Justiz (Hg.), *Die juristische Aufarbeitung des Unrechts-Staats*, S. 635-668.

ben nach Belieben niederriß, wurde in betäubendem Zynismus eine rechtliche Legitimation gegeben. »In den elementarischen Kriegsregeln (aber) steht nichts davon,« heißt es im Einsatzgruppen-Urteil des amerikanischen Militärgerichtshofs, »daß es erlaubt sei, feindliche Zivilpersonen zu töten nur aus dem Grunde, weil sie für ›gefährlich‹ erachtet wurden«.[21]

4. Von der Negation zur Affirmation der NS-Justiz

Die von 1945 bis etwa 1948 vorherrschende Praxis, die Geltung des nationalsozialistischen Terror- und Diskriminierungsrechts in Zweifel zu ziehen, um die Rückkehr zum Rechtsstaat auch durch die systematische Ahndung von Gewalttaten einer von normativen Fesseln freien Staatsgewalt zu sichern, veränderte sich in dem Maße, indem sich infolge des Scheiterns der Entnazifizierung die Wiederherstellung des nationalsozialistischen Justizapparates und der Interpretationseliten der Diktatur weitgehend vollzogen hatte.[22] In dieser neuen Gesamtlage, die den einstigen juristischen Stützen des Regimes einen systematischen Vorteil gegenüber denjenigen verschaffte, die an der Blickrichtung von Radbruch festhielten, konnte jenes Denken in den Vordergrund rücken, das die Frage nach einer die NS-Ordnung beherrschenden Struktur gesetzlichen Unrechts systematisch verdrängte und durch einen kritiklosen Nachvollzug des Selbstverständnisses der nationalsozialistischen Machtapparatur und seiner Judikatur ersetzte. Unter diesen Bedingungen wurde der Prozeß gegen den SS-Ankläger Huppenkothen und den Vorsitzenden Richter Thorbeck seit 1951 geführt.

Dem Verfahren lag folgender, von Spendel prägnant resümierter Sachverhalt zugrunde: »Gegen Ende des Zweiten Weltkriegs, am Donnerstag, den 5. April 1945, gab der Leiter des früheren ›Reichssicherheitshauptamtes‹ Kaltenbrunner auf Befehl oder mit Billigung Hitlers an nachgeordnete SS-Offiziere (...) die Anordnung, gegen Reichsgerichtsrat von Dohnanyi, Admiral Canaris, Generalmajor Oster, Generalstabsrichter Dr. Sack, Hauptmann Gehre und Pastor Bonhoeffer ›SS-Standgerichts-Verfahren‹ durchzuführen. (...) Alle genannten Personen waren nach dem Aufstand vom 20. Juli 1944 durch Aufzeichnungen, die

21 Lesczynski, *Fall 9*.
22 Wenzlau, *Der Wiederaufbau der Justiz*; Perels, *Demokratie und soziale Emanzipation*, S. 35 ff.; Müller, *Furchtbare Juristen*, S. 210 ff.

im September 1944 in einem Panzerschrank des Oberkommandos des Heeres in Zossen bei Berlin gefunden worden waren, als Gegner des NS-Regimes ›belastet‹.

Das ›Standgerichts-Verfahren‹ gegen Reichsgerichtsrat von Dohnanyi fand am Freitag, den 6. April 1945 im KZ Sachsenhausen-Oranienburg bei Berlin statt, die (wohl einzeln durchgeführten) Prozeduren gegen Canaris, Oster, Gehre, Dr. Sack und Bonhoeffer am Sonntag, den 8. April 1945 im KZ Flossenbürg. (...) In all diesen Verfahren trat der Jurist und Standartenführer (...) Huppenkothen, der als Regierungsdirektor die Spionageabwehr im Reichssicherheitshauptamt leitete, als ›Ankläger‹ auf; als ›Vorsitzender‹ fungierte in den ›Prozessen‹ in Flossenbürg gegen Canaris unter anderem der Jurist und SS-Sturmbannführer (...) Dr. T., der Chefrichter beim SS- und Polizeigericht in München war. In den beiden dreiköpfigen Standgerichten im KZ Oranienburg und Flossenbürg war der jeweilige KZ-Kommandant ›Beisitzer‹.

Reichsgerichtsrat von Dohnanyi war Anfang 1945 in der Haft mißhandelt worden und nach einer Diphterieerkrankung teilweise gelähmt, so daß er auf einer Bahre zur Verhandlung im KZ Oranienburg getragen werden mußte. Admiral Canaris wurde aller Wahrscheinlichkeit nach zur Zeit der Verhandlung vor dem ›Standgericht‹ im KZ Flossenbürg das Nasenbein gebrochen. Ein Verteidiger wurde den Angeklagten nicht gewährt oder beigeordnet, ein Protokollführer nicht zugezogen.

Die ›Standgerichts-Verfahren‹ endeten in allen Fällen erwartungsgemäß mit ›Todesurteilen‹, die alsbald vollstreckt wurden. In dem zweiten Fall (im KZ Flossenbürg gegen Canaris und seine vier Leidensgenossen) am Montag, den 9. April 1945 zwischen 6 und 7 Uhr früh. (...) Die ›Verurteilten‹ mußten sich völlig nackt ausziehen, eine Art Stiege besteigen und wurden dann nach Umlegung eines Strickes durch Wegstoßen der Stiege erhängt. (...)

Bei der ›Hinrichtung‹, richtiger: Ermordung, der fünf Widerstandskämpfer im KZ Flossenbürg war der ›Ankläger‹ Huppenkothen zugegen. Eine ›Urteilsbestätigung‹ durch den ›Gerichtsherrn‹ hatte weder er noch der ›Gerichtsvorsitzende‹ Dr. T. eingeholt.«[23]

Die erste Entscheidung im Huppenkothen-Verfahren, die das Landgericht München I am 16. Februar 1951 fällte, entsprang bereits dem allgemeinen, auch in anderen, zeitgenössischen Prozessen gegen NS-

23 Spendel, *Rechtsbeugung*, 91 ff.

Gewalttäter zutage tretenden Topos einer generellen neuen Legitimation des nationalsozialistischen Normgefüges.[24] Die Münchner Richter behaupteten – entsprechend dem Referat des Revisionsgerichts –, daß gegen die Angeklagten »Standgerichtsverfahren« stattgefunden hätten, bei denen jedenfalls das »gerichtliche Gesicht gewahrt« worden sei. Die den sechs Verurteilten zur Last gelegten und von ihnen begangenen Handlungen hätten »nach dem damaligen Rechtszustand die Tatbestände des Hoch- und Landesverrates oder des Feindverrats erfüllt. (...) Man müsse deshalb die gegen sie ergangenen sechs Todesurteile für rechtens halten«.[25]

Bevor diese Entscheidung im Revisionsverfahren vor dem BGH behandelt wurde, veränderte sich das politische und rechtliche Klima in der Bundesrepublik hinsichtlich der Frage, ob die Widerstandskämpfer des 20. Juli gegen die Rechtsordnung verstoßen haben. Der Anlaß hierfür war, daß der 2. Vorsitzende der rechtsradikalen, später vom Bundesverfassungsgericht verbotenen »Sozialistischen Reichspartei«, Major a. D. Ernst Otto Remer, am 3. Mai 1951 auf einer Wahlversammlung in Braunschweig erklärte, daß die Widerstandskämpfer des 20. Juli sowohl Hoch- als auch »zum Teil in starkem Maße« Landesverräter gewesen seien, »die vom Auslande bezahlt wurden«.[26] Dieser Angriff auf die moralische und rechtliche Integrität der Widerstandskämpfer rief – anders als bei der wenig zuvor erfolgten Entscheidung des Landgerichts München I – eine entschiedene Gegenwehr hervor. Der Innenminister der Bundesrepublik, Robert Lehr, ein Mitarbeiter Goerdelers, der vom Volksgerichtshof verurteilt worden war, und Angehörige von ermordeten Widerstandskämpfern – unter ihnen Annedore Leber und Gräfin Yorck zu Wartenberg – stellten Strafantrag wegen übler Nachrede und Verunglimpfung des Andenkens Verstorbener (§ 186, § 189 StGB).[27]

Die eigentliche Bedeutung dieses Verfahrens lag weniger in dem Urteil des Landgerichts Braunschweig, das den Angeklagten wegen des denunziatorischen Vorwurfs des Landesverrats und der damit verbundenen üblen Nachrede und der Verunglimpfung Verstorbener zu drei

24 Müller, *Furchtbare Juristen*, S. 278, m. w. Nachw.

25 BGH, Christian Frederic Rüter u. a. (Hg.), *Justiz und NS-Verbrechen*. Bd. XIII. Amsterdam 1975, S. 330 f.

26 Rudolf Wassermann, »Zur juristischen Bewertung des 20. Juli. Der Braunschweiger Remer-Prozeß als Meilenstein der Nachkriegsgeschichte«, in: *Recht und Politik*, H. 2 (1984), S. 68-72, bes. S 70.

27 Ebd., S. 71

Monaten Gefängnis verurteilte. Wichtiger noch als dieses Urteil, das der Position des Münchner Landgerichts im Huppenkothen-Prozeß diametral entgegenstand, war die große öffentliche Aufmerksamkeit, die der Remer-Prozeß auf sich zog. Sie beruhte nicht nur auf der Prominenz derer, die Strafantrag gestellt hatten, sondern vor allem darauf, daß der Generalstaatsanwalt Fritz Bauer, selber ein Opfer des Nationalsozialismus, nach KZ-Haft ins Exil getrieben, zu Beginn der fünfziger Jahre weiter die Kategorien gesetzlichen Unrechts anwandte. Mit einer eindrucksvollen Phalanx historischer, militärischer und theologischer Gutachter versuchte er, den Nachweis zu führen, daß das NS-Regime kein Staat mehr im Sinne unserer zivilisatorischen Tradition war, sondern, theologisch gesprochen, das »Tier aus dem Abgrund«, die Verkörperung der vollendeten Gesetzlosigkeit.[28] In seinem wegweisenden Plädoyer zog Bauer dann den für die rechtliche Wertung von Widerstandstätigkeit gegen das »Dritte Reich« entscheidenden Schluß, daß das NS-System gar nicht hochverratsfähig war: »Der Hochverrat setzt eine legale Verfassung voraus. Ich behaupte, daß das Dritte Reich usurpierte, nie legalisierte Macht war, dem Inhalt nach war es das Reich der Bestie (...), ein Unrechtsstaat und deswegen sittenwidrig und nichtig«.[29] Diesem Argument folgte der BGH in seiner Revisionsentscheidung zum ersten Remer-Urteil von 1952, in der er festhielt, daß Entscheidungen des Volksgerichtshofs generell – also auch und gerade im Blick auf Verurteilungen wegen Hoch- und Landesverrats – keine Rechtmäßigkeit im Sinne von § 190 StGB besitzen.[30]

Bevor das Remer-Verfahren am 15. März 1952 abgeschlossen wurde, aber doch im Klima der breiten, auch von der Bundesregierung angestoßenen juristischen und moraltheologischen Thematisierung der Frage der normativen Rechtfertigung der Männer und Frauen des Widerstands, die gegen Hitler kämpften, hob der BGH am 12. Februar 1952 als Revisionsinstanz das Urteil des Landgerichts München I mit einer an die Gedankenwelt Radbruchs erinnernden Begründung auf, in der – ähnlich wie im Remer-Verfahren und möglicherweise parallel zu ihm – die mör-

---

28 Bundeszentrale für Heimatdienst, *20. Juli 1944*, S. 134 ff.

29 Fritz Bauer, »Eine Grenze hat Tyrannenmacht« (1952), in: ders., *Die Humanität der Rechtsordnung. Ausgewählte Schriften.* Hg. v. Joachim Perels und Irmtrud Wojak. Frankfurt am Main 1998, S. 169-179, bes. S. 177.

30 Unveröffentlichte BGH-Entscheidung, zit. nach Wassermann, »Rehmer-Prozeß«, S. 77.

derische Justizpraxis des Nationalsozialismus mit Sanktionsfolgen negiert wurde.

Angesichts des systematischen Verstoßes gegen grundlegende Verfahrensregeln, der Tatsache nämlich, daß das sogenannte Standgericht lediglich für SS-Angehörige, nicht aber für Armee-Angehörige zuständig war, daß der KZ-Kommandant, dessen Aufgabe darin bestand, verbrecherische Weisungen auszuführen, als Richter fungierte, daß der Angeklagte Canaris während des Verfahrens schwer mißhandelt worden war, stellt der BGH die Frage, »ob gegen die sechs Opfer ein irgendwie geartetes gerichtliches Verfahren durchgeführt worden ist«.[31] Die Richtung der Antwort gab der BGH durch die Frage an, ob die Verhafteten nicht »in Wahrheit in einem gesetzlosen Verfahren willkürlich getötet wurden«[32] und die sogenannten Standgerichts-Entscheidungen möglicherweise »nur in Urteilsform gekleidete willkürliche Machtsprüche waren«.[33]

Der BGH ging aber über die Kritik an der Verletzung von Verfahrensregeln, die selbst im Nationalsozialismus galten, hinaus. Er zog die Rechtsgrundlagen für eine Verurteilung der Widerstandskämpfer in Zweifel: »(D)ie Machthaber des nationalsozialistischen Staates haben (...) zahlreiche Vorschriften erlassen, die mit dem Anspruch auftreten, ›Recht‹ zu setzen und dem ›Recht‹ zu entsprechen, die aber trotzdem der Rechtsnatur ermangelten, weil sie jene rechtlichen Grundsätze verletzten, die unabhängig von jeder staatlichen Anerkennung gelten und stärker sind als ihnen entgegenstehende obrigkeitliche Akte (...). Obrigkeitliche Anordnungen, die die Gerechtigkeit nicht einmal erstreben, den Gedanken der Gleichheit bewußt verleugnen und allen Kulturvölkern gemeinsame Rechtsüberzeugungen von Wert und Würde der menschlichen Persönlichkeit gröblich mißachten, schaffen (...) kein materielles Recht, und ein ihnen entsprechendes Verhalten bleibt Unrecht«.[34]

Die frühe Position des BGH, den sog. Standgerichts-Verfahren der SS wegen der machtstaatlichen Beseitigung prozessualer Garantien und der Negierung materieller rechtsstaatlicher Normen Rechtsqualität abzusprechen, blieb in der gesamten Prozeßgeschichte des Huppenkothen-Verfahrens eine Ausnahme. Gleichwohl zeigt sie, daß für eine zutreffen-

31 BGH, Rüter, Bd. XIII, S. 331.
32 Ebd., S. 330.
33 Ebd., S. 332.
34 Ebd.

de Wertung der Nazi-Justiz angemessene juristische Instrumente bereitlagen, auf die aber von der erdrückenden Mehrheit der Justiz am Ende nicht zurückgegriffen wurde.

Das Schwurgericht München negierte in der Entscheidung vom 5. November 1952 die vom BGH eingenommenen Rechtspositionen und sprach Huppenkothen und Thorbeck erneut frei. Die massiven Verfahrensverstöße, die die Rechtlosstellung der Angeklagten eindeutig dokumentierten, wurden, wie sich aus dem Referat im Revisionsverfahren ergibt, von dem Gericht zwar erkannt, aber für die Gesamtbewertung des Verfahrens in einer vollkommenen Realitätsverleugnung für irrelevant erklärt.[35] Auch die vom BGH als Revisionsinstanz in den Mittelpunkt gerückte Fragestellung, ob die rechtlichen Grundlagen des mit der Verurteilung wegen Hochverrats endenden Verfahrens sich nicht systematisch als gesetzliches Unrecht darstellen, wurde vollkommen verdrängt. Lapidar hieß es, daß das Gericht die Frage, ob die gegen die Widerstandskämpfer gefällten Todesurteile »dem damaligen Stande von Gesetzgebung und Rechtsprechung (...) entsprachen«, »im bejahenden Sinne entschieden«[36] habe.

In der erneuten Revisionsentscheidung des BGH vom 30. November 1954 wurde zwar dies Urteil des Schwurgerichts München aufgehoben, aber der kritische Bezugsrahmen der zwei Jahre zuvor gefällten Entscheidung des BGH wurde nicht erneuert, sondern preisgegeben. Die jeder Rechtsstaatlichkeit Hohn sprechenden Verfahrensverstöße würdigte der BGH nicht – bis auf eine einzige Frage. Die Legitimität der Hochverratsnormen zur Sicherung der Willkürherrschaft des »Dritten Reichs« wurde nicht in Zweifel gezogen. Lediglich die fehlende Urteilsbestätigung durch die Spitzen des SS-Staates – durch Hitler, Kaltenbrunner oder Obergruppenführer Müller – führte dazu, daß der Freispruch des Schwurgericht Münchens nicht rechtskräftig wurde.[37] Wenn aber, und dies war die unausweichliche logische Folge der Argumentation des BGH, der die Immanenz der nationalsozialistischen Rechtsordnung zum Anknüpfungspunkt für die Beurteilung der Nazi-Justiz machte,[38] eine regelmäßig für unzählige Mordverbrechen verantwortliche Spitzen-

35 Ebd., S. 339.
36 Ebd.
37 Ebd., S. 342.
38 S. dazu die grundlegende Analyse von Günter Frankenberg, Franz Josef Müller, »Juristische Vergangenheitsbewältigung. Der Volksgerichtshof vorm BGH«, in: *Kritische Justiz*, H. 2 (1983), S. 145-163, bes. S. 150 ff.

figur des NS-Staates das SS-Urteil – wie zu erwarten – bestätigt hätte, wäre die Tötung von Dohnanyi, Canaris, Bonhoeffer und den anderen Widerstandskämpfern rechtmäßig gewesen.

Das Schwurgericht Augsburg, an das die Sache nach dieser Revisionsentscheidung des BGH verwiesen worden war, hielt in seinem Urteil vom 25. Oktober 1955 an der Verurteilung von Huppenkothen und Thorbeck wegen Beihilfe zum Mord fest und verurteilte sie zu sieben bzw. sechs Jahren Zuchthaus. Die Begründung dieses Urteils aber bewegte sich in einem unaufgelösten, fast schizoiden Dualismus. Einerseits wurde das Verfahren im KZ Sachsenhausen und im KZ Flossenbürg für rechtswidrig erklärt, weil – und das Gericht zitiert ausdrücklich die Position des BGH von 1952 – »es sich dabei nicht um einen auf Wahrheitsfindung und Gerechtigkeit begründeten unabhängigen Richterspruch, sondern um die Vernichtung von Gegnern handelt«.[39] Andererseits hinderte, im vollen Widerspruch dazu, die Fülle der Verfahrensverstöße, einschließlich der Tatsache, daß ein KZ-Kommandant als Repräsentant des Maßnahmenstaates zum Richter gemacht wurde, das Gericht nicht daran, zu erklären, daß der Vorsitzende Richter Thorbeck »die äußeren Formen hinsichtlich ihres Mindestgehalts wahrte«.[40] Die Nichtbestellung eines Verteidigers, die bei einem zu erwartenden Todesurteil zwingend vorgeschrieben und für den Schutz des Angeklagten unabdingbar war, akzeptierte das Gericht mit den Worten, daß gleichwohl den Verfahrenserfordernissen Genüge geleistet war: »An sich mag das Verfahren minimalen Zulässigkeitserfordernissen entsprochen haben«.[41] Und auch das materielle »Recht« wurde ausdrücklich akzeptiert: »Daß die in Sachsenhausen-Oranienburg und in Flossenbürg verkündeten Urteile als solche mit den zum Zeitpunkt ihrer Erlassung vorhandenen gesetzlichen Vorschriften hinsichtlich ihres formellen Zustandekommens noch in einer gewissen Übereinstimmung standen, ist zuzugeben«.[42]

Der innere Widerspruch der Entscheidung zeigte, daß selbst bei Gerichten, die versuchten, das Justizunrecht des SS-Staates juristisch zu bewältigen eine wohl nur sozialpsychologisch entschlüsselbare doppelte Wahrnehmung existierte: auf der Bewußtseinsebene, die einer offiziell geforderten und durch das rechtsstaatliche Normensystem vorgegebenen

---

39 LG Augsburg, ebd., S. 320.
40 Ebd., S. 323.
41 Ebd., S. 319.
42 Ebd., S. 317.

Reflexionsweise folgte, regierte bis ins Ergebnis der Rechtsprechung die Negation der SS-Justiz. Aber unterhalb dieser Ebene, in einer gleichsam vorbewußten, durch ältere, autoritäre Mentalitätsprägungen vermittelten Denkweise, existierte die juristische Gedankenwelt des Nazi-Systems fort. Indem das Urteil auch diese mit den bisherigen freisprechenden Urteilen übereinstimmende Linie enthielt, baute es, vielleicht nicht einmal intentional, die Brücke für ein endgültig freisprechendes Urteil.

Mit der Endentscheidung des BGH vom 19. Juni 1956 wurde der Vorsitzende Richter des SS-»Standgerichts« von Flossenbürg, Thorbeck, vom höchsten deutschen Gericht freigesprochen und der Anklagevertreter im KZ Flossenbürg in der Linie des BGH-Urteils von 1954 wegen der fehlenden Urteilsbestätigung zu sechs Jahren Zuchthaus verurteilt. Diese Entscheidung, bei der zudem Huppenkothen von der Teilnahme an der Ermordung von Dohnanyi im KZ Sachsenhausen nunmehr aus Mangel an Beweisen freigesprochen wurde, veränderte die gesamte juristische Wahrnehmungsweise des nationalsozialistischen Systems. Hatte der BGH in einem besonderen Augenblick seiner Rechtsprechung sowohl materiell als auch verfahrensrechtlich das technische Repressionssystem der NS-Justiz entlegitimiert und von Anbeginn in seiner Rechtsgeltung außer Kraft gesetzt, so drehte sich nun die Argumentation des BGH vollständig um. Daß sich dabei der BGH mit seiner eigenen Rechtsprechung auch nicht mit einem Wort auseinandersetzte, begründete er damit, daß in dem früheren Verfahren der Vorsitzende Richter Thorbeck noch nicht miteinbezogen war und daher von dieser Entscheidung keine Bindungswirkung für das spätere Verfahren ausgehen konnte.[43] Diese revisionstechnische Erwägung, die, für sich genommen, ihr Recht hatte, fungierte aber an dieser Stelle als Abwehrmechanismus, der es unmöglich machte, die Struktur der früheren BGH-Argumentation zur Legitimität der NS-Rechtsordnung, die unabhängig von einer revisionsrechtlichen Bindungswirkung als gewichtiger, immerhin obergerichtlicher Interpretationsansatz Beachtung verdient hätte, wahrzunehmen und zu erörtern. Die innergerichtliche, strikt antinazistische Denkalternative wurde durch machtvolles Totschweigen erledigt.

Der Motivationskern der Entscheidung trat in einer Seitenbemerkung ans Licht. Bei der Frage, ob der am Schwurgericht Augsburg tätige Landgerichtsrat Dr. W. befangen war (die Frage wurde zu dessen Gunsten entschieden), vertrat der BGH die Auffassung, daß dann eine Befan-

43 BGH, ebd., S. 355.

genheit vorgelegen hätte, »wenn er sich in Vereinigungen der NS-Opfer besonders hervorgetan hätte«.[44] Das bedeutete: Die Perspektive der Opfer und Gegner des Nationalsozialismus schloß eine rechtlich zutreffende Beurteilung der NS-Justizpraxis aus der Sicht des BGH von vornherein aus. Diese Position, die dazu nötigte, noch nach dem Ende des Regimes unter den Bedingungen der rechtsstaatlichen Demokratie den Standpunkt der nationalsozialistischen Rechtsvorstellungen einzunehmen, wurde vom BGH systematisch expliziert. Er erweckte die Endzeit des »Dritten Reiches« als positive Bezugsgrundlage wieder zum Leben: »Für die Frage, ob sich Dr. T. durch die Teilnahme als Vorsitzender an den Standgerichtsverhandlungen der Beihilfe zum Mord oder sonstiger strafbarer Handlungen schuldig gemacht hat, ist nicht entscheidend, wie sich die Ereignisse vom April 1945 nach heutiger Erkenntnis darstellen. Eine solche rückschauende Wertung würde dem Angeklagten nicht gerecht werden. Bei der Beurteilung der strafrechtlichen Schuld des Beschwerdeführers (...) ist vielmehr ins Auge zu fassen, wie sich seine Aufgabe nach der Gesetzeslage und den sonstigen Gegebenheiten zur Tatzeit darstellte, mit der Unerbittlichkeit der damals geltenden Gesetze, denen er unterworfen war und gegen die die in Flossenbürg vor das Standgericht gestellten Widerstandskämpfer sich aufgelehnt hatten«.[45] Die Normen des Nationalsozialismus galten uneingeschränkt, die Widerstandskämpfer wurden schon sprachlich ins Unrecht gesetzt als diejenigen, die sich gegen gültige Gesetze aufgelehnt hätten. Um die Neulegitimation des NS-Rechts auf eine – scheinbar – unangreifbare Grundlage zu stellen, wurde das Regime unabhängig von den Erkenntnissen der historischen Forschung ›normalisiert‹ – als ein Staat wie andere dargestellt: »Ausgangspunkt (...) ist das Recht des Staates auf Selbstbehauptung (...). Auch dem nationalsozialistischen Staate kann man nicht ohne weiteres das Recht absprechen, daß er solche Gesetze erlassen hat«.[46] Dieser Satz legitimierte die Rechtsetzungsgewalt eines Regimes, das kein Staat mehr war, sondern ein Schreckensregiment, das die physische Integrität unzähliger Individuen systematisch zerstörte. Die Verdrängung und Rechtfertigung der normativen Realität des NS-Staates kulminierte in einer subsumtionstechnischen Deduktion, die die Beziehung der sogenannten Standgerichtsverfahren zur politischen Struktur des »Dritten

---

44 Ebd., S. 348.
45 Ebd., S. 352.
46 Ebd.

Reiches« kappte: »Einem Richter, der damals einen Widerstandskämpfer in einem einwandfreien (!) Verfahren für überführt erachtete, kann heute in strafrechtlicher Hinsicht kein Vorwurf gemacht werden, wenn er angesichts seiner Unterworfenheit unter die damaligen Gesetze nicht der Frage nachging, ob dem Widerstandskämpfer etwa der Rechtfertigungsgrund des übergesetzlichen Notstands unter dem Gesichtspunkt eines höheren, den Strafdrohungen des staatlichen Gesetzes vorausliegenden Widerstandsrechts zur Seite stehe, sondern glaubte, ihn des Hoch- oder Landesverrats bzw. des Kriegsverrats (§ 57 MStGB) schuldig erkennen und deswegen zum Tode verurteilen zu müssen.«[47]

Die Terrornormen des Nationalsozialismus wurden als Ausfluß von staatlicher Normalität gerechtfertigt, die Frage ihrer Nichtgeltung wurde in einem autoritativen Akt verdrängt, der die rechtliche Legitimation der Widerstandskämpfer, wie sie noch in der Remer-Entscheidung und in dem BGH-Urteil von 1952 enthalten war, nicht mehr zur Kenntnis nahm. Daß das Verfahren, das auf einen Befehl der SS-Führung oder Hitlers zurückging und in dem, um es noch einmal zu wiederholen, der Kommandant eines Marterlagers als Richter fungierte, einwandfrei gewesen sei, wurde an mehreren Stellen wiederholt: »Der Nachweis von reinen, befehlsgemäßen Scheinverfahren«[48] sei nicht zu führen. Entsprechend diesem wahrnehmungsgestörten Zynismus hatte Thorbeck – anders als dies noch das Schwurgericht Augsburg sah – nicht in die Prüfung einzutreten, ob »Vernichtungswille oder sonstige strafrechtsfremde Zwecke es waren, die Hitler oder welcher Gerichtsherr sonst in Frage gekommen sein mag (...) veranlaßt, die Durchführung des Standgerichtsverfahrens anzuordnen«.[49] So wurde das wirkliche Ziel des Verfahrens gegen die Widerstandskämpfer, die Oppositionellen auf Befehl der Spitzen des Systems vollendeter Gesetzlosigkeit unter dem Schein der Legalität zu töten, verleugnet und die Selbstrechtfertigung der SS-Schergen in der Robe kritiklos übernommen.

Die furchtbare Paradoxie der rechtskräftigen Entscheidung des BGH war, daß die Widerstandskämpfer gegen die Nazi-Despotie, die selber mit höchstem persönlichen Einsatz eine rechtsstaatliche Ordnung durchzusetzen versuchten, von einem Gericht, das rechtsstaatlichen

47 Ebd.
48 Ebd., S. 354
49 Ebd.

Prinzipien verpflichtet war, wegen der praktischen Negation der Willkürherrschaft des NS-Staates gewissermaßen erneut verurteilt wurden.

5. Gesellschaftliche Ursachen für die Legitimation der NS-Justiz

Die Ursachen für die Entscheidung des BGH von 1956 sind vielfältig. In der Bundesrepublik hatte sich, auch vermittelt durch die personelle Rekonstruktion der juristischen Elite des »Dritten Reiches«, die dazu führte, daß am BGH 80 Prozent der Richter vordem im Justiz- und Staatsdienst der NS-Diktatur tätig waren –[50] ein Richter (Ernst Mantel) des erkennenden Senats von 1956 war Beisitzer am Sondergericht München, später Oberkriegsgerichtsrat, ein anderer (Ludwig Martin) arbeitete bis 1945 bei der Reichsanwaltschaft –[51] ein gesellschaftliches Klima ausgebildet, das die kritische Aufarbeitung des Nationalsozialismus blockierte.

Die Verfolgung nationalsozialistischer Gewaltverbrechen stagnierte, weil das von den Justizbürokratien ausgegebene Stichwort einer bevorstehenden Amnestie der staatlichen Großkriminalität gerne aufgegriffen wurde: So blieb das NS-Unrecht rechtlicher Bearbeitung über ein halbes Jahrzehnt, wesentlich von 1952 bis 1957 – gerade in jener Zeit, in der der BGH seine Huppenkothen-Entscheidung fällte – weitgehend entzogen.[52]

Parallel hierzu entwickelte sich mit gleicher Wirkung seit 1953 in strikter Abwehr der nazikritischen Position des Bundesverfassungsgerichts, derzufolge die Beamten aktive Träger des NS-Willkürregiments waren, im ganz überwiegenden Teil der Rechtslehre und des BGH die Generalauffassung, daß die personellen Träger des NS-Regimes lediglich

50 Joachim Feest, »Die Bundesrichter«, in: Wolfgang Zapf, (Hg.), *Beiträge zur Analyse der deutschen Oberschicht.* München 1965, S. 95-113, bes. S. 104.

51 Helmut Kramer, »Im Namen des Volkes: Vermummte Justiz«, in: Margarete Fabricius-Brand u. a. (Hg.), *Rechtspolitik mit »aufrechtem Gang«.* Festschrift für Werner Holtfort zum 70. Geburtstag. Baden-Baden 1990, S. 107-120, hier: 112, Anm. 11; Helmut Krausnick, Hans-Heinrich Wilhelm, *Die Truppe des Weltanschauungskrieges.* Stuttgart 1981, S. 218.

52 Falko Kruse, »NS-Prozesse und Restauration«, in: Redaktion Kritische Justiz (Hg.), *Der Unrechts-Staat. Recht und Justiz im Nationalsozialismus.* Frankfurt am Main 1979, S. 164-189, bes. S. 177.

neutrale Staatsfunktionen wahrgenommen hätten.[53] Ihre Involvierung in kriminelle Repressionsakte war so zum Verschwinden gebracht und der Boden dafür bereitet, auch SS-Richtern die Teilnahme an der angeblich wertfreien, lediglich staatlicher Sachlogik folgenden Ausübung der öffentlichen Gewalt zuzubilligen.

Die Huppenkothen-Entscheidung konnte umso eher ergehen, als ihre Bewertungsgrundlage in der Rechtsprechung des BGH kein Einzelfall war. Abgesehen von der Verwerfung von Denunziationen, die sich auf NS-Normen stützten,[54] erklärte der BGH die NS-Rechtsordnung – wie seinerzeit die Verteidiger von NS-Gewalttätern in den Nürnberger Verfahren – für verbindlich. 1956 hatte der BGH das von einem SS-Standgericht erlassene Todesurteil gegen einen Bauern, der kurz vor Kriegsende Hitlerjungen die Panzerfäuste weggenommen hatte, unter Zugrundelegung der nationalsozialistischen Rechtsauffassung wegen sogenannter Zersetzung des »Wehrwillens des deutschen Volkes« bestätigt.[55] Die Widerstandshandlung eines Soldaten, der den vorgeschriebenen Gruß verweigerte und daraufhin erschossen wurde, machte ihn für den BGH nicht zu einem Opfer der NS-Herrschaft: Entgegen der Zielsetzung des Bundesentschädigungsgesetzes wurde die Geltung der NS-Normen über deren Suspendierung durch dieses Gesetz gestellt.[56] Genauso erging es einem Kriegsdienstverweigerer, dessen Auflehnung gegen die Wehrpflicht des totalitären Zwangsstaates für den BGH nach dem Bundesentschädigungsgesetz nicht gerechtfertigt war, weil der Kriegsdienstverweigerer gegenüber der Mehrheit, die den von der staatlichen Gewalt geforderten Wehrdienst leistete, nicht bevorzugt werden durfte und er sich also an die damaligen Normen der allgemeinen Wehrpflicht zu halten hatte.[57]

Die entlastende Normalisierung des NS-Systems war nicht auf die höchstrichterlichen Interpretationseliten beschränkt. In der Gesamtbevölkerung der fünfziger Jahre, als deren Teil auch die Justiz anzusehen ist, existierte in weitem Maße die Tendenz der Schuldabwehr. Eine frühe Untersuchung des Instituts für Sozialforschung ergab etwa, daß 63

53 Michael Kirn, *Verfassungsumsturz oder Rechtskontinuität*. Berlin 1972.

54 BGH, in: Jörg Friedrich, *Freispruch für die Nazi-Justiz*. Reinbek 1983, S. 434.

55 BGH, ebd., S. 55.

56 BGH, in: Rechtsprechung zum Wiedergutmachungsrecht 1958, S. 183 f.

57 BGH, in: *Neue Juristische Wochenschrift* 1962, S. 195 f.; s. hierzu Adolf Arndt, »Agraphoi nomoi. Widerstand und Aufstand« (1962), in: ders., *Gesammelte juristische Schriften*. München 1976, S. 87-97.

Prozent der Befragten die Auffassung vertraten, daß sie keinerlei Mitverantwortung für den Nationalsozialismus hätten.[58] Die Nichthaftung für die Taten des Regimes, die der BGH zum Leitmotiv seiner Entscheidung machte, entsprach einem seinerzeit durchaus gängigen Abwehrmechanismus, dem die Justiz lediglich eine juristische Ausdrucksform verlieh.

Diese Exkulpationstendenz hatte aber noch zusätzliche justizspezifische Gründe. Die Richter, die über ihre nationalsozialistischen Kollegen zu urteilen hatten, waren, sofern sie, wie oft, im Justizdienst des »Dritten Reiches« tätig gewesen waren, dem Dilemma ausgesetzt, daß ihre eigene lebensgeschichtliche Option für das nationalsozialistische Rechtssystem das direkte und unausgesprochene Thema ihrer Urteilsfindung war. Sie waren oftmals Richter in eigener Sache und tendierten dazu, dem NS-Rechtssystem, dem sie einst gedient hatten, eine Rechtfertigung zukommen zu lassen, die sich, wie die Judikatur des Obersten Gerichtshofs der Britischen Zone und des Bundesverfassungsgerichts mit Blick auf das Normensystem des »Dritten Reiches« zeigt,[59] bei einer fehlenden Verstrickung in den NS-Staat nicht eingestellt hätte. Statt dessen errichtete der BGH einen »ständischen Schutzwall« (Fritz Bauer) zugunsten der NS-Justiz.

Das führt zu dem wohl wichtigsten Grund für die Affirmation der NS-Justiz: Nachdem der Justizapparat des »Dritten Reiches« weitgehend Teil der Demokratie der Bundesrepublik geworden war, entstand, wenn dieser Sachverhalt, wie in amerikanischen Arbeiten zu Beginn der fünfziger Jahre,[60] Gegenstand kritischer Reflexion geworden wäre, das Problem eines Legitimationsdefizits des überwiegenden Teils der Justiz. Das Problem einer fehlenden rechtsstaatlichen Kontinuität der Justiz konnte nur verdrängt werden, wenn die Justizmaschine des Nationalsozialismus so »normalisiert« und als akzeptierbarer Teil eines in der Folge bisheriger staatlicher Ordnungen stehenden Systems dargestellt wurde. Sobald die gesamte Justiz – und selbst die durch die SS bestimmte – von der rechtlichen Verantwortung für die terroristische Herrschaftssicherung des NS-Staates freigesprochen wurde, war es nur konsequent, daß auch die personelle Fortführung des nationalsozialistischen Justizappa-

58 *Gruppenexperiment. Ein Studienbericht.* Bearb. v. Friedrich Pollock. Geleitwort v. Franz Böhm. Frankfurt am Main 1955, S. 153.

59 Vgl. OGHSt 1, S. 217 ff.; BVerfGE 3, S. 58 ff.; 132 ff.

60 Karl Loewenstein, »Justice«, in: Edward H. Litchfield (Hg.), *Governing Postwar Germany.* Ithaca 1953, S. 234-255, hier: 254 f.; Arnold Brecht, »Personell Management«, in: Litchfield, ebd., S. 263-293.

rates keinerlei Fragen aufwarf. Indem der BGH die Legende einer lediglich dem wertfreien Gesetz unterworfenen NS-Justiz erfand, entwickelte er auch im eigenen Interesse jene Rechtfertigungsformeln, die die Inkorporation der NS-Richter als unproblematischen Vorgang erscheinen ließ.

Daß der Bundesgerichtshof die Realitätsverleugnung mit Blick auf die NS-Justiz durchsetzen konnte, war neben der relativen Homogenität des Justizapparates darin begründet, daß er in der Rechtslehre zunächst auf keinerlei Gegenpositionen stieß. Die Generation der Strafrechtler, die den BGH hätte kritisieren können, hatte selber überwiegend rechtsstaatsfeindliche »Theorien« entwickelt und eine exekutivstaatliche Justizpraxis gerechtfertigt.[61] Der überwiegende Teil der Strafrechtler, so kann man vermuten, stimmte mit der Affirmation der NS-Justiz durch den BGH überein. Jedenfalls haben, soweit ersichtlich, weder Maurach, Mezger oder Welzel, um einige der profilierten Strafrechtler zu nennen, sich zum Huppenkothen-Urteil geäußert.

Erst 27 Jahre nach der BGH-Entscheidung erschien die schon genannte Analyse von Spendel, in der ein Strafrechtler zum ersten Mal das Huppenkothen-Verfahren und vor allem die BGH-Entscheidung von 1956 einer umfassenden und differenzierten Kritik unterzog.[62] So wichtig diese Untersuchung war, weil sie mit großer Genauigkeit die rechtsstaatliche Haltlosigkeit der Reproduktion der NS-Justiz durch den BGH herausarbeitete und den Intentionen der Widerstandskämpfer die Rechtmässigkeit zuerkannte, so war die Lehre unfähig, in der zweiten Hälfte der fünfziger Jahre – wie gegenüber anderen restaurativen Positionen des BGH –[63] der kritiklosen Hinnahme der juristischen Denkkategorien des NS-Staates wissenschaftlich entgegenzutreten.

---

61 Klaus Marxen, *Der Kampf gegen das liberale Strafrecht.* Berlin 1975.; ders., »Die rechtsphilosophische Begründung der Straftatlehre im Nationalsozialismus«, in: Hubert Rottleuthner (Hg.), *Recht, Rechtsphilosophie und Nationalsozialismus.* Wiesbaden 1983, S. 55-64.

62 Spendel, *Rechtsbeugung.*

63 Die gegen die Gleichberechtigung von Mann und Frau, für die Aufhebung des Rückwirkungsverbots bei der Verfolgung von Kommunisten gerichteten Positionen des Bundesgerichtshofs wurden vom Bundesverfassungsgericht korrigiert (BVerfGE 10, S. 59 ff., 76 ff., 78; 12, S. 196 ff.)

6. Die untergerichtliche Rechtsprechung zur NS-Justiz – geprägt durch den Bundesgerichtshof

Die Huppenkothen-Entscheidung wurde nicht in der amtlichen Sammlung veröffentlicht. Auch dadurch wurde sie gegen potentielle Kritik immunisiert. Als nichtöffentlicher Text erfuhr sie justizintern eine Wirkungsverstärkung: Sie diente als Hintergrundargumentation für jene Teile der Justiz, die, ohne daß eine historische Reflexion der wirklichen Rolle der NS-Justiz hätte angestellt werden müssen, nach einer autoritativen Wegweisung für die Rechtfertigung der Nazi-Rechtsprechung suchten.

Tatsächlich wurde in den Entscheidungen, die die strafrechtliche Ahndung von Justizverbrechen des »Dritten Reiches« zum Gegenstand hatten, das Huppenkothen-Urteil als Bezugsgrundlage systematisch verwendet. In einem ersten Einstellungsbeschluß der Generalstaatsanwaltschaft beim OLG-München vom 14. Mai 1962 wurde der Richter am Volksgerichtshof, Rehse, dem vorgeworfen wurde, einen katholischen Widerstandskämpfer, Metzger, zu Unrecht zum Tode verurteilt zu haben, mit der dem BGH entlehnten Begründung außer Verfolgung gesetzt, daß das »damalige« (d. h. nationalsozialistische, J. P.) »Rechtsdenken« die Grundlage des Todesurteils des Volksgerichtshofs gebildet habe.[64] Diese Position wurde vom Strafsenat des Münchner OLG in einer Entscheidung vom 25. Juni 1963 in nahezu wörtlichem Rückgriff auf die BGH-Entscheidung von 1956 bestätigt: »Angesichts der Unterworfenheit unter die damaligen Gesetze, die er als verbindliches Recht ansah und die er infolge Verblendung für richtig hielt, kann dem Beschuldigten ein bestimmter Vorsatz nicht nachgewiesen werden«.[65]

Die große Rehse-Entscheidung des Landgerichts Berlin vom 6. Dezember 1968, dem wichtigsten Verfahren zur NS-Justiz seit 1956, in dem der Beisitzer am Volksgerichtshof trotz seiner Mitwirkung an der Vernichtung des Lebens von Widerstandskämpfern freigesprochen wurde, stützte sich wiederum auf das Huppenkothen-Urteil. Allein an drei zentralen Stellen wurde auf dieses Urteil wiederum fast wörtlich Bezug genommen. Der tragende Gesichtspunkt ist dabei, daß die »Unterworfenheit unter die damaligen Gesetze«[66] und ihre extrem extensive Inter-

---

64 Friedrich, *Freispruch*, S. 451.
65 Ebd., S. 454.
66 Ebd., S. 479.

pretation durch den Volksgerichtshof zur Grundlage der Entscheidung gemacht wurde: »Die Frage der strafrechtlichen Schuld (ist)«, heißt es mit dem direkten Verweis auf den BGH, »nicht mit heutigen Maßstäben zu messen, sondern aus damaliger Sicht zu prüfen«.[67] Die Konsequenz dieser Wiederauferstehung der Gedankenwelt des höchsten politischen NS-Gerichts war nicht nur, daß auch hier einem Widerstandskämpfer, den der Volksgerichtshof unter Mitwirkung von Rehse für das Verfassen einer an Großbritannien adressierten Denkschrift wegen sogenannter Feindbegünstigung zu Tode gebracht hatte, die rechtliche Rehabilitierung verweigert wurde, sondern daß eine Vernichtungsmaschine im Dienste der NS-Clique, der Volksgerichtshof Roland Freislers, in ein rechtsstaatliches Gericht umgedeutet wurde: »Der Angeklagte hatte weiter erklärt, er sei stets davon überzeugt gewesen, daß auch Freisler nicht das Recht gebeugt, sondern aus sachlichen Erwägungen und in dem Bestreben Recht gesprochen habe, den Bestand des gefährdeten Reiches zu sichern. Das Schwurgericht kann dem Angeklagten diese Einlassung nicht widerlegen«.[68]

7. Ein Zeichen gegen die Folgen der NS-Justiz

Die juristische Verwerfung des Widerstands gegen das NS-System durch den BGH ging noch über die auf dem rechten Auge blinde politische Justiz der Weimarer Republik weit hinaus. Der Bundesgerichtshof durchbrach, im Nachvollzug des NS-Normenverständnisses, nicht nur punktuell rechtsstaatliche Garantien. Er legitimierte, mit dem Bezugsrahmen der Huppenkothenentscheidung, das nationalsozialistische Willkür-Rechtssystem insgesamt.

Es ist – wenn denn symbolische Akte eine aufklärende Bedeutung haben können – an der Zeit, am BGH eine Tafel anzubringen: zum Gedenken an die von ihm gleichsam noch einmal verurteilten Widerstandskämpfer. Dohnanyi, Sack, Gehre, Canaris, Oster und Bonhoeffer haben einen Anspruch darauf, daß ihre justitielle Entwürdigung zurückgenommen wird und sie endlich auch von der Justiz als Verfechter einer rechtsstaatlichen Ordnung vorbehaltlos anerkannt werden.

---

67 Ebd., S. 483.
68 Ebd., S. 475.

Amnestien für NS-Täter in der Bundesrepublik

Die Amnestie, das sanktionsfreie ›Vergessen‹ von Straftaten, das üblicherweise in eine allgemeine gesetzliche Form gegossen wird, ist – wie Otto Kirchheimer erkannte – zunächst nichts anderes als ein technisches Mittel, das unterschiedlichen politischen Zwecken dienen kann: der Konstituierung einer rechtsstaatlichen Demokratie wie der Errichtung einer Diktatur.[1]

Daß Amnestien zur Schaffung einer Demokratie beitragen können, zeigen eine Reihe markanter Beispiele. Mit der lange umkämpften und schließlich 1880 durchgesetzten Amnestie der Kommunekämpfer, die die aktiven Gegner jener konterrevolutionären Diktatur rehabilitierte, die für den Tod von 20.000 Menschen verantwortlich war, wurde ein Zeichen für die Legitimität einer demokratischen Ordnung gesetzt.[2] Auf einem ähnlichen Rechtfertigungszusammenhang beruhte die vom Rat der Volksbeauftragten am 12. November 1918 erlassene Amnestie für politische Straftaten (mit Ausnahme von Verbrechen).[3] Diese Amnestie, die den politischen Kampf gegen den Obrigkeitsstaat für straffrei erklärte, fungierte als Element der Gründung der ersten deutschen Demokratie. Das gleiche galt für die Amnestie des französischen Parlaments von 1951 mit Blick auf die von der Resistance zwischen Juni 1940 und Januar 1945 »im Interesse der Sache der Befreiung« begangenen Taten.[4] Die Amnestie fand ihre Begründung darin, daß die Kampfmittel der Resistance auf die Destabilisierung der deutschen Besatzungsdiktatur und die Wiederherstellung der demokratischen Republik gerichtet waren. In diesen Kontext gehörte schließlich das wenig bekannte »Gesetz zur Wiedergutmachung des nationalsozialistischen Unrechts in der Strafrechts-

1 Vgl. Otto Kirchheimer, *Politische Justiz* (1961). Neuwied 1965, S. 587, 592, 604.

2 Ebd., S. 590 f.

3 RGBl. I, 1918, S. 1303; s. hierzu Ulrich-Dieter Opitz, *Strafverfahren und Strafvollstreckung bei NS-Gewaltverbrechen*. Ulm 1976, S. 179.

4 Kirchheimer, *Politische Justiz*, S. 602.

pflege«, das 1946 in der amerikanischen Besatzungszone erlassen wurde. In dem Gesetz heißt es: »Politische Taten, durch die dem Nationalsozialismus oder Militarismus Widerstand geleistet wurde, sind nicht strafbar.«[5]

Umgekehrt tragen eine ganze Reihe von Amnestien zur Konstituierung einer Diktatur bei. Ein Schlüsselbeispiel sind die Amnestien der Regierung Hitler vom 21. März 1933.[6] Mit der Amnestie des politischen Mörders Tillessen, der den Zentrumspolitiker und Finanzminister Erzberger, einen exponierten Repräsentanten der Republik, getötet hatte, setzte das NS-Regime ein Zeichen für die Prinzipien der neuen Ordnung, die die Rechtsgarantien der Individuen prinzipiell zur Disposition stellte. Dem gleichen Legitimationsmuster folgte die Amnestie der nationalsozialistischen Mörder von Potempa, die am 9./10. August 1932 einen kommunistischen Bergmann zu Tode getrampelt und dessen Bruder schwer verletzt hatten. Das LG Beuthen verhängte fünf Todesurteile. Nach der Verurteilung solidarisierte sich Hitler mit den Handlungen der Täter und erklärte deren Freiheit zu einer »Frage unserer Ehre«. In einem eigens publizierten Aufruf rechtfertigte Hitler den Mord von Potempa als Station im Kampf der NSDAP »für die ewigen Rechte unseres Volkes«. Als die NSDAP die Regierungsmacht übernommen hatte, wurden die Gewaltakte von Potempa, da sie gegen sogenannte Staatsfeinde gerichtet waren, entsprechend der Frontstellung der Diktatur für straffrei erklärt.[7]

Die Erkenntnis, daß Amnestien je nach politischem und verfassungsrechtlichem Kontext eine rechtsstaatliche Demokratie stärken, aber auch aushöhlen können, ist für die Geschichte der Amnestien in der alten Bundesrepublik ebenfalls gültig.

---

5 Gustav Radbruch, »Gesetzliches Unrecht und übergesetzliches Recht« (1946), in: ders., *Der Mensch im Recht*. 2. Aufl., Göttingen 1961, S. 111-124, hier: 121.

6 RGBl., I (1933), S. 134.

7 Lothar Gruchmann, *Justiz im Dritten Reich*. München 1990, S. 326 ff., Karl Dieter Bracher, *Die Auflösung der Weimarer Republik*. 3. Aufl., Villingen 1960, S. 618 f. – In einer grotesken Verkennung der differenten Funktion von Amnestien zur Befestigung einer terroristischen Diktatur rsp. zur Konstituierung einer rechtsstaatlichen Demokratie subsumiert Helmut Quaritsch die Amnestie der Regierung Hitler vom 21. März 1933 und die Amnestie des Rates der Volksbeauftragten vom 12. November 1918 unter denselben abstrakt-allgemeinen Oberbegriff sogenannter »Anhänger-Amnestien«. Helmut Quaritsch, »Über Bürgerkriegs- und Feindamnestien«, in: *Der Staat*, H. 4 (1992), S. 395-412, hier: 397.

Das erste Straffreiheitsgesetz vom 31. Dezember 1949[8], das insbesondere dazu diente, Menschen, die unter falschem Namen lebten und die bis zu einem bestimmten Stichtag eine Urkundenfälschung begangen hatten, von Strafe freizustellen, hatte für die unteren Chargen des Regimes – wie etwa für Blockwarte –, die nicht an Gewalthandlungen beteiligt waren, eine legitime integrative Wirkung. Allerdings wurden durch dieses Gesetz auch leitende nationalsozialistische Amtswalter und SS-Leute, die im Frühjahr 1945 untergetaucht waren, um sich der Haftung für ihre Tätigkeit im NS-Regime zu entziehen, in fragwürdiger Weise begünstigt.[9] Entsprechend enthält § 9 Abs. 1 Straffreiheitsgesetz eine äußerst weite, nur durch wenige Ausnahmen eingeschränkte Bestimmung für die Gewähr einer Amnestie: »Ohne Rücksicht auf die Art und Höhe der Strafe werden (...) Strafen für Handlungen auf politischer Grundlage (erlassen), die nach dem 8. Mai 1945 begangen und auf die besonderen politischen Verhältnisse der letzten Jahre zurückzuführen sind.«

Ein früher Interpret des Straffreiheitsgesetzes, Erich Schmidt-Leichner, einst Beamter des nationalsozialistischen Reichsjustizministeriums, plädierte dafür, das Gesetz extensiv und in bestimmten Fällen *contra legem* auszulegen.[10] An Hand von Falltypen zeigte er, wann eine Suspendierung von Sanktionen für Nazis, die ihren Wiederaufstieg nicht zuletzt bestimmten strafbaren Handlungen verdankten, in Frage kam: Der klassische Amnestiefall seien »die im Spruchkammerverfahren geleisteten Meineide«. Aber auch der »Illegale, der unter falschem Namen heiratet und als Zeuge vor Gericht allein schon wegen der falschen Angaben seiner Personalien einen Meineid begeht, muß ebenfalls amnestiert werden«. Und auch für denjenigen, »der durch einen Einbruch seine früheren Personalunterlagen entwendet oder (...) ein Haus in die Luft sprengt, um seine Unterlagen zu vernichten«, sei eine Amnestie nach dem Straffreiheitsgesetz geboten.[11]

Die wenig später erfolgte Einschränkung der Ahndung von NS-Verbrechen war noch problematischer. Die Bundesregierung entschloß sich im Jahre 1952, den Artikel 7 Abs. 2 der Europäischen Menschen-

8 BGBl. I, 1949, S. 37.

9 Norbert Frei, »Wider die falschen Analogien. Der Vergleichsbedarf in der gegenwärtigen Amnestiedebatte«, in: *Süddeutsche Zeitung* (10.3.1995).

10 Erich Schmidt-Leichner, »Die Bundesamnestie«, in: *Neue Juristische Wochenschrift*, H. 2 (1950), S. 41-47, 46.

11 Ebd., S. 44.

rechtskonvention nicht zu ratifizieren.[12] In dem Artikel heißt es: »Durch diesen Artikel darf die Verurteilung oder Bestrafung einer Person nicht ausgeschlossen werden, die sich einer Handlung oder Unterlassung schuldig gemacht hat, welche im Zeitpunkt ihrer Begehung nach den allgemeinen, von den zivilisierten Völkern anerkannten Rechtssätzen strafbar war.«[13] Diese Norm rekurrierte auf den Sanktionsanspruch »gesetzlichen Unrechts« (Radbruch), der Rechtsgeltung gegenüber terroristischer staatlicher Normsetzung und Gerichtspraxis – gerade im Blick auf das NS-Regime – entfalten sollte. Daß die Bundesregierung die Ahndung einer durch formelle NS-Normen gedeckten Staatspraxis mit Hilfe des Rückwirkungsverbots verwarf, bedeutete, daß die vor allem im Kontrollratsgesetz Nr. 10 vom 20. Dezember 1945 (Art. II Ziff. 1 c) erfolgte rückwirkende Außerkraftsetzung nationalsozialistischer Diskriminierungsnormen blockiert wurde. Die äußerlich in Rechtsformen gekleideten Repressionspraktiken des NS-Regimes wurden durch die programmatische Entscheidung der Regierung Adenauer strafrechtlich für irrelevant erklärt.[14] Sofern der nationalsozialistische Staatsapparat sich eines technisch juristischen Instrumentariums bediente, implizierte dies für die Bundesregierung, daß für dessen Handlungen eine Quasi-Amnestie gelten sollte. Diese Position bestimmte seit 1951 bis auf geringe Ausnahmen die gesamte Rechtsprechung zur NS-Justiz. Im Gegensatz zur juristischen Entlegitimierung des nationalsozialistischen Normensystems, wie sie die Alliierten, Gustav Radbruch und der Oberste Gerichtshof der Britischen Zone entwickelt hatten, wurde die NS-Justiz nun – übereinstimmend mit der Bundesregierung – mit der stets wiederkehrenden »Begründung« exkulpiert, sie habe sich im Rahmen des damaligen Rechts gehalten.[15]

12 Bekanntgabe über das Inkrafttreten der Konvention zum Schutz der Menschenrechte und Grundfreiheiten, BGBl. II, 1954, S. 14, 1. Ziff. 1.

13 Vgl. die Darstellung bei Michael Ratz, *Die Justiz und die Nazis*. Frankfurt am Main 1979, S. 109 f.

14 Die Problematik einer Sanktionsfreiheit von staatlichem Unrecht wird von Günter Jakobs treffend bezeichnet: »Es wäre (...) vorzugswürdig gewesen, ihn (den Grundsatz der Gesetzesbindung, J. P.) für die Beurteilung von nationalsozialistischen Taten zu suspendieren, wie es Art. 7 Abs. 2 MRK (sogenannte Nürnberg-Klausel) vorsieht (dazu besteht freilich ein Ratifizierungsvorbehalt der Bundesrepublik ...). Die Funktion des stattdessen gewählten Auswegs dürfte darin liegen, daß bei ihm der politische, scil. legalisierte Anteil am kriminellen Verhalten nicht artikuliert wird.« Günter Jakobs, *Strafrecht Allgemeiner Teil*. 2. Aufl., Berlin 1991, S. 69 Anm. 23.

15 Ingo Müller, *Furchtbare Juristen*. München 1987, S. 275 ff., Günter Frankenberg,

Das zweite Straffreiheitsgesetz vom 17. Juli 1954[16] ging sehr viel weiter als das erste Straffreiheitsgesetz von 1949. Es amnestierte in den §§ 6 und 9 auch Gewalt- und Tötungshandlungen im Dienste der NS-Diktatur zwischen dem 1. Oktober 1944 und dem 31. Juli 1945, die »in der Annahme einer Amts-, Dienst- oder Rechtspflicht begangen worden sind«. Voraussetzung war ferner, daß dem Täter keine Einsichtsfähigkeit zuzumuten war und daß eine Strafe nicht höher lag als drei Jahre Haft. Das Straffreiheitsgesetz ist vielfach angewandt worden. Bemerkenswert ist eine Entscheidung des OLG Hamm von 1955. Es ging um Gestapoangehörige unterer Ränge, die Kriegsgefangene summarisch erschossen hatten. Die Gestapoleute sind von einer Strafsanktion freigestellt worden. Es hieß, sie hätten eine Einsichtsfähigkeit für ihr rechtswidriges Tun nicht besessen. Das OLG geriet auf die schiefe Bahn der Rechtfertigung von Massenexekution. Es konstatierte: »Das Unterlassen der Straftat muß (...) zumutbar sein«.[17] Die Straftat der Tötung von Kriegsgefangenen kann also begangen werden, wenn ihre Nichtausführung unzumutbar ist. In einer grotesken Übernahme des machttechnischen Rechtsbegriffs des NS-Regimes ist ein rechtswidriges Handeln, das im Gewaltgefüge der Gestapo »adäquat« ist, am Ende rechtlich geboten. Das OLG meinte schließlich, der Zweck des Straffreiheitsgesetzes, »einen Schlußstrich zu ziehen«, werde nicht erreicht, »wenn das Nichtvorliegen des Ausschlußtatbestands (die Einsichtsfähigkeit mit Bezug auf die Rechtswidrigkeit der Massenexekutionen, J. P.) voll nachgewiesen werden müßte«.[18] So wurde das Amnestiegesetz über seinen Anwendungsbereich hinaus auf NS-Täter ausgedehnt, die in bestimmtem Maße die Rechtswidrigkeit ihres Tuns erkannt hatten.[19]

Franz J. Müller, »Juristische Vergangenheitsbewältigung. Der Volksgerichtshof vorm BGH«, in: *Kritische Justiz*, 2 (1983), S. 145-163, hier: 145ff., Günter Spendel, *Rechtsbeugung durch Rechtsprechung*. Berlin 1984. Joachim Perels, »Die schrittweise Rechtfertigung der NS-Justiz«, in: Peter Nahamowitz, Stefan Breuer (Hg.), *Politik-Verfassung-Gesellschaft*. Otwin Massing zum 60. Geburtstag. Baden-Baden 1995, S. 51-65 , hier: 51 ff., Christoph Schminck-Gustavus, *Der »Prozeß« gegen Dietrich Bonhoeffer und die Freilassung seiner Mörder*. Bonn 1995.

16 BGBl., I (1954), S. 203. Zur Interpretation s. A. Rückerl, *NS-Verbrechen vor Gericht*. Karlsruhe 1982, S. 134 ff.

17 OLG Hamm, in: *Neue Juristische Wochenzeitung* (1955), S. 75 f., hier: 76.

18 Ebd.

19 Diether Posser berichtet über einen anderen Fall, in dem das Straffreiheitsgesetz ebenfalls äußerst extensiv interpretiert wurde. 1956 wurde in Schleswig-Holstein ein Strafprozeß gegen einen Major der Feldgendarmerie durchgeführt: »Er hatte nach der

Das Straffreiheitsgesetz von 1954 steht im Zusammenhang einer seit 1951 sich verstärkenden Tendenz zur Quasi-Amnestie ganzer Gruppen von NS-Verbrechern. Nachdem das 131er-Gesetz die Inkorporation der einstigen Funktionsträger des NS-Staates gebot,[20] war es nicht inkonsequent, daß die Länder die Auffassung vertraten, daß NS-Verbrechen nicht mehr systematisch zu verfolgen seien. Über diese Konstellation berichtete der SPD-Abgeordnete Walter Menzel, einst Innenminister Nordrhein-Westfalens, 1960 im Bundestag: »Nur mit Schrecken (...) haben wir von dem Vertreter des Bundesjustizministers in der letzten Sitzung des Rechtsausschusses auf die Frage nach dem Stand der Strafverfolgung zur Kenntnis nehmen müssen, daß sich nach seiner Auffassung die Länder, beginnend etwa mit dem Jahre 1950 und zunehmend ab 1952 in der Nachforschung nach den in jener Vergangenheit begangenen Untaten zögerlich verhalten hätten. (...) Auf Grund der damaligen Erörterung über eine Generalamnestie für alle in der Hitlerzeit begangenen Verbrechen hätten die Länder – und jetzt zitiere ich (...) wörtlich – ›an einen Trend in der Öffentlichkeit geglaubt, auf die Verfolgung jener Delikte nicht mehr so Wert legen zu müssen‹. Sie hätten (...) ›auf eine systematische Durchforschung der Vorgänge verzichtet‹.«[21] Fritz Bauer, Generalstaatsanwalt in Hessen und kompetentester Anklagevertreter gegen

---

milien begeben wollten, als ›Fahnenflüchtige‹ ohne irgendein Gerichtsverfahren durch Genickschuß töten lassen. Der Major tauchte nach diesem dreifachen Gewaltverbrechen unter, wechselte seinen Namen und lebte unbehelligt mit einem bürgerlichen Beruf. Als Jahre später das Verbrechen aufgedeckt wurde, meinte der Angeschuldigte in der gerichtlichen Untersuchung, auf ein paar Tote mehr oder weniger sei es damals nicht angekommen! In der Hauptverhandlung beantragte der Staatsanwalt sieben Jahre Zuchthaus. Das Gericht verurteilte zu drei Jahren Gefängnis, stellte aber auf Kosten der Staatskasse das Verfahren ein, weil die Strafhöhe genau in das Amnestiegesetz paßte.« Diether Posser, »Plädoyer für eine begrenzte Amnestie«, in: *Die Neue Gesellschaft/Frankfurter Hefte*, H. 5 (1995), S. 406-410, hier: 407. Das Amnestiegesetz wurde auch auf den Fall der Exekution des Oberbürgermeisters von Aachen angewandt, der im März 1945 durch Angehörige der von Himmler befehligten »Werwolf«-Organisation umgebracht wurde. Zu dieser Zeit hatten die Amerikaner das Gebiet um Aachen bereits besetzt. Rückerl, *NS-Verbrechen*, S. 135.

20 Vgl. Wolfgang Langhorst, *Beamtentum und Artikel 131 des Grundgesetzes*. Frankfurt am Main 1994.

21 *Verhandlungen des Deutschen Bundestages*, 117. Sitzung v. 24.05.1960, 3. Wahlperiode, Stenographische Berichte, Bd. 46, S. 6682, s. hierzu Falko Kruse, »NS-Prozesse und Restauration«, in: *Kritische Justiz*, H. 2 (1978), S. 120-134. Zu der Anfang der 50er Jahre einsetzenden, u.a. von Carl Schmitt argumentativ vorbereiteten Kampagne für eine Amnestie von NS-Taten vgl. Dirk v. Laak, *Gespräche in der Sicherheit des Schweigens*. Berlin 1993, S. 74.

neralstaatsanwalt in Hessen und kompetentester Anklagevertreter gegen NS-Gewaltverbrecher in der Bundesrepublik, benannte die als Quasi-Amnestie wirkenden politischen Blockaden gegen die juristische Aufarbeitung von NS-Gewaltverbrechen 1963 in einem Gespräch mit dem NDR: »Unmittelbar nach den Prozessen in Nürnberg (...) änderten die Alliierten ihre Politik in diesem Fragenkomplex. Sie kämpften zuvor gegen den Militarismus. Nun wurde Deutschland wieder aufgerüstet (...). Die Amerikaner setzten die Verurteilten auf freien Fuß (...). Nicht nur die deutschen Juristen, auch die deutsche Öffentlichkeit zog daraus den Schluß: im Grunde genommen sei das Thema erledigt.«[22] Empirisch steht denn auch fest, daß die Ahndung von NS-Gewaltverbrechen vom Anfang bis zum Ende der fünfziger Jahre außerordentlich stark abnimmt.[23]

In die Periode der nachlassenden Verfolgung von NS-Gewaltverbrechen fällt der im Rahmen der Wiedergewinnung der Souveränität am 5. Mai 1955 abgeschlossene Überleitungsvertrag der Bundesrepublik mit den USA, Großbritannien und Frankreich.[24] Der Vertrag bindet die Bundesrepublik an die Entscheidungen der alliierten Strafverfahren gegen NS-Täter. Die Verfahren gegen die Kriegsverbrecher, aber auch die Nachfolgeverfahren gegen die Justizelite, gegen Wirtschaftsleiter, führende Beamte des Auswärtigen Amts, Leiter von Einsatzgruppen, Euthanasie-Täter galten als abgeschlossen, selbst wenn die Verfahren lediglich wegen mangelnden Beweises eingestellt wurden. Auch dann, wenn neue Tatsachen bekannt wurden, die es möglich machten, einen Schuldbeweis zu erbringen, war es ausgeschlossen, einen Prozeß in Gang zu setzen. Die umfassenden Begnadigungen von exponierten NS-Tätern durch die Alliierten zu Beginn der fünfziger Jahre wurden für die Rechtsordnung der Bundesrepublik für verbindlich erklärt.

Offenbar in Konsequenz des Überleitungsvertrags wurden die Strafen der Alliierten entsprechend einem vertraulichen Brief des Innenministeriums vom 21. September 1956 an die Innenminister/Senatoren der Länder in erheblichem Maße nicht in das Strafregister eingetragen.[25] Zuvor war im ersten Gesetz zur Aufhebung des Besatzungsrechts vom

22 Fritz Bauer, »Zu den NS-Verbrecher-Prozessen«, in: ders., *Die Humanität der Rechtsordnung. Ausgewählte Schriften.* Hg. v. Joachim Perels und Irmtrud Wojak. Frankfurt am Main 1998, S. 101-117.

23 Kruse, »NS-Prozesse und Restauration«, S. 125 ff.

24 BGBl. II (1955), S. 405, zur Interpretation vgl. Rückerl, *NS-Verbrechen*, S. 138 f.

25 Ernst Klee, *Persilscheine und falsche Pässe.* Frankfurt am Main 1991, S. 151 m. w. Nachw.

Kontrollratsgesetz Nr. 10, das die Ahndung juristisch fixierten staatlichen Unrechts ermöglichte, außer Kraft gesetzt worden.[26]

Die einzige Ausnahme von der durch den Überleitungsvertrag herbeigeführten definitiven Beendigung der alliierten Verfahren gegen NS-Verbrecher war das deutsch-französische Zusatzabkommen vom 30. Januar 1975.[27] Erst zwanzig Jahre nach dem Abschluß des Überleitungsvertrags konnte es in Kraft treten. Die offenbar von dem Abgeordneten der FDP, Ernst Achenbach, herbeigeführte Verzögerung führte zu einer Teilamnestie durch Zeitablauf. Achenbach, der im diplomatischen Dienst des NS-Regimes in Paris gestanden hatte, fungierte als Berichterstatter des Auswärtigen Ausschusses und wurde schließlich von dieser Aufgabe entbunden. Das Abkommen sah vor, daß Personen, die wegen NS-Gewaltverbrechen in Abwesenheit in Frankreich verurteilt wurden, an deutsche Stellen ausgeliefert und in Deutschland verurteilt werden konnten. Nach den Berechnungen der französischen Regierung handelte es sich um 1314 Gewalttäter, die vor französischen Gerichten in Abwesenheit verurteilt worden waren.[28]

Die vierte Regelung, die in ihrem Ergebnis, wenn auch nicht in der rechtstechnischen Form, zu einer Amnestie von Trägern der nationalsozialistischen Staatsgewalt führte, betrifft NS-Richter und Staatsanwälte, die für Terrorentscheidungen verantwortlich waren. 1961 fügte der Deutsche Bundestag in den § 116 Richtergesetz folgenden Satz ein: »Ein Richter oder Staatsanwalt, der vom 1. September 1939 bis 2. Mai 1945 als Richter oder Staatsanwalt in der Strafrechtspflege mitgewirkt hat, kann auf seinen Antrag in den einstweiligen Ruhestand versetzt werden.«[29] Diese Bestimmung war im wesentlichen eine Reaktion auf die vom Sozialistischen Deutschen Studentenbund organisierte Ausstellung »Ungesühnte Nazijustiz«, die, dokumentarisch belegt, eine Fülle exzessiver NS-Urteile bekannt machte und gleichzeitig die ungebrochene Karriere nationalsozialistischer Richter und Staatsanwälte in der Justiz dokumentierte.[30]

135 Richter und Staatsanwälte, die als Vertreter der NS-Justiz kompromittiert waren, weil sie oftmals wegen Nichtigkeiten wie der Verletzung eines Behördenhundes oder der Entwendung eines Würstchens

---

26 BGBl. II (1955), S. 405.
27 Ratz, *Die Justiz und die Nazis*, S. 66 ff.
28 Ebd., S. 67.
29 BGBl. I (1961), S. 1682.
30 Wolfgang Koppel (Hg.), *Ungesühnte Nazijustiz*. Hektografiert, Karlsruhe 1960.

und einer angebrochenen Flasche Kölnisch Wasser die Todesstrafe beantragt bzw. verhängt hatten, ließen sich in den Ruhestand versetzen.[31] Damit waren sie der öffentlichen Aufmerksamkeit entzogen, zumal alle Anzeigen, die von den Initiatoren der Ausstellung gegen die juristischen Träger des NS-Terrorsystems erstattet wurden, mit der Einstellung der Verfahren endeten. Die stets wiederkehrende Begründung war, daß die Justiz nur das damals geltende Recht – wie etwa die nahezu tatbestandslose Polenstrafrechtsverordnung von 1941 – angewandt habe.[32] Die ausgeschiedenen NS-Juristen blieben straffrei und konnten, als hätten sie einst einem Rechtsstaat gedient, ihre Pensionen verzehren.

Die fünfte gesetzliche Amnestieregelung, die zwar nicht gewollt war, aber so wirkte, bestand in der von der großen Koalition herbeigeführten Änderung des § 50 Abs. 2 Strafgesetzbuch.[33] Delikte, die vordem an die Verjährungsregelung für Mord gebunden waren, verjährten nun bereits nach 15 Jahren, wenn dem Mordgehilfen keine persönlichen Merkmale im Sinne des § 211 Strafgesetzbuch – wie niedrige Beweggründe etc. – nachzuweisen waren. Die Neuregelung hat der Bundestag einstimmig verabschiedet, ohne zu wissen, was er tat, als er einer von dem – einst am Sondergericht Innsbruck tätigen – Ministerialdirigenten Eduard Dreher konzipierten Außer-Verfolgungsetzung von Mord-Gehilfen zustimmte.[34] Die Regelung war so eingeführt worden, daß man ihre Bedeutung nicht direkt erkannte. Auch die amtliche Begründung stellte auf Fälle von Alltagskriminalität ab, ließ aber die mögliche Konsequenz der Regelung für Gehilfen bei NS-Mordverbrechen unerwähnt.[35] Die neue Norm wurde in das »Einführungsgesetz zum Ordnungswidrigkeitengesetz« eingefügt und erschien als eine bloß technische Korrektur. In Wahrheit hatte sie zur Folge, daß wichtige Verfahren gegen Gehilfen des nationalsozialistischen Staatsapparats wegen der nun vorzeitig erfolgten Verjährung nicht mehr stattfinden konnten.

In einer Leitentscheidung von 1969 hat der Bundesgerichtshof die Quasi-Amnestie von Mordgehilfen des nationalsozialistischen Vernich-

---

31 Koppel, *Ungesühnte Nazijustiz*, S. 22, S. 55; Ratz, *Die Justiz und die Nazis*, S. 66; Klaus Bästlein, »Nazi-Blutrichter als Stützen des Adenauer-Regimes«, in: Helge Grabitz u.a. (Hg.), *Die Normalität des Verbrechens*. Festschrift für Wolfgang Scheffler. Berlin 1994, S. 408-443, hier: 419.

32 Bästlein, »Naziblutrichter«, S. 47 ff.

33 BGBl. I (1968), S. 506.

34 Müller, *Furchtbare Juristen*, S. 214, 246 ff.

35 BT-Drucksache, 5. Wahlperiode, 1319, S. 61.

tungsapparats bestätigt.[36] Der BGH setzte einen Kriminalassistenten und Angehörigen des Judenreferats beim Kommandeur der Sicherheitspolizei und des SD in Krakau, der Beihilfe zu Vernichtungsmaßnahmen gegen zahlreiche Juden geleistet hatte, außer Verfolgung. Da der Angeklagte nicht aus dem niedrigen Beweggrund des Rassenhasses gehandelt habe, wurde seine Beteiligung an der Ermordung von Juden auf Grund der Neufassung des § 50 Abs. 2 Strafgesetzbuch – Fehlen besonderer persönlicher Merkmale der Haupttat – nach § 67 Abs. 1 Strafgesetzbuch als verjährt angesehen.

Generalbundesanwalt Martin hatte mit großem Engagement, aber ohne Erfolg versucht, die Neufassung des § 50 Abs. 2 Strafgesetzbuch vom objektiven Wortlaut her zu interpretieren: Für die Frage, ob von einem Mordgehilfen gesprochen werden könne, darf man nicht von täterbezogenen, sondern muß von tatbezogenen Merkmalen ausgehen, die auch auf der administrativen Ebene der Tötungsvorbereitungen der Exekutivstäbe existierten. Das Hauptargument des Generalbundesanwalts richtete sich gegen die Privilegierung des administrativen Apparats der Nazi-Diktatur, der die Mordaktionen in Gang setzte und koordinierte: »(Es) ist kein einleuchtender Grund dafür zu erkennen, weshalb derjenige, der als Gehilfe bei einer aus Rassenhaß begangenen Tötung mitwirkt und dabei weiß, daß sie ein Beitrag zur Ausrottung einer ganzen Volksgruppe ist, besser gestellt werden soll als der Teilnehmer z. B. am heimtückisch begangenen Mord.«[37]

Folgenreich war die – wesentlich durch den Bundesgerichtshof ohne vernünftige Gegenerwägungen bestimmte – Anwendung des § 50 Abs. 2 Strafgesetzbuch zugunsten von Gehilfen bei NS-Massenverbrechen vor allem im Blick auf das von der Berliner Generalstaatsanwaltschaft seit 1963 in 150.000 Aktenbänden vorbereitete Großverfahren gegen die Mordplaner des Reichssicherheitshauptamts, bei denen die persönlichen Merkmale des Mordes im Sinne von § 211 Strafgesetzbuch nicht gegeben waren, die aber doch für die Tötungshandlungen des Regimes auf der Kommandoebene Verantwortung trugen. Ihre Beteiligung blieb strafrechtlich folgenlos.[38]

Neben gesetzliche Amnestien oder gesetzliche Regelungen mit einer

36 BGH, in: *Neue Juristische Wochenschrift,* H. 16 (1969), S. 1181; s. hierzu Müller, *Furchtbare Juristen*, S. 248.

37 Die Stellungnahme des Generalbundesanwalts zur Verjährung der Beihilfe zum Mord aus niedrigen Beweggründen, in: *Neue Juristische Wochenschrift,* H. 16 (1969), S. 1157-1159, bes. S. 1158.

impliziten Amnestiewirkung trat vielfach eine Rechtsprechung zu NS-Gewaltverbrechen, durch die zentrale Teile des Tatgeschehens für straffrei erklärt wurden, um zu einer milden Verurteilung zu kommen. In Prozessen gegen Leitungsstäbe der Einsatzgruppen, den Mordkommandos hinter der Front im Osten, die eine Million Menschen töteten, gegen KZ-Aufseher und KZ-Kommandanten, gegen die ärztlichen und administrativen Leiter der NS-Euthanasie-Aktion wurden die Verantwortlichen, die als überzeugte Nationalsozialisten handelten, oftmals in Gehilfen verwandelt.[39] Diese Tendenz, die der Rat der Evangelischen Kirche in Deutschland schon 1963 kritisierte und von einem »Mißverhältnis zwischen einigen Urteilen über Verbrechen aus der NS-Zeit und Urteilen über Verbrechen aus unseren Tagen«[40] sprach, charakterisierte eine von Ulrich Klug geleitete Kommission des Deutschen Juristentags 1966 als Schaffung von Privilegien für NS-Gewaltverbrecher: »Die Kommission hat mit Besorgnis von Urteilen Kenntnis genommen, in denen NS-Gewaltverbrechen nach den in den Urteilen getroffenen Feststellungen mit auffallend niedrigen Strafen geahndet worden sind. In einem wesentlichen Teil dieser Fälle beruht das darauf, daß Täter des Mordes als Gehilfen verurteilt worden sind.«[41]

In eigentümlichen Kontrast zu dem Geflecht von Amnestie-Vorkehrungen für NS-Gewalttäter steht die Tatsache, daß der 1956/57 von politischen Strafverteidigern, von der Evangelischen Kirche, von der SPD und der FDP und zunächst auch von Teilen der CDU unternommene Versuch, die Strafverfolgung von Kommunisten auf der Basis des 1. Strafrechtsänderungsgesetzes von 1951 durch eine Amnestie weitgehend zu beenden, von der Regierungskoalition abgelehnt wurde.[42] Ein Motiv

---

38 Müller, *Furchtbare Juristen*, S. 248; vgl. auch Jörg Friedrich, *Die kalte Amnestie*. Frankfurt am Main 1984, S. 408 ff.

39 Falko Kruse, »Zweierlei Maß für NS-Täter?«, in: *Kritische Justiz*, H. 3 (1978), S. 236-253; Bettina Nehmer, »Täter als Gehilfen? Zur Ahndung von Einsatzgruppenverbrechen«, in: Redaktion Kritische Justiz (Hg.), *Die juristische Aufarbeitung des Unrechts-Staats*. Baden-Baden 1998, S 635-668; Falko Kruse, »Das Majdanek-Urteil«, in: ebd., S. 595-619; Susanne Benzler, »Justiz und Anstaltsmord nach 1945«, in: ebd., S. 383-411; Peter Brokmeier, »Die Vorstufe der Endlösung. Zum Frankfurter Euthanasieprozeß 1967/68«, in: *Gewerkschaftliche Monatshefte*, H. 2 (1970), S. 28-38.

40 Abgedruckt bei Reinhard Henkys, *Die nationalsozialistischen Gewaltverbrechen*. Stuttgart 1964, S. 340.

41 Abdruck der Erklärung in: Barbara Just-Dahlmann, Helmut Just, *Die Gehilfen*. Frankfurt am Main 1988, S. 261 ff., 263.

42 Alexander v. Brünneck, *Politische Justiz gegen Kommunisten in der Bundesrepublik Deutschland*. Frankfurt am Main 1978, S. 320 ff.

für die Forderung einer Amnestie für Kommunisten bestand darin, daß die gegen sie gerichtete Strafverfolgung oftmals nicht rechtsstaatlichen Grundsätzen entsprach, weil Kommunisten wegen ihrer Gesinnung für politische Handlungen zur Verantwortung gezogen wurden, für die andere Bürger nicht belangt wurden.[43] Obgleich die Kommunisten prinzipiell nur Meinungs- und Organisationsdelikte begangen hatten, bei denen im Gegensatz zu den NS-Straftaten keine physische Gewalt gegen Menschen angewandt wurde, hatte eine Amnestie für Systemgegner des Kalten Krieges keine Chance. Von Kommunisten gehe, meinte die Bundesregierung, eine fortdauernde Bedrohung aus, der durch eine Amnestie nicht Rechnung getragen würde.[44] Daß die KPD zu dieser Zeit bereits verboten war, blieb unbeachtlich.

Für die Frage einer Amnestie von Vertretern des DDR-Systems kann die einseitige Amnestiepraxis der alten Bundesrepublik kein Vorbild sein, weil sie Beteiligte an Regierungsdelikten begünstigte und den Geltungsanspruch der rechtsstaatlichen Normen für einzelne Komplexe von NS-Verbrechen ganz oder teilweise außer Kraft setzte. Die einstige Lösung des Staatsapparats aus den Fesseln der demokratischen Rechtsordnung wurde in bestimmtem Maße reproduziert.

Immerhin ist es paradox, daß führende Vertreter der CDU/CSU nun gegenüber SED-Tätern jene strafrechtlichen Sanktionen umfassend fordern, die ihre maßgebenden politischen Vorgänger gegenüber einem Teil des nationalsozialistischen Staatsapparats eher gebremst als vorangebracht hatten.

Die bisherige Amnestiepraxis der Bundesrepublik kann – kritisch betrachtet – doch einen Fingerzeig für den Umgang mit rechtsstaatswidrigen Handlungen der DDR geben. Für Träger der SED-Herrschaft, die, um die wichtigsten Tatbestände zu nennen, Freiheitsberaubung, Mord, Totschlag oder Rechtsbeugung begangen haben, ist eine Amnestie nicht vertretbar.[45] Angemessen wäre aber eine Amnestie für nicht gewaltförmige, systemsichernde Handlungen von Trägern der DDR-Diktatur. Eine begrenzte Amnestie könnte die Akzeptanz der demokratischen Rechtsordnung auch durch Anhänger des alten Regimes, das ja mit dem nationalsozialistischen System des Massenmords nicht auf einer Stufe stand, fördern.

---

43 Ebd., S. 360 f.; Diether Posser, *Anwalt im Kalten Krieg*. München 1991.
44 v. Brünneck, *Politische Justiz*, S. 321.
45 Vgl. Thomas Blanke, »Der ›Rechtshistorikerstreit‹ um Amnestie«, in: *Kritische Justiz*, H. 2 (1995), S. 131-150.

Späte Entlegitimierung der NS-Justiz

Sieben Jahre existierte die Bundesrepublik, als ihr oberstes Strafgericht den Vorsitzenden SS-Richter eines Standgerichts im Konzentrationslager Flossenbürg, Otto Thorbeck, der Dietrich Bonhoeffer, Hans Oster, Admiral Canaris und andere Widerstandskämpfer wegen angeblichen Landesverrats und mindestens teilweisen Hochverrats am 8. April 1945 zum Tode verurteilt hatte, rechtskräftig freisprach.

Das Urteil des Bundesgerichtshofs vom 19. Juni 1956[1] wurde seinerzeit nicht in die amtliche Entscheidungssammlung aufgenommen und weder in der Strafrechtslehre noch vom Rat der Evangelischen Kirche in Deutschland kritisch thematisiert. In Zeiten der Restauration der traditionellen Eliten in allen gesellschaftlichen Bereichen lag das Bonhoeffer-Urteil im Trend. Auf vielfältige Weise hatten sich Abwehrmechanismen gegen die ungeschminkte Aufarbeitung der staatlichen Funktionsmechanismen des »Dritten Reiches« ausgebildet.

Um nur einige Stichworte zu nennen: Im Bundesgerichtshof, gleichsam eine »Traditionskompanie des Reichsgerichts« (F. Bauer), waren 80 Prozent der Richter vordem im Staats- und Justizdienst des »Dritten Reiches« tätig. So war es kein Wunder, daß der Bundesgerichtshof die Rolle der Beamtenschaft in der NS-Diktatur entpolitisierte und im Kern als Wahrnehmung neutraler Staatsfunktionen ausgab.[2] In der Strafrechtslehre dominierten Professoren, die ebenfalls überwiegend als geistige Stützen des NS-Regimes fungiert hatten.[3] In der evangelischen Kirche, die vielfach auf Distanz zu Bonhoeffers politischem Widerstand

1 *Justiz und NS-Verbrechen*. Bd. XIII. Hg. v. Christian Frederic Rüter u. a. Amsterdam 1975, S. 344 ff.

2 Joachim Feest, »Die Bundesrichter. Herkunft, Karriere und Auswahl der juristischen Elite«, in: Wolfgang Zapf (Hg.), *Beiträge zur Analyse der deutschen Oberschicht*. 2. Aufl., München 1965, S. 95-113, hier: 104; BGHZ 13, 296, 301; vgl dazu Michael Kirn, *Verfassungsumsturz oder Rechtskontinuität?*. Berlin 1972.

3 Vgl. Klaus Marxen, *Der Kampf gegen das liberale Strafrecht*. Berlin 1975, insb. S. 255 ff.; Monika Frommel, »Welzels finale Handlungslehre«, in: Udo Reifner u. a. (Hg.), *Strafjustiz und Polizei im Dritten Reich*. Frankfurt am Main 1994, S. 86 ff.

ging, war eine starke Lobby zugunsten von Kriegsverbrechern aktiv; der Ratsvorsitzende der EKD, Bischof Otto Dibelius, einst führender Vertreter der Bekennenden Kirche, hatte 1950 in einer programmatischen Predigt die Frage der Schuld in der NS-Diktatur durch den Hinweis auf den umfassenden Willen des allmächtigen Gottes von der Tagesordnung abgesetzt.[4]

Bereits 1948 verwarf Reinhard Maurach die Verurteilung des Denunzianten Puttfarken, der einen Oppositionellen wegen des Wandspruchs – »Hitler ist ein Massenmörder und Schuld am Krieg« – dem Henker ausgeliefert hatte. Maurach behauptete, das NS-Recht sei nicht nur faktisch, sondern auch rechtlich ohne weiteres gültig: »Wer (...) einen nach geltendem Recht Schuldigen zur Anzeige bringt, hält sich mit seiner Handlung innerhalb der (den Tatbestand ausschließenden) Sozialadäquanz.«[5]

Im Kontext dieser schließlich dominant werdenden Legitimation des NS-Systems stand das Urteil des Bundesgerichtshofs zugunsten des SS-Richters Thorbeck von 1956. Das Normensystem der NS-Despotie wurde zu gültigem Recht; der BGH nahm an der Bestellung des KZ-Kommandanten von Flossenbürg als Beisitzer im Verfahren gegen Bonhoeffer u. a. keinerlei Anstoß. Im Gegensatz zu einer Revisionsentscheidung des Bundesgerichtshofs gegen den SS-Ankläger von Flossenbürg vom 12. Februar 1952, die sich am Begriff gesetzlichen Unrechts orientierte und die Frage aufwarf, ob die Widerstandskämpfer nicht »In Wahrheit in einem gesetzlosen Verfahren willkürlich getötet worden sind«[6], übernahm der Bundesgerichtshof 1956 die Blickrichtung des SS-Standgerichts. Die Tötung derjenigen, die angesichts des Systems des staatlichen Terrors für die Wiederherstellung der Unverbrüchlich-

---

4 Eberhard Bethge, *In Zitz gab es keine Juden. Erinnerungen aus meinen ersten vierzig Jahren*. München 1989, S. 226 f.; Wolf-Dieter Zimmermann, *Wir nannten ihn Bruder Bonhoeffer*. Berlin 1995, S. 133; Joachim Perels, »Die Hannoversche Landeskirche im Nationalsozialismus 1935-1945«, in: *Junge Kirche*, H. 9 (1995) Beiheft, S. 1-23, hier: 2; Norbert Frei, *Vergangenheitspolitik. Die Anfänge der Bundesrepublik und die NS-Vergangenheit*. München 1996, S. 137 ff., 166 ff.; Otto Dibelius, »Predigt«, in: *Berlin Weißensee 1950. Bericht über die zweite Tagung der ersten Synode der Evangelischen Kirche in Deutschland vom 23.-27. April 1950*, S. 9-17, hier: 10 ff.

5 Reinhart Maurach, *Schuld und Verantwortung im Strafrecht*. Wolfenbüttel 1948, S. 63 Anm. 27.

6 Rüter, *Justiz und NS-Verbrechen*, S. 330.

keit des Rechts eintraten,[7] war für den Bundesgerichtshof prinzipiell legal.[8]

Dreißig Jahre hat es gedauert, bis diese vom Bundesgerichtshof festgeschriebene Fortgeltung der NS-Rechtsordnung außer Kraft gesetzt wurde. Von dem Urteil von 1956 war eine weichenstellende Exkulpationswirkung in den Nachfolgeprozessen – wie in dem Pilotverfahren gegen den Beisitzer am Volksgerichtshof Hans Joachim Rehse vor dem Landgericht Berlin im Jahre 1968 – ausgegangen,[9] die eine Ahndung der Justizverbrechen des »Dritten Reiches« ausschloß.

Am 1. August 1996 entschied das Landgericht Berlin in der »Aufhebungssache betreffend Pastor Dietrich Bonhoeffer« u. a., daß das SS-Urteil aus dem Konzentrationslager Flossenbürg bereits durch das Bayerische Gesetz Nr. 21 zur Wiedergutmachung des nationalsozialistischen Unrechts auf dem Gebiet des Strafrechts vom 28. Mai 1946 aufgehoben sei.[10] Wenn – wie das Landgericht argumentiert – dieses Gesetz, das den Begriff des gesetzlichen Unrechts normativ faßt und schon von Radbruch in seinem wegweisenden Aufsatz von 1946 als Exempel für die notwendige juristische Entlegitimierung des NS-Normensystems genannt wird,[11] durch den Überleitungsvertrag vom 26. Mai 1952 in der Bundesrepublik weiter in Kraft blieb, macht dies deutlich, in welchem Maße sich der Bundesgerichtshof 1956 über die rechtsstaatliche, gegen das juristische Willkürsystem des NS-Staats gerichtete Gesetzgebung hinweggesetzt hatte. Mit keinem Wort erwähnte der Bundesgerichtshof die bayerische Landesgesetzgebung zugunsten der Widerstandskämpfer. Die Frage, ob ein SS-Standgericht, dessen Sitzungsort ein Konzentrationslager war, nicht den Inbegriff gesetzlichen Unrechts darstellte, wurde nicht aufgeworfen.

Das Landgericht begnügte sich nicht damit – wie dies Apologeten des Bundesgerichtshofs bei der Auseinandersetzung um die Rechtsgültigkeit der Urteile gegen Widerstandskämpfer im Zusammenhang mit dem Film »Weiße Rose« und jetzt wieder der rechtspolitische Sprecher der

---

7 »Entwurf einer Regierungserklärung (der Gruppe des 20. Juli)«, in: Bundeszentrale für Heimatdienst (Hg.), *20. Juli 1944*. Bearb. v. H. Royce. Bonn 1960, S. 160.

8 *Justiz und NS-Verbrechen*, S. 352.

9 Perels, »Die schrittweise Rechtfertigung«, in diesem Band.

10 LG Berlin, in: *Neue Justiz* (1996), S. 597 ff.

11 Gustav Radbruch, »Gesetzliches Unrecht und übergesetzliches Recht« (1946), in: ders., *Der Mensch im Recht*. Göttingen 1961, S. 111-124, hier: 121.

CDU/CSU-Fraktion Norbert Geis taten[12] – nur auf die frühe Landesgesetzgebung hinzuweisen. Vielmehr verwarf das Landgericht die so lange wirksame Legitimierung der NS-Justiz von Grund auf. Mit »ergänzenden Hinweisen«[13] verschaffte sich das Landgericht die Möglichkeit, in einer materiell-juristischen Argumentation – die angesichts der bereits aufgehobenen Flossenbürger-Entscheidungen nicht entwickelt werden konnte – eine grundsätzliche rechtliche Bewertung des Verfahrens gegen Dietrich Bonhoeffer und die anderen Widerstandskämpfer vorzunehmen. Ohne die Entscheidung des Bundesgerichtshofs von 1956 zu erwähnen, nahm das Landgericht auf die schon erwähnte, an den Kategorien des gesetzlichen Unrechts orientierte Revisionsentscheidung des Bundesgerichtshofs vom 15. Februar 1952 Bezug. Die Handlungsmotive der Widerstandskämpfer, denen der Bundesgerichtshof 1956 die »Unerbittlichkeit der damals geltenden Gesetze«[14] entgegengehalten hatte, werden nun gewürdigt: »Ihr Handeln zielte nicht auf eine Gefährdung des Reiches ab, sondern – ganz im Gegenteil – darauf, durch das NS-Regime verursachten Schaden vom Land und seiner Bevölkerung abzuwenden. Ihr Motiv war nicht Zerstörung, sondern Vaterlandsliebe und Einsatz für die Sache der Menschlichkeit.«[15] Und das Verfahren im Konzentrationslager Flossenbürg, das der Bundesgerichtshof 1956 im Prinzip für einwandfrei erklärt hatte, wird endlich treffend charakterisiert: »Der Zweck des Standgerichtsverfahrens bestand (...) nicht darin, die Wahrheit zu erforschen und Recht und Gerechtigkeit walten zu lassen. Zweck des Verfahrens war es vielmehr ausschließlich, die aufgrund ihrer Widerstandstätigkeit unbequem gewordenen Häftlinge unter dem Schein eines gerichtlichen Verfahrens, das de facto unter Mißachtung aller Grundsätze eines rechtsstaatlichen Verfahrens stattgefunden hatte, beseitigen zu können.«[16]

Die Ursachen für die nun auch judizielle Kennzeichnung der NS-Justiz als ein exekutivstaatliches Terrorsystem sind vielfältig. Die tradi-

---

12 Günter Frankenberg, Franz Josef Müller, »Juristische Vergangenheitsbewältigung – Der Volksgerichtshof vorm BGH«, in: *Kritische Justiz*, H. 2 (1983), S. 145-163, hier: 159 ff.; Norbert Geis, »Erklärung v. 22.3.1996«, mitgeteilt im Schreiben des Staatsministers beim Bundeskanzler, Anton Pfeifer, MdB, v. 3.4.1996 an Bärbel Bohley als Vertreterin der Initiative »Gerechtigkeit für Dietrich Bonhoeffer«.

13 LG Berlin, in: *Neue Justiz* (1996), S. 597 ff.

14 Rüter, *Justiz und NS-Verbrechen*, S. 352.

15 LG Berlin, in: *Neue Justiz* (1996), S. 597 ff.

16 Ebd.

tionellen Eliten in der Justiz und der Rechtslehre, die aus dem »Dritten Reich« in den demokratischen Verfassungsstaat übernommen wurden und ihre einstige – wie immer unterschiedliche – Option für die NS-Diktatur nicht grundsätzlich in Frage stellten, sondern oftmals kritiklos durch die Verwandlung des NS-Regimes in einen normalen Staat fortsetzten, haben gesellschaftlich keine Bedeutung mehr.

In welchem Maße die Blockierungen einer angemessenen Wahrnehmung des juristischen Herrschaftsgefüges der NS-Diktatur nicht nur in der Wissenschaft, die die tatsächliche Rolle der Justiz im System planmäßiger Willkür in vielfacher Weise erforscht hat, sondern auch in der Justiz gefallen sind, zeigt das Urteil des Bundesgerichtshofs vom 16. November 1995, das die einstige Rechtfertigung der NS-Justiz durch den BGH kritisierte.

Diese Feststellungen setzten sich freilich noch nicht in eine förmliche justizielle Negation der am NS-Staat ausgerichteten Positionen des Bundesgerichtshofs von 1956 um. Noch während der Feiern zur 50. Wiederkehr des 20. Juli 1944 und zum 50. Jahrestag der Kapitulation Nazi-Deutschlands war von der Aufhebung der Justizakte gegen Widerstandskämpfer – obgleich die grundlegende Arbeit von Günter Spendel schon lange vorlag –[17] nicht die Rede.

Erst zwei Aktionen, die sich wechselseitig verstärkten, bereiteten den Boden für die juristische Negation des nationalsozialistischen Justizunrechts gegenüber Dietrich Bonhoeffer und anderen Widerstandskämpfern des 20. Juli. Studenten der Evangelischen Fachhochschule Hannover, die sich gemeinsam mit ihrem Professor Karl-Heinz Lehmann mit dem Bonhoeffer-Verfahren intensiv auseinandergesetzt hatten, richteten am 31. Januar 1996 an die Staatsanwaltschaft beim Landgericht Berlin ein auf zehn Seiten ausführlich begründetes Wiederaufnahmebegehren.[18] Damit war die Justiz selber gefordert.

Ohne formelle Absprache bildete sich parallel dazu eine für die Entwicklung der öffentlichen Meinung äußerst wirksame Gruppe ehemaliger Bürgerrechtler der DDR – unter ihnen Bärbel Bohley und Stephan Hilsberg –, die gemeinsam mit Juristen und Sozialwissenschaftlern der

---

17 Günter Spendel, »Das »Standgerichtsverfahren« gegen Admiral Canaris u. a. in der Nachkriegsrechtsprechung (1983)«, in: ders., *Rechtsbeugung durch Rechtsprechung*. Berlin 1984, S. 89 ff.; s. auch Joachim Perels, »Die schrittweise Rechtfertigung der NS-Justiz«, in diesem Band, und Christoph Schminck-Gustavus, *Der ›Prozeß‹ gegen Dietrich Bonhoeffer und die Freilassung seiner Mörder*. Bonn 1995.

18 *taz* (5.2.1996).

alten Bundesrepublik zum 90. Geburtstag Dietrich Bonhoeffers am 4. Februar 1996 an die Öffentlichkeit trat. Die Initiative, die ihre Erklärung mit dem Wort von Bonhoeffer – »aus der Perspektive der Machtlosen und Verhöhnten sehen lernen« – überschrieb, fand quer durch die politischen Lager – von Arnold Vaatz, Michael Wolffsohn über Jens Reich und Ignatz Bubis bis Jürgen Fuchs, Wolfgang Thierse und Ralph Giordano – breite Unterstützung. An den Bundestag wurden folgende Forderungen gerichtet: »Eine Erklärung, mit der die Todesurteile gegen Bonhoeffer und Gefährten, stellvertretend für weitere vom Bundesgerichtshof bestätigte NS-Urteile gegen Widerstandskämpfer, als Terrorentscheidungen bewertet werden – analog zur Erklärung des Deutschen Bundestages aus dem Jahre 1985 zu den Urteilen des Volksgerichtshofs; die förmliche Aufhebung der Vorbehalte der Bundesrepublik gegen die ›Nürnberg-Klausel‹ in der ›Europäischen Menschenrechtskonvention.«[19]

Diese Aktion wurde symbolisch zugespitzt. Bürgerrechtler brachten an Bonhoeffers Geburtstag eine Tafel am Gebäude des 5. Strafsenats des Bundesgerichtshofs in Berlin an. Auf der Tafel stand: »Zum Gedenken an den christlichen Widerstandskämpfer Dietrich Bonhoeffer. Seine Tötung am 9. April 1945, angeordnet durch ein SS-›Gericht‹ im Konzentrationslager Flossenbürg, wurde vom Bundesgerichtshof 1956 bestätigt – als Ausdruck des Rechts des NS-Staates auf Selbstbehauptung.«[20]

Durch die verschiedenen Aktionen wurde der Skandal der einstigen Rechtfertigung der NS-Justiz durch den Bundesgerichtshof in einem Maße – in der Berichterstattung und Kommentierung der führenden Zeitungen der Bundesrepublik – öffentlich,[21] wie dies zuvor selbst nach einer prononcierten Kritik des Präses der Synode, Jürgen Schmude, an der Bonhoeffer-Entscheidung[22] nicht gelang. Zwar wurde die Gedenktafel auf Anweisung des BGH-Präsidenten Odersky abgehängt. Aber seine u. a. auch materielle Begründung, daß der Text der Tafel »in

---

19 Initiativkreis »Gerechtigkeit für Dietrich Bonhoeffer«. Berlin 4.2.1996, S. 4.

20 *taz* (5.2.1996).

21 *Süddeutsche Zeitung* (5.2.1996) und (10./12.2.1996); *taz* (5.2.1996); *Frankfurter Rundschau* (5.2.1996); *Sonntagsblatt* (9.2.1996); *Die Kirche* (11.2.1996); *Tagesspiegel* (4.2.1995); *Die Zeit* (19.7.1996); Joachim Perels, »Ein Außenseiter, für den sich der Generalstaatsanwalt einsetzt. Zur Theologie des Widerstands von Dietrich Bonhoeffer«, in: *Frankfurter Rundschau*, Dokumentationsseite, (3.5.1996).

22 Jürgen Schmude, »Dann wollen wir des Vergangenen gedenken«, in: Wolfgang Huber (Hg.), *Mut in böser Zeit.* Berlin 1995, S. 54.

schwerwiegender Weise unrichtig« sei, denn die Entscheidung des Bundesgerichtshof von 1956 (deren »Formulierungen man in mancher Beziehung mißbilligen« könne) sei »weder formal noch inhaltlich (...) mit einer Bestätigung der Tötung von Dietrich Bonhoeffer« gleichzusetzen,[23] lag neben der Sache. Odersky verstärkte, contra voluntatem, die Problematisierung des BGH-Urteils von 1956, zumal er die Gegenposition innerhalb seines Gerichts in Gestalt der Entscheidung des Bundesgerichtshofs von 1952, in der es hieß, daß die Standgerichtsurteile vom April 1945 möglicherweise »nur in Urteilsform gekleidete willkürliche Machtsprüche waren«[24], außer Acht ließ.

Ein wichtiges Indiz für den – auch durch einen ausführlichen Artikel von Peter Jochen Winters in der FAZ mit bewirkten –[25] Wandel der öffentlichen Meinung waren die Reden auf der Berliner Feier zur 52. Wiederkehr des 20. Juli 1944. Alle Redner, Ministerpräsident Bernhard Vogel (CDU), Justizsenatorin Peschel-Gutzeit (SPD) und Bürgermeisterin Bergmann (SPD), sprachen sich für eine förmliche Aufhebung der Unrechtsurteile gegen Widerstandskämpfer aus.[26]

Natürlich kann die Frage aufgeworfen werden, ob eine »Rehabilitierung« Bonhoeffers überhaupt angezeigt war. Der Biograph und Freund Bonhoeffers, Eberhard Bethge, selber im NS-Regime inhaftiert und mit vielen Widerstandskämpfern existentiell verbunden, hat auf diese Frage eine treffende, dreifache Antwort gegeben: »1. Dietrich Bonhoeffer hat keine Rehabilitierung nötig. Es gibt nichts Ehrenvolleres, als daß er und seine Mitstreiter, darunter auch sein Bruder Klaus und seine Schwäger Hans von Dohnanyi und Rüdiger Schleicher, ihr Leben im Widerstand eingesetzt und geopfert haben. 2. Dietrich Bonhoeffer ist es, der wie seine Freunde – nun 50 Jahre lang – Deutschland in der Welt rehabilitiert hat. 3. Hingegen bedarf der unglaubliche Freispruch der mörderischen Richter (...) durch den Bundesgerichtshof, also durch die Justiz der Bundesrepublik, der Revision.«[27]

Daß die Achtung des Widerstands auch in der Justiz in Gang kommt, ist ein rechtsstaatlicher Fortschritt. Aber damit ist die einstige restaurati-

---

23 *Frankfurter Rundschau* (17.2.1996); s. hierzu die Leserbriefe von Joachim Perels, Helmut Kramer und Christoph Schminck-Gustavus in der *Frankfurter Rundschau* (23.2.1996, 27.2.1996 und 29.5.1996).

24 Rüter, *Justiz und NS-Verbrechen*, S. 332.

25 *Frankfurter Allgemeine Zeitung* (4.7.1996).

26 *Frankfurter Allgemeine Zeitung* (22.7.1996).

27 Leserbrief in: *Süddeutsche Zeitung* (21.3.1996).

ve Justiz gegen politische Oppositionelle des »Dritten Reiches« nicht aus der Geschichte der Bundesrepublik verschwunden. Die Bonhoeffer-Entscheidung des Bundesgerichtshofs war, wie weitere Schlüsselentscheidungen zeigen, kein Einzelfall. Mit der Rechtfertigung eines SS-Standgerichtsurteils gegen einen Bauern, der kurz vor Kriegsende in Brettheim Hitlerjungen die Panzerfäuste weggenommen hatte, negierte der Bundesgerichtshof die rechtliche Legitimität des Widerstands ebenso wie mit der Feststellung, daß Kriegsdienstverweigerung im »Dritten Reich« – da man sich der Wehrpflicht des NS-Regimes nicht entziehen dürfe – keinen entschädigungsrechtlich relevanten Verfolgungstatbestand begründen könne.[28]

Es ist an der Zeit, daß die gesamte, durch den Rückgriff auf nationalsozialistisches Recht scheinlegal begründete Negation des Widerstands gegen die NS-Diktatur vom Bundesgerichtshof selbstkritisch zum Thema gemacht wird – mindestens bei der nächsten Jubiläumsveranstaltung.

---

28 BGH, in: Jörg Friedrich, *Freispruch für die Nazi-Justiz*. Reinbek 1983, S. 355; BGH, in: *Neue Juristische Wochenschrift*, H. 3 (1962), S. 195 f.; s. dazu A. Arndt, »Agraphoi nomoi. Widerstand und Aufstand« (1962), in: ders., *Gesammelte juristische Schriften*. München 1976, S. 87-97.

Verzeichnis der Erstveröffentlichungen

»Die Nachwirkungen der NS-Diktatur im demokratischen Rechtsstaat«, *Originalbeitrag.*

»Pläne der US-Administration für ein anderes Deutschland. Die Arbeiten der Neumann-Gruppe«, in: Reinhard Kühnl, Eckart Spoo (Hg.), *Was aus Deutschland werden sollte.* Heilbronn 1995, S. 156-163, dort unter dem Titel: »Wider die Restauration. Die Pläne der Gruppe um Franz L. Neumann in den USA«.

»Der Nürnberger Juristenprozeß im Kontext der Nachkriegsgeschichte«, in: *Kritische Justiz*, H. 1 (1998), S. 84-98.

»Die Restauration der Rechtslehre«, in: *Kritische Justiz*, H. 4 (1984), S. 359-379, dort unter dem Titel: »Die Restauration der Rechtslehre nach 1945«.

»Die Bewahrung der bürgerlichen Gesellschaft in der Zeit ihres tiefsten Sturzes. Carl Schmitts Positionen nach 1945«, in: Gerhard Haney, Werner Maihofer, Gerhard Sprenger (Hg.), *Recht und Ideologie. Festschrift für Hermann Klenner zum 70. Geburtstag.* Freiburg 1996, S. 420-441.

»Die Aufhebung der Legalität des politischen Demonstrationsstreiks«, in: Hans-Ernst Böttcher (Hg.), *Recht Justiz Kritik. Festschrift für Richard Schmid zum 85. Geburtstag.* Baden-Baden 1985, S. 141-159, dort unter dem Titel: »Die Rechtmäßigkeit des politischen Demonstrationsstreiks«.

»Der Kampf gegen die Notstandsgesetze als Aneignung der Verfassung«, in: Michael Buckmiller, Joachim Perels (Hg.), *Opposition als Triebkraft der Demokratie. Jürgen Seifert zum 70. Geburtstag.* Hannover 1998, S. 101-111.

»Der Umgang mit Tätern und Widerstandskämpfern in der Ära Adenauer«, in: *Kritische Justiz*, H. 3 (1997), S. 357-374, dort unter dem Titel: »Der Umgang mit Tätern und Widerstandskämpfern nach 1945«.

»Die schrittweise Rechtfertigung der NS-Justiz. Der Huppenkothen-Prozeß«, in: Peter Nahamowitz, Stefan Breuer (Hg.), *Politik-Verfassung-Gesellschaft. Otwin Massing zum 60. Geburtstag*. Baden-Baden 1995, S. 51-65.

»Amnestien für NS-Täter in der Bundesrepublik«, in: *Kritische Justiz*, H. 2 (1995), S. 382-389.

»Späte Entlegitimierung der NS-Justiz«, in: *Kritische Justiz*, H. 4 (1996), S. 504-510 (leicht gekürzt).

Abkürzungsverzeichnis

BGBl	Bundesgesetzblatt
BGH	Bundesgerichtshof
BGHZ	Entscheidungen des Bundesgerichtshofs in Zivilsachen
BSG	Bundessozialgericht
BVerfGE	Entscheidungen des Bundesverfassungsgerichts
EKD	Evangelische Kirche in Deutschland
GG	Grundgesetz
LAG	Landesarbeitsgericht
LG	Landgericht
MRK	Europäische Menschenrechtskommission
OGHSt	Entscheidungen des Obersten Gerichtshofs der Britischen Zone in Strafsachen
OLG	Oberlandesgericht
RGBL	Reichsgesetzblatt
RGSt	Entscheidungen des Reichsgerichts in Strafsachen

Personenregister